RETHINKING THE ENTERPRISE
INSIGHTS FROM THE WORLD'S LEADING CEOS

未来企业之路

洞察全球顶尖企业愿景与制胜策略

〔美〕Saul Berman　Peter Korsten　Ragna Bell 等著

华晓亮　冯月圻　编译

北京大学出版社
PEKING UNIVERSITY PRESS

图书在版编目(CIP)数据

未来企业之路:洞察全球顶尖企业愿景与制胜策略/(美)伯曼(Berman,S.)等著;华晓亮,冯月圻编译.—北京:北京大学出版社,2010.4
ISBN 978-7-301-17030-4

Ⅰ.未… Ⅱ.①伯… ②华… ③冯… Ⅲ.企业管理-研究 Ⅳ.F270

中国版本图书馆 CIP 数据核字(2010)第 040280 号

书　　　名:	未来企业之路:洞察全球顶尖企业愿景与制胜策略
著作责任者:	〔美〕Saul Berman　Peter Korsten　Ragna Bell　等著　华晓亮　冯月圻　编译
责 任 编 辑:	贾米娜
标 准 书 号:	ISBN 978-7-301-17030-4/F·2478
出 版 发 行:	北京大学出版社
地　　　址:	北京市海淀区成府路 205 号　100871
网　　　址:	http://www.pup.cn
电　　　话:	邮购部 62752015　发行部 62750672　编辑部 62752926　出版部 62754962
电 子 邮 箱:	em@pup.pku.edu.cn
印　刷　者:	北京中科印刷有限公司
经　销　者:	新华书店
	730 毫米×980 毫米　16 开本　16 印张　268 千字
	2010 年 4 月第 1 版　2011 年 3 月第 12 次印刷
定　　　价:	38.00 元

未经许可,不得以任何方式复制或抄袭本书之部分或全部内容。
版权所有,侵权必究
举报电话:010-62752024　电子邮箱:fd@pup.pku.edu.cn

中 文 版
编辑顾问委员会

徐永华　IBM（大中华区）全球企业咨询服务部战略与变革咨询合伙人

甘绮翠　IBM（中国）商业价值研究院院长

官德源　IBM（大中华区）全球企业咨询服务部市场总监

序言一　回归根本，做好企业

从2004年起，IBM每两年进行一次全球CEO调查，在世界范围内和上千位CEO进行面对面的访谈，与他们深入探讨企业愿景和经营管理的根本问题。调查结束后，IBM集结世界一流的咨询顾问及行业专家，对调查结果进行深入分析与归纳，形成系统的报告，以飨全球企业的领导者。这是IBM——一家以"思考"为立身之本的百年企业的重要举措，是IBM社会责任的重要体现，也是IBM为整个社会及组织发展所作的一项重要贡献。本书是2008年全球CEO调查及后续两年跟踪研究的智慧结晶。我非常高兴地看到这本书能够被引入中国，不仅仅是因为这本书来自非常严谨的调查研究，也不仅仅是因为这本书所涉及的内容对于中国企业有实际的借鉴价值，更是因为这本书来得正当其时。

企业总是要顺势发展的。IBM投入大量的资源和智慧，每两年一次，坚持不懈地做这件事情，其目的就是要把握"势"，并与我们所有的合作伙伴和全球的企业一起分享。问题在于着眼点，是看"大势"，还是看"小势"？是看长远，还是看眼前？是看本质，还是看表象？看法决定想法，想法决定行动。今天我们怎么回答这些问题，对于企业的兴衰成败至关重要。

在过去一年多以来，我们经历了经济史上一个不同寻常的时期。2008年经济危机爆发之时，很多企业对未来抱以悲观态度。随后，2009年世界各国联合一致，实施了前所未有的救市计划，而其中尤以中国的行动最快，效果最显著。充沛的信贷，巨大的投资拉动，高涨的资产价格，令很多企业始料不及之余，又转而产生了非常乐观的情绪。然而，2010年刚刚到来，国家又开始着手对宏观经济政策进行再一次的调整。短短一年多时间，我们见识了政策的急转、形势的突变、情绪的波动和矛盾的迅速转化。这一切充分说明，我们当前正处在一个"湍流期"，经济政策会根据实际情况进行迅速有力的调整，外部经营环境会激烈变化，我们不能对外部环境和发展趋势抱有简单的假设，更不能将企业的兴衰荣辱系于对短期政策的猜测和一厢情愿之上。在我看来，越是这样的时候，越是要看大放小，跳出短期的纷繁扰动，回归根本，从本质上思考这样一个问题：在当前的大趋势下，我们到底怎么把企业做好？我坚信，只有好的企业才能够在各种复杂环境下灵活应对，立于不败之地，扬长避短，不断做大做强。

这本书正是对上述问题所做出的回答。如前所述,它凝聚了全球超过 1 000 位 CEO(其中 58 位来自中国)的实践体会,也融入了 IBM 一流专家的智慧,具有充分的权威性和普遍性。几位作者详细地阐述了未来企业所必须具备的五项特征:渴求变革、让创新超乎客户想象、全球整合、颠覆性的业务创新、超越慷慨的真诚。这五项特征,同时也就是五条启示,具有丰富的内涵和深刻的联系,一方面着眼于企业中长期核心竞争力的塑造,另一方面也不回避当前问题的处理;不但包含来自全球调研的普遍结论,也特别针对中国企业的具体情况做了有针对性的深入分析。我相信这些观点对于身处"湍流期",而又有长远眼光、不断追求卓越的企业领导者来说,一定具有较高的参考价值。我本人就从其中学到了很多,也在很多场合与很多国内的企业领袖交流过这些思想,得到了积极的反馈。如今这本书能够以更系统、更深入的方式对于今天企业发展的"大势"、"长远"和"根本"问题进行分析阐述,又在这样一个时刻问世,可谓正逢其时。

当然,写在纸上的东西,终归要与企业的具体情况相结合,才能落实为有用的思想。在这方面,IBM 已经迈出了坚实的一步,那就是我们在 2009 年提出的"智慧的地球"愿景。无论是"智慧的地球"本身,还是 IBM 围绕它所做的一系列部署和变革措施,都体现了本书中所阐述的观点。正因为如此,一年来,"智慧的地球"获得了全世界富有远见的领导者的广泛认同。一年来的成功实践让我们相信,世界正在进入智慧的时代,企业将依靠创新和变革走出湍流,走向一个新的高峰,创造更好的未来。我们热诚地欢迎所有的企业领导者与 IBM 开展积极的探讨,共同找出开启智慧时代的钥匙。我相信,我们今天所做出的智慧决定,将为中国的企业、为中国赢得又一个十年。

钱大群

IBM(大中华区)董事长及首席执行总裁

2010 年 3 月

新经济环境下的"反思与变革"　序言二

在过去的二十多年里,中国实现了巨大的增长。尽管全球经济处于衰退之中,但中国成功地超越了"保持8%的GDP增长率"的目标。中国已经超越德国成为世界最大的出口国,并将取代日本而一跃成为世界第二大经济体。随着越来越多的中国企业进入世界500强,以及另外一些雄心勃勃的中国企业对全球顶尖品牌及公司的收购,我们亲眼目睹了中国企业对全球影响力的巨大提升!

受上述积极因素和乐观趋势的影响,中国企业"反思与变革"的焦点在于能否或者到底如何保持当前的卓越绩效和领先优势。举例来说,中国已不能再依赖于之前的低成本优势、密集劳动力和出口导向型的加工行业了;采取"跟随者"战略的制造商发现他们的利润空间已逐渐被侵蚀;而资源/能源密集型行业则以破坏环境为代价来获取增长。要关注的是,由政府投资驱动的经济增长是否会达到极限,以及企业依靠政府的经济刺激方案是否是长远的策略。此外,企业的管理能力、流程和系统以及员工的能力等也很难与呈指数级增长的业务发展速度相匹配。

如果回望上个世纪,那些在逆境里成功战胜各种挑战,并保持强有力的增长速度和领先地位的企业,都是一些能够预见到未来的发展趋势和潜在的危机并具有居安思危优秀品质的企业。洞察力和"思想领导力"在促使公司进行反思及未雨绸缪方面扮演着关键角色。唯有知己知彼,方能百战不殆。这就是为什么IBM定期会对全球不同行业内领先企业的首席执行官和其他企业高管们进行按业务功能的主题调查,帮助企业与同行业的伙伴们进行比较,并了解领导人认为重要的最新趋势。中国的竞争者们如今已站在世界的舞台上,对中国企业来讲,能够预见并适应不断变化的商业环境极其重要。

这本书为企业领导人提供了一个对企业发展进行再思考的系统方式,即重组商业模式、为顾客创造价值、利用核心竞争力来发展新的业务、运营模式和技术的创新以及至关重要的变革管理能力。这本书也提供了很多关于领先企业如何通过重塑思维和变革来获取成功的实际案例。

在过去一个世纪当中,IBM基业长青,因此被公认为是"反思和变革"实践最成功的企业。IBM在为客户提供什么产品、服务和整体战略方面经历了很多具有里程碑意义的巨大变革,其中最重要的变革就是,IBM 在 1990 年从一个以产品为导向的企业转型为一个以服务为导向的企业,使得这头"大象"能够继续跳舞并在舞台上取得辉煌成绩。IBM 继续它的转型之旅,成为全球整合企业的典型代表,并主导着"智慧的地球"的全球议程,"智慧的地球"将彻底颠覆人、物、组织、自然环境和社会环境之间的交互和决策方式。

我很高兴地看到很多领先的中国企业已经预见到新经济环境下的各种挑战,并采取了积极的应对措施。IBM 已经成为很多此类具有远见的中国企业的转型合作伙伴。我确信我们在这本书内展示的洞察以及我们转型的经验和专长将会帮助越来越多的中国企业做大、做强并成为世界舞台上的王者!

Marc Chapman

IBM(大中华区)全球企业咨询服务部总经理

2010 年 1 月

培育企业的动态适应力　序言三

在 IBM 开展的两年一度的全球 CEO 调查的第三次报告中,我们看到私营和公共机构领导者正期望在其所依赖的环境中进行前所未有的变革。然而他们中间预见到 2008 年下半年金融与经济危机严重程度的人却寥寥无几,正是这次危机检验了企业适应新经济环境的能力。我们看到一些超大规模且声名显赫的企业相继申请破产保护,例如银行业的雷曼兄弟和汽车业的通用汽车公司。但我们也看到一些企业反而抓住了动荡的市场带来的新机会。

这向我们提出了一个有趣的问题:为什么一些曾经成功的大企业陷入困境,而别的一些企业则在危机中幸存并蓬勃发展?幸运之神的眷顾是一方面,但更重要的还是有效的管理和公司的适应能力发挥了关键作用。达尔文的进化论告诉我们,单凭力量或智力均不足以保证个体生物的生存,适应能力才是关键所在。

在我们最近的研究中,我和 Charles O'Reilly 依据组织演化理论的最新进展考察了组织适应能力的问题。我们发现,在面临重大的技术与市场变化时——正如我们现在所经历的——成功的企业能够有效地管理其组织内部的相机选择过程。所谓组织的双向性(organizational ambidexterity),或称一个组织同时发掘新机会和有效管理现有业务的动态能力,即代表了这一适应能力。生存时间更长的企业通过增加新部门和新业务,同时中止或剥离低增长、低利润业务而不断"进化"。

这要求采用深思熟虑的方法来使用现有的公司资产与能力,并对其进行重新配置,以满足把握新机会的需要。当落实到实处时,其将涉及有针对性的投资和增进组织学习。它涵盖了一套复杂的文化与例行程序,如分权、差异化及有针对性的整合。高层管理团队描绘和支持当前及未来双向战略的能力是这些动态能力的关键决定因素。同样地,高层管理团队协调组织双向性所要求的复杂平衡的能力也非常重要。

当企业培养和构建长期发展所需要的能力时,它们必须发掘和选择面向未来的机会,并同时充分利用其现有业务。在后面的篇章中,IBM 战略与变革咨询领导团队勾画了所谓"未来的企业"的愿景,其既聚焦于企业当前的挑战又放眼未来未雨绸缪。"未来的企业"实施战略的关键在于注重在围绕客户进行创新的过程中不断调整和驱动变革,并重新定义其业务组合、运营模式和企业文化来构建通向未来的可持续能力。新经济环境已经让那些无法构建适应力到每一个管理系统的企业付出了更高的代价。因此,培养这些动态能力是企业领导人及其团队的重要职责。

Michael Tushman
"1942年保罗·劳伦斯MBA班"讲座教授,哈佛商学院
2010年1月

前言　对企业的再思考

2008—2009年全球经济危机所引发的混乱使经济环境变得愈加复杂和不确定。面对加速的变化，企业都在重新思考其战略与业务模式：它们提供了什么价值，到哪里去竞争，如何发挥优势及如何进行定位，从而在这一新环境中取得领先。本书援引了对这些关键问题的一项为期两年的重要研究所取得的发现，向企业提供了如何进行定位才能在将来赢得持续成功的指导。

我们就从IBM所进行的第三次两年一度的全球CEO调查的发现讲起，这次调查中IBM与来自广泛行业及地区的各种规模组织中超过1 000位CEO、高级企业主管及公共机构领导者进行了深入对话。通过将这些相关经验、计划和对企业雄心的坦率讨论与详尽的理论及统计分析相结合，我们形成了IBM称之为"未来的企业"的独到见解。

随后的九章内容深入探讨了新经济环境向企业提出的巨大挑战以及企业实现生存和成功所必须具备的重要特质。通过分析、比较失败或业绩不良的企业，以及那些不仅成功应对变革而且将之转变成企业优势的敏捷而灵活的企业在战略与业绩方面的差异，我们的持续研究得以兼顾战略与战术层面的洞察。

为进一步探索各章所提出的主题，我们在书中收录了来自宜家（IKEA）、阳狮集团（Publicis Groupe）、塔塔汽车（Tata Motors）、Verizon、利丰（Li & Fung）、巴帝电信（Bharti Airtel）和可口可乐（Coca-Cola）等公司的企业领导人的观点。

未来的企业有何特征？**第1章（未来的企业：来自全球超过1 000位CEO的洞察）**根据对来自全球CEO的访谈所获得的洞察回答了这一问题。他们告诉我们：

- 企业受到变革的冲击，其中许多企业为跟上变革步伐而步履维艰；
- 客户的要求越来越高，但CEO们并不认为这是威胁，而是能够使企业构建差异化的契机；
- 几乎所有的CEO都在调整企业的业务模式，其中2/3的CEO正在实施大规模的业务模式创新；

- 许多 CEO 都在积极推动全球业务设计；
- 财务业绩出众的企业预见到更多的变革需求，并且能够更好地管控变革，其变革方式也更为大刀阔斧。

通过仔细分析这些 CEO 的见解的共同之处，我们就能发现"未来的企业"应当具备的重要特质，这就是：

- 渴求变革；
- 让创新超越客户的想象；
- 全球整合；
- 颠覆性的业务创新；
- 真诚，而不仅仅是慷慨。

在 2008 年全球 CEO 调查中，接受我们访谈的 CEO 们明确表示他们准备进行重大变革，而且实际上对变革的成功持乐观的态度。但很少有人——如果有的话——预见到了随后到来的金融与经济动荡的严重程度，在由此产生的新经济环境中，许多公司将不得不为生存而奋斗，摆在它们面前的是获得贷款与资本的渠道严重受阻、客户需求的下降和对价格敏感性的增加，以及供应链、合作伙伴关系和客户协议的中断。同时，新的监管体制提升了挑战的复杂性。

实际上，构成本书基础的该项调查最重要的特点之一就是我们有机会观察全球金融和经济危机的影响并从中学到东西。我们对最早走出危机阴影的企业以及对历史数据的分析揭示了三大宽泛战略：关注价值、抓住机遇以及快速行动。在**第 2 章（新经济环境下的制胜之道：聚焦价值、机遇和速度）**中，我们概括了成功实施这些战略并进一步在新经济环境中制胜所亟须采取的行动。

其余各章深入探讨了"未来的企业"应当具备五项重要特质，我们把最新数据与调查结果相结合，以研究它们的相关性和在新经济环境中的应用。

虽然"未来的企业"表现出"渴求变革"的特征，但能够成功实施变革者却屈指可数。不过变革成功的回报是丰厚的。分析表明，业绩出众的企业往往会利用经济波动时期来扩大其竞争优势。有关"变革大师"的新研究提供了有力的证据，表明有助于进行成功变革的根本策略确实是存在的，而且同时适用于"好"时期和"坏"时期。**第 3 章（成就变革：消除变革鸿沟）**的内容说明变革项目的成功经常取决于与人有关的因素。根据来自"IBM 成就变革调查"的数据，本章提出了有助于实践者通过克服其所遇到的最艰巨项目挑战而引领变革成功的四大因素，我们称之为"变革钻石"。

"未来的企业"的第二大特征是"让创新超越客户的想象",虽然客户的要求越来越高,这些企业还是能够超越客户的期望。企业这方面的能力在新经济环境中受到严峻的考验,而且变得比以前更加重要。客户的行为已经发生根本性的变化,世界的数字化趋势愈演愈烈,现有业务模式的生命力受到挑战。**第 4 章(前进之路:以客户为中心的领先新模式)**鞭策客户关系管理及市场营销专业人士迅速把注意力集中于培养洞察客户和开辟数字渠道的领先能力,以转变客户体验,开辟新市场和降低组织复杂度。

同时,全球整合也变得日益重要。全球整合有利于企业实施增长战略、提高运营绩效、增加业务灵活性和获取资本与资源,同时实现成本节约。但是,企业领导者在建设相关运营能力以支持全球整合时经常误入歧途。**第 5 章(全球整合企业 R-O-I 调查:实现全球整合的企业战略)**提出了一个用于帮助企业实现该目标的实用概念框架。根据我们的经验以及对 20 个不同最佳实践案例的分析,该"投资回报(R-O-I)框架"的重点在于可重复业务流程、经过优化的资产以及整合式运营,这三个方面全都建立在全球基础之上,并得到有力的领导、组织结构与技术的支持。

值得注意的是,供应链管理的提升和转型在很大程度上是许多企业实现全球整合最关键的方面之一。**第 6 章(智慧的未来供应链:全球首席供应链官调查报告)**,展示了另一篇全球 CEO 调查的相关研究,我们与来自北美、西欧和亚太地区 25 个国家、29 个不同行业的 400 位负责供应链战略和运营的主管进行了详细的交谈。"更快、更好、更经济"一直都是供应链主管们心有余而力不足之处。我们的调查发现,仅仅构建高效、需求驱动或透明的供应链已远远不够,未来的供应链应当更加先进、更加互连、更加智能。

业务模式创新对企业的成功至关重要,能够进行"颠覆性业务创新"的企业领导者对此最有发言权。实际上,98% 接受 IBM 调查的企业都声称其在或多或少地进行业务模式创新。根据"未来的企业"追踪调查以及对 28 家成功实现业务模式创新的企业的分析,**第 7 章(抓住有利条件:何时及如何创新您的业务模式)**指出,企业能够根据经济状况、其所在行业的变革程度以及一系列内部因素(如新产品或服务的推出等)来确定实施业务模式创新的恰当时机。要改善执行力,业务模式创新者必须重视我们所谓的"三个 A":企业组织必须与客户价值相匹配(Aligned),通过对差异化的情报信息进行分析(Analytical)而获得洞察以及采用具备适应力(Adaptable)的运营模型。

结合中国市场的现实环境，面对产品同质化、利润率不断下降及消费者需求日益严苛等难题，中国制造企业重生产轻服务的模式将难以维持。世界金融危机和出口紧缩加剧了这种严峻性，中国世界工厂的地位正在受到前所未有的挑战。因此，**第8章（向服务业务模式转型：中国企业的可持续发展之路）**指出中国企业应认真思考向服务业务模式转型的紧迫性和可行性。成功向服务业务模式转型的企业将能更好地体现差异化竞争，创造利润并锁定顾客，并在新一轮的竞争中脱颖而出。当然，向服务业务模式转型不仅仅意味着开展和深化服务业务，企业更需勤练内功，即通过业务模式、运营模式、组织中人才乃至文化的变革来从根本上推动服务转型，以适应新业务的需求。

在**第9章（领导可持续发展的企业：利用洞察和信息采取行动）**中，我们探讨了对企业的"真诚，而不仅仅是慷慨"的要求。人们可能会感到惊讶，面对当前的经济挑战，IBM在2009年年初所调查的全球性企业领导者中仍然有60%的人表示，经历了2008年，也就是金融危机最严重的时期之后，企业社会责任问题对他们而言变得更加重要了。企业领导者为什么强调承担企业社会责任？因为他们将其视为以更可持续的方式获得成本效益和增长机会的一个途径。毫无疑问，企业都增加了对可持续发展问题的重视，以满足消费者和利益相关方的要求。但大多数企业缺少它们所需的信息。根据业绩出众的企业以及企业社会责任领导者的经验，我们认为企业必须开拓新的运营、供应链及客户信息来源，以获得足够的洞见，实现可持续发展的战略目标。

最后，**第10章（绿色及未来：以更智慧的方式保护环境）**延续了对可持续发展问题的探讨。我们所指的环境可持续性有四个维度，即环境战略、绿色品牌、合规管理、高性价比的可持续发展。这些因素包含企业制定的战略以及为管理所消耗的资源而采取的行动。环境可持续性是21世纪企业的责任——除了采取环境保护、污染预防等措施之外，企业需要实现全新的价值主张和收益。有远见的企业纷纷寻求各种方式降低成本，同时建立更高效的、可持续发展的业务运作点。它们不断增强自身品牌和美誉度，同时满足政府法规和其他合规标准。但更重要的是，这些企业都在以能够赢利的方式为新市场创建更绿色的产品和服务。

我们以被访谈者的集体智慧和我们的持续调查项目为基础，向全世界的CEO、企业高管及董事会成员提供了"未来的企业"的标准、蓝图以及供大家进一步探讨的议题。这是大家梦寐以求的目标。一些公司已经显现出

"未来的企业"的某些特质,但具备所有特质的企业实在是凤毛麟角。根据我们的访谈与分析,我们深信"未来的企业"将能够获得可观的企业效益。

❋ ❋ ❋ ❋ ❋ ❋ ❋ ❋ ❋

我们向那些慷慨分享其时间与见解的所有企业和公共机构领导者以及惠赐其见解和指导的许多同事表示衷心的感谢。他们的想法在我们界定"未来的企业"和我们随后的研究中发挥了重要作用,我们对此非常感激。

目录

第1章　未来的企业
　　来自全球超过1 000位CEO的洞察 …………… 1

第2章　新经济环境下的制胜之道
　　聚焦价值、机遇和速度 …………………………… 35

第3章　成就变革
　　消除变革鸿沟 ……………………………………… 57

第4章　前进之路
　　以客户为中心的领先新模式 ……………………… 81

第5章　全球整合企业R-O-I调查
　　实现全球整合的企业战略 ………………………… 103

第6章　智慧的未来供应链
　　全球首席供应链官调查报告 ……………………… 123

第7章　抓住有利条件
　　何时及如何创新您的业务模式 …………………… 151

第8章　向服务业务模式转型
　　中国企业的可持续发展之路 ……………………… 175

第9章　领导可持续发展的企业
　　利用洞察和信息采取行动 ………………………… 203

第10章　绿色及未来
　　以更智慧的方式保护环境 ………………………… 223

继续讨论：2010年全球CEO调查 ………………………… 239

第1章
未来的企业
来自全球超过1 000位CEO的洞察

为了深入探究成功的未来企业的基因,IBM与全球超过1 000位CEO、总经理以及公共部门和企业机构的高级主管进行了访谈。基于这些对话和问卷统计及企业财务分析,我们独具特色地描绘出未来企业的蓝图,以及在新经济环境下企业繁荣发展极为需要的特质。CEO们普遍认为,"未来的企业"具有以下特征:渴求变革;让创新超出客户的想象;全球整合;颠覆性的业务创新;真诚,而不仅仅是慷慨。

"未来的企业"是 IBM 两年一度的"全球 CEO 调查研究报告"系列的第三辑。1 130 位 CEO、总经理以及公共部门和企业机构的高级主管参与了这次调查,他们来自 32 个行业、40 个国家和地区。[1] 其中,19% 的企业员工数量超过 50 000 名;22% 的企业员工数量少于 1 000 名(见图 1-1)。

我们的样本来自不同地域,覆盖了发达经济体和新兴经济体。

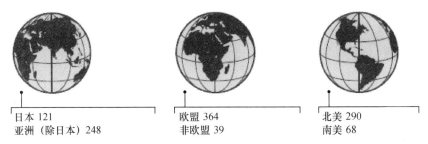

日本 121
亚洲(除日本)248

欧盟 364
非欧盟 39

北美 290
南美 68

图 1-1　全球 1 130 位 CEO 参与了本次调查

在此次调查中,我们尝试找出业绩出众和欠佳的企业在回答问题时的差异。对于财务信息公开的企业,我们将其收入和利润跟踪记录与同行业样本企业的平均数进行比较。[2] 我们以特定的财务基准作为平均值,将那些高于平均水平的企业归为"业绩出众者",而将低于平均水平的归为"业绩欠佳者"。在整个分析过程中,我们都在寻找造成这种差异的内在原因。

CEO 们力争迅速调整自己企业的市场定位,以便能抓住所看到的发展机遇。通过与他们探讨计划和挑战,我们得出以下几条值得关注的结论:

大多数企业都受到变革冲击,许多企业为跟上变革而不断努力。80% 的 CEO 都认为巨大的变革正在迫近,然而预期的变革与掌控变革的能力之间存在巨大的差距,这道鸿沟较上一次"全球 CEO 调查"(2006 年)扩大了近三倍。

客户的要求越来越高,但 CEO 们并不认为这是威胁,而是能够使企业独具特色的契机。CEO 需要花费更多的精力来吸引并留住日益富足、见多识广而且具有很强社群意识的客户。

几乎所有的 CEO 都在调整企业的业务模式——2/3 的 CEO 正在实施大规模的创新。超过 40% 的 CEO 正在改变企业运营模式,以提高其协作性。

许多 CEO 都在积极推动全球业务设计、深化改革业务能力并开展更广泛的合作。CEO 们已不再局限于全球化的概念,各种规模的企业都在进行重新配置,以便能抓住全球整合的商机。

财务业绩出众的企业的举措更为大刀阔斧。这些企业提前实施了更多变革,而且掌控变革的能力也更强。这些企业的业务设计更为全球化,合作更为广泛,业务模式创新的形式也更为彻底。

不论行业、地域和企业规模,结论都是惊人的相似,我们相信能够在未来取得成功的企业需要这些特质。就其核心而言,未来的企业应该如图1-2所示。

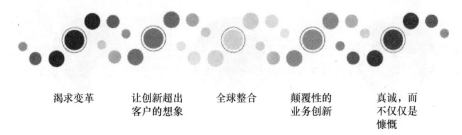

渴求变革　　让创新超出　　全球整合　　颠覆性的　　真诚,而
　　　　　　客户的想象　　　　　　　业务创新　　不仅仅是
　　　　　　　　　　　　　　　　　　　　　　　　慷慨

图 1-2　未来的企业的五项特质

渴求变革

"未来的企业"应该能够快速成功地进行变革。这样的企业能够创造和引领变革趋势,而不只对变革做出反应。市场和行业的转变是甩开竞争对手的绝佳契机。

让创新超出客户的想象

"未来的企业"应该能够超越日益增加的客户期望。深层的协作关系使企业能借助创新给客户带来惊喜,使客户和企业自身更加成功。

全球整合

"未来的企业"正在不断进行整合,以便能充分利用当今全球经济的优势。其业务的战略目标是获取全球各地最佳的能力、知识和资产,并将它们应用于全球有此需求的任何地方。

颠覆性的业务创新

"未来的企业"对传统的业务模式发起根本性的挑战,彻底打破了原有的竞争机制。它关注价值主张的转变,颠覆传统的交付方式,只要机会出现,它就彻底变革企业本身和整个行业。

真诚,而不仅仅是慷慨

"未来的企业"并不只是热心慈善且遵纪守法,它的所有行动和决策都反映出对社会的诚挚关怀。

这份"全球 CEO 调查"报告提出了关于"未来的企业"各种特质的结论。该报告通过统计和财务分析以及 CEO 的现身说法,总结出丰富的深层次洞察。每章都会总结出有关如何成为"未来的企业"的结论和想法,并通过案例研究阐释领先企业的商道智慧。

渴求变革

CEO们预见到巨大的变革正在迫近,但他们对自己掌控变革的能力还有些信心不足。那么,CEO们将如何面对日益活跃的环境?他们能否做出有效的应对?

"变革鸿沟"宽了三倍

在2006年的"全球CEO调查"中,当2/3的CEO表示他们的企业在未来三年会面临重大或非常重大的变革时,我们曾感到非常吃惊。但到了2008年,这一比例增加到了4/5,更多的CEO认为将迎来这样的变革(见图1-3)。

随着预期变革的要求不断提高,许多CEO都为了跟上变革步伐而疲于奔命。

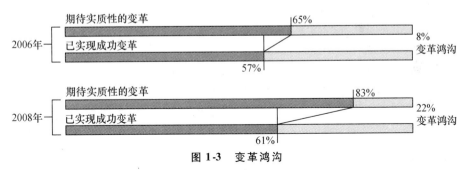

图1-3 变革鸿沟

即将到来的变革挑战对于企业而言可能是一道难越的坎儿。CEO们认为他们实际掌控变革的能力比所需的能力低了22%——这道"变革鸿沟"比2006年宽了将近三倍。在受访企业中,尽管成功掌控变革的企业数量略有增加,但认为仅获得有限成效,甚至没有成效的数量则增加了60%。

更快、更广、更不确定的变化

> "在过去的10年中我们的变化要大于再往前的90年的总和。"
> Ad J. Scheepbouwer, 荷兰皇家电信CEO

那么是什么原因造成了这条越来越宽的鸿沟呢?不断变化可不是什么新鲜事,但越来越快的商业环境变化步伐却让企业疲于奔命。周围的一切似乎都飞快地变化,让企业应接不暇。就像一位美国的 CEO 所说的那样:"我们在取得成功,只是速度慢了点。"

CEO 们还要应对一大堆的难题,而这些难题又会带来更大的风险和不确定性。2004 年,CEO 的日程基本上被客户趋势、市场变化和竞争对手的活动等市场因素占满。而其他外部因素,比如社会经济、地缘因素和环境问题则看起来不那么重要,很少能进入 CEO 的视线。

但到了 2008 年,CEO 们已不再只关注于那范围狭小的优先事项列表。现在,人员技能和市场因素受到同样重视,环境问题需要加倍关注。突然之间,什么都变得重要起来。任何领域都可能出现变革。用一位加拿大 CEO 的话来说:CEO 们发现自己身处一个"波涛汹涌的世界"。

CEO 们最为关注以下三种外部力量所造成的影响:市场因素、人员技能和技术(请参阅图 1-4)。客户期望的变化、竞争对手的威胁以及行业整合也仍然是关注的焦点。CEO 们也在不断寻求具有行业、技术技能,特别是具有管理技能的人才来满足其地域扩张的需要,并填补因"婴儿潮"一代退休而留下的空缺。他们认为人才紧缺是全球整合的最大障碍——比法规和预算的障碍更严重。CEO 们还描述了技术发展如何重塑价值链、影响产品和服务,以及改变企业与客户的交互方式。

2008 年,CEO 们将市场因素、人员技能和技术因素列为对组织影响最大的三个外部因素。[3]

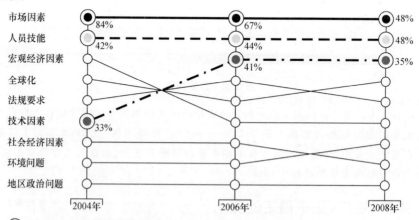

图 1-4　三大变革推动力

业绩出众者能够更好地掌控变革

通过研究样本中那些财务业绩出众的企业,我们发现这些企业的变革鸿沟要远小于财务业绩欠佳的企业(见图1-5)。[4] 这一差距并不是说那些业绩出众的企业所面临的挑战或预期的变革更少,事实上它们所要进行的变革更多。原因只是这些企业更善于掌控变革。

因为业绩出众的企业善于掌控变革,所以它们能走在变革的前面,并推动变革的发生。

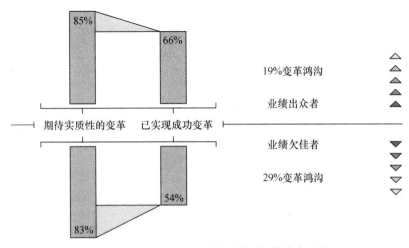

图1-5 对于业绩出众的企业来说,鸿沟变小了

小结

很显然,具有快速成功地实现变革的能力比以往任何时候都更为重要。以下是一些关于"未来的企业"如何实现变革的想法:

> "改变一贯的想法是变革成功的关键。作为大型企业,我们必须改变容易满足现状的想法。变革的机制应该植入到企业的文化当中。"
>
> Masao Yamazaki,西日本铁路总裁兼CEO

将变革视为常态。"未来的企业"将组织内部的变革视为一种常态。经过企业文化的熏陶,员工都能适应不可预测性。在产品、市场、运营和业务模式始终都在不断变化的环境中,一切以价值为导向,与目标挂钩。

聘用、委任和嘉奖创新者和变革领导者。"未来的企业"是逐梦人的天堂——他们质疑臆测,提出的方案往往非常激进并且最初可能被一些人认为不切实际。"未来的企业"还是那些能力非凡的领导者的乐土,由他们设定目标、推动和引领企业前进。业绩优秀的人将获得特殊奖励,比如获得为之奋斗的企业的股份。

关注业绩实现。在2008年的变革管理实践研究中,75%的受访企业表示他们过去管理变革的方法显得不正规、随意或即兴。[5]与此形成对比,"未来的企业"通过健全的计划来定义和掌控变革,计划围绕预期的业务目标构建,并推动业务成果的实现。"未来的企业"跟踪变革的业务效益以及变革管理的有效性。强大的变革管理能力是各种规模的企业的核心竞争力,它需要作为一种专业素养进行培养,而不是作为一种管理"艺术"。

像风险投资家那样经营。"未来的企业"建立流程和架构以鼓励创新和改革。它积极地管理投资组合,保护并支持不成熟但有潜力的创意,同时系统地清除对企业没有帮助的想法。

您准备好了吗?

- 您的组织是否非常渴望变革?
- 您是否在为企业培养眼光独到的变革者,并为他们提供足够的自由以实现有意义的变革?
- 您是否使用结构化的方式来掌控变革,并且对变革管理的有效性进行衡量?
- 您是否具有健全的流程,能够催生新的产品、服务和业务模式理念,并在必要时改变投资方向?

案例分析　**ABB:设计企业范围的变革**

瑞士的ABB公司为了提高生产力并降低成本,于2003年启动了"阶段变革计划"(Step Change Program)。该公司确定了数百项措施并按计划实施,每年因此节省超过9亿美元。"一个简单的ABB计划"(One Simple ABB Program)于2005年开始实施,至今仍在执行。该计划降低了公司的复杂程度,并为财务、人力资源和信息服务等部门建立了通用的全局流程。

推动这些计划的是2002年年末的一项决策——将关注重点集中于企业的核心专业领域——电力和自动化。这意味着出售非核心业务,如石油、天然气和石化等上游部门,并将没有特色的职能外包。

如今,ABB的变革计划涵盖了范围广泛的规划组合,这些规划都拥有具体的业务和财务目标。ABB成立了由代表五个全球分部、团队职能部门和地区市场的成员组成的"主管委员会",负责跟踪计划进度并确定各个区域的职责。借助经过考验的变革管理能力,ABB已成为一家为变革而设计的企业,从而为迎接未来做好了准备。

那么结果如何呢？ABB成功发挥了自己的长处,成为电力和自动化技术领域的全球龙头企业,它还改进了其生产力和成本结构,这些都得益于企业范围的变革计划。ABB在2007年的净收入增长至创纪录的38亿美元。[6]

让创新超出客户的想象

为了抓住由于世界经济繁荣而涌现的各种商机,CEO们进行了巨大的投资。为了更好地为日益成熟、要求越来越高的客户提供服务,他们也增加了这方面的投资(见图1-6)。但怎样才能将这些投资转变为更大的市场份额呢？

针对新市场的巨大投资

随着全球新兴经济体的快速发展,中产阶级的数量在不断增加,而且他们正变得越来越富裕。人们有了更多的可支配收入,因此带动了对价值更高、更精良的产品和服务的需求。就像一位印度的房地产企业CEO所说的那样:"印度在未来20年里,有4亿消费者需要新的住房,这比美国自第二次世界大战以来所造的房屋总数还多。"

与此同时,在发达的经济体中,已步入老龄的"婴儿潮一代"积攒了巨大的财富,而他们的孩子作为富裕的继承人将继续推动经济繁荣,这也就是某些人所说的扁平增长型市场。

在发达市场和快速发展的经济体中,经济的日益繁荣为众多企业创造了越来越多的商机——这个势头令CEO们欣喜若狂。但是,他们警惕地发现,以不变应万变的入市策略在很多产品和服务上很难奏效:打入这些新的地区和细分市场需要对这些客户有更透彻的了解,需要找到更具有针对性的方法。

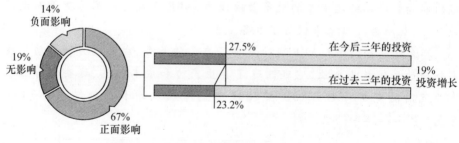

图1-6　2/3 的 CEO 看到了商机并进行了投资

见多识广而又相互协作的客户：能够使企业独具特色的契机

CEO 们除了要面对新市场的差异性，还要面对见识越来越广而且相互协作的客户所提出的更高期望。消费者获得信息的渠道已今非昔比，而企业已不再是相关信

> "在快速发展的市场里，强大的生产能力无疑是对客户至关重要的。但在一个成熟的市场，我们一样要聆听客户的感受和需求。关键是找到两者的平衡点。"
> Motoki Ozaki, 花王株式会社总裁兼 CEO

息的绝对权威发布者。在最近一项零售业消费者千人调查中，有 53% 的调查对象表示他们使用互联网来比较产品的功能和价格，25% 的消费者在商店里直接通过自己的移动设备获取信息以进行比较，10% 的消费者在购物过程中向朋友和家人发送文本消息以获取相关资讯或分享产品信息。[8]

因特网拥有数十亿的用户，客户可以在全球范围内公布自己的期望并分享观点——公开评价企业的绩效。观点相似的客户可以组成社会网络，并对企业施加影响。在越来越多的行业中，客户的角色正从被动接受变为深入参与。"消费者"正转变为"生产者"，他们为同伴创造娱乐和广告内容，甚至可以自己发电。一家比利时媒体公司的 CEO 指出：见多识广而又相互协作的客户"既是威胁，也是商机"。尽管有潜在的不利因素，但 CEO 们总体上还是持乐观态度（见图 1-7）。

CEO们关注的重点是商机,而不是威胁,并因此相应地进行投资。[9]

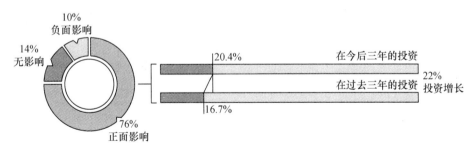

图1-7　CEO们对见多识广而又相互协作的客户持乐观态度

许多CEO将服务于见多识广而又相互协作的客户看做是企业别具一格的商机——这是调整产品定位和价格的契机。一位美国的CEO告诉我们:"客户知道得越多,期望越高,就越能彰显我们的与众不同。"

> "今后我们会越来越多地谈论'prosumer'——融入价值链环节的消费者/生产者。随之而来的是产品生产流程的定制化。"
> Hartmut Jenner, Alfred Karcher GmbH公司CEO

业绩出众的企业投入更多

财务表现出众的企业普遍将它们年度总投资的30%以上用于由世界经济繁荣所带来的商机。[10]在未来三年内,这些新的市场投资将会增长——但还是赶不上那些见多识广而又相互协作的目标客户的增长速度。财务表现出众的企业打算再增加36%的投资,用于为这些日益成熟的客户提供服务(见图1-8)。[11]

小结

"未来的企业"的目标不仅是分辨需要和需求,创建独特的产品、服务和体验,而且是消费者确切需要的东西。以下是关于如何实现这一目标的一些思考:

> "我们必须重新定义我们对于客户的价值。信息和咨询与传统的驱动力相比变得越来越重要。"
> H. Edward Hanway, 信诺保险集团董事长兼CEO

采取有效方法向新市场和日益富裕的消费者提供产品或服务。全球化的品牌、产品和服务产生规模经济,然而每个市场都有其自身的文化、需求和期望。"未来的企业"会不断尝试去了解如何优化规模经济与地域特色之间的平衡。它通过对潜在市场的分析来找出合适的环境、市场空白以及业绩出众的企业已在为全球繁荣的经济投入巨资,并快速增加对见多识广而又相互协作的客户的投资。

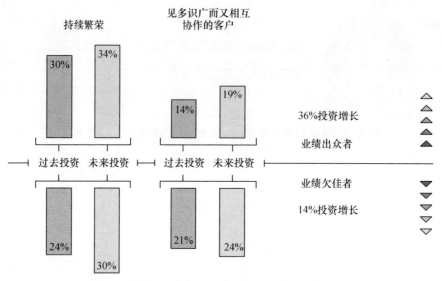

图 1-8　业绩出众的企业在不断增加与客户有关的投资

故步自封的竞争对手,以便充分发挥其核心竞争力。

理解时机和网络效应。"超越"和"过头"有着明确的界限。"未来的企业"理解市场已准备好接受哪些创新,并能够精确地掌握进入市场的时机。它通过早期采购的网络效应在市场上遥遥领先。

将每一个人与客户联系起来。所有级别的雇员(从设计师到仓库保管员)都通过实时信息、在线互动或面对面的接触(如果可能的话)与客户联系。"未来的企业"还会与雇员和领先消费者发展深层关系,这些消费者是决定市场成败的早期尝试者。企业在这些社群中对市场进行测试,并与他们就开发产品进行合作。在企业对企业的领域,"未来的企业"会投资在其系统与关键客户整合的方面。这样,企业就会成为更具前瞻性的合作伙伴,并成为客户企业不可或缺的一部分。

通过技术,比竞争对手更早地预见转变。市场洞察力对于"未来的企业"至关重要。这种企业能够认识到通过各种渠道所收集信息的内在价值,并通过积极地挖掘以获得深层次信息。它使用新兴的技术(如虚拟世界),以多种新的方式获得深层次信息。它还对可以缩短反馈周期的系统进行部署。当消费者个人喜好和需求开始变化时,这样的企业可以先于竞争对手了解到这种趋势。

您准备好了吗？

- 您的什么产品或服务开辟了新天地，打开了全新的领域或市场？您可以从中学到什么？
- 您是否正在系统地评估潜在的地域性市场？您如何在兼顾本地特色的情况下保持全球品牌、产品和服务的效率？
- 当客户个人喜好转变时，是您首先理解并采取相应措施，还是您的竞争对手反应更快？
- 您能否有效地整合不同的数据和系统，以获取有关新客户的深层次信息？

案例分析　任天堂：通过与客户协作获得市场份额

在20世纪90年代早期，任天堂占据游戏机市场份额的61%，但到了2005年左右，它的市场份额降到了22%。[12]为了重新夺回领先地位，任天堂需要采取新的措施来取悦游戏玩家，并吸引新的游戏受众。

为了实现这一目的，任天堂直接与源头（游戏玩家）接触。公司建立了一个在线社区，通过提供奖励来获取客户信息。公司还根据参与者对社区的贡献价值和在线频率，选出了一组经验丰富的游戏玩家。公司为这些游戏玩家提供独有的奖励，提供新游戏的预览版，作为交换，这些游戏玩家必须帮助新用户和提供社区支持。[13]

通过这个社区，任天堂获得了市场需求和客户喜好方面宝贵的深层次信息。这也影响了公司的各个方面，从游戏产品（如吸引老玩家的"nostalgic"游戏的在线库）到新的产品设计（如广受欢迎的任天堂Wii系统的直观控制，这种系统帮助公司吸引了偶尔尝试游戏的新玩家）。[14]

借助于其核心客户群的忠诚度和专业知识，任天堂成功地赢得了两个新的客户群：女性和老年人。这种协作似乎已得到回报：任天堂再一次领先于其竞争对手，市场份额达到44%。[15]

全球整合

应对全球整合时CEO面临多种选择。如何设计企业以便能利用世界其他地方的能力？应该如何选择合作或并购的时机？应该进入哪些市场？对于所有这些复杂性，哪些策略最有效？

为了能驾驭全球整合，业务设计发生了根本性的变革

随着世界各地的联系越来越紧密和越来越方便，CEO们看到了扩展其全球市场的巨大的商机——利用新的专业技术来源和打入新的市场。传统的全球化观点——利用廉价劳动力获利以及借助中国和印度经济增长的大潮——正被新的焦点取代：全球整合。这意味着实施新的业务设计，以便在全球范围内促进更快、更广泛的合作，当新的商机出现时能够快速地进行重新配置。

在访谈中，我们探讨了CEO们如何重新"校准"他们的业务设计，以便能利用日益深化的全球整合。他们的回答如图1-9所示。

我们请CEO们从7个方面为他们的全球整合规划打分，大多数答案都倾向于全球优化。

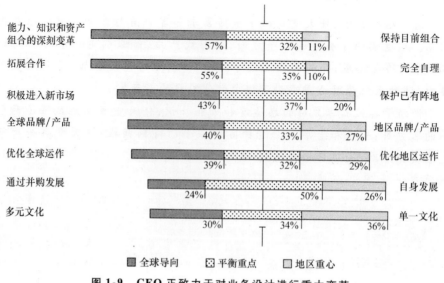

图1-9　CEO正致力于对业务设计进行重大变革

对于这些可能比较复杂的系列问题和选项,CEO 们通常有现成的答案。很明显,作为利用全球整合商机的关键人物,他们已经认真思考过这些问题。令人惊奇的是,各种规模、不同地域的公司的 CEO 都不约而同地聚焦和热衷于这些话题,他们都认为不管公司当前所处地域和规模如何,进行优化都是头等大事。

> "我们必须要兼顾全球协作与地区差异,即使是办公室里也需要平衡这一点。"
> Martin Sorrell,WPP 公司 CEO

能力和资产组合的深刻变革

纵观整个 CEO 调查样本,超过半数的人都打算深刻地变革组织的能力、知识和资产。新的客户期望正推动着其中的部分变革。"我们需要从以运营为中心转变为以客户为中心,"一位美国的 CEO 说,"这需要多种新的技能,而企业也需要新的技能组合。"

在新的地域运营是更新上述组合的另一个原因。"我们和其他人犯了同样的错误——简单地用我们现有的本土团队来驾驭国际业务,"一家亚洲公共事业公司的 CEO 解释道,"后来我们意识到这种模式行不通,现在,我们已经建立了一个业务和资本发展技能恰当组合的团队。"

尽管 CEO 们改变技能组合的原因各不相同,但他们有一点共识:这种改变非常困难。一位法国的 CEO 将其视为自己"最重要的转变",但同时也是"变化最大、最为困难的任务"。

合作非常普遍,尤其在业绩出众的企业中

85% 的 CEO 们计划进行合作,以便能充分抓住全球整合的商机——一半以上的 CEO 计划进行广泛的合作。我们还发现,在进行广泛合作方面,业绩出众者比业绩欠佳者的意愿要高出 20%。[16] 这进一步印证了我们最新的 CEO 调查的结论:寻求广泛合作的公司在市场上的表现要优于它们的竞争对手。[17]

> "几年前我们还是一个本土企业,现在我们已经是一个全球企业。我们的整合供应链必须实时地满足 50 个国家的需求。我们不得不从外面引进人才。"
> Jim Guyette,劳斯莱斯北美公司总裁兼 CEO

CEO 们将合作伙伴视为宝贵人才的重要来源,而人才是当前的短缺资源。"合作已从战术性的'进入一个新市场'转变为战略性的'利用能力'。"一位香港的 CEO 解释道。

大多数企业都希望进入新的市场

在许多国家或地区,随着经济的发展和消费者购买力的提升,新市场已成为重要的增长源。3/4 的 CEO 告诉我们,他们打算积极进入新的市场。新兴经济体(72%)和发达经济体(76%)中各种规模企业的 CEO 都持有这种想法。

通过并购实现全球整合,业绩出众的企业尤其如此

66% 的 CEO 计划将并购(M&A)作为他们全球战略的一部分。他们将并购视为实现快速全球扩张的主要方式——整合新的能力、知识和财产,并获得新的客户。

有趣的是,业绩出众者在使用并购的倾向上要比业绩欠佳者高 55%,业绩出众者反对那种认为并购是一种充满风险且通常不成功的战略的成见。[18] 以往的研究表明,经常进行并购的企业在执行并购时往往非常高效,而且能更为成功地使用这种方法。[19]

更关注于全球范围的业务设计

在和 CEO 探讨个别优化选项时,我们发现,一个领域的决策和规划常常与其他领域相关,他们的回答形成了一种相互联系的模式或设计,而不是一系列独立的判断。

采用数据集群技术,我们发现了图 1-10 所述的四种常用的全球整合方法。超过 60% 的 CEO 正在实施面向全球的战略,而其余的则正在采用本地或组合的方法。

全球集群包含了较多的业绩出众者

在更为仔细地研究过这些集群之后,我们发现,业绩出众者较集中于两种面向全球的类别。[20] 这两种业绩出众者集群的相似性表明,财务业绩较为成功的企业的 CEO 具有特定的业务设计目标(见图 1-11)。他们通过广泛的合作来利用全球范围的专业技能,积极地进入新的市场,在全球范围内优化其品牌、产品和运营,并使用并购来促进业务增长和扩展全球能力。

两种最常见的方法较为体现出全球化的特点,另一种聚焦于本地化,第四种则用于这两者之间。

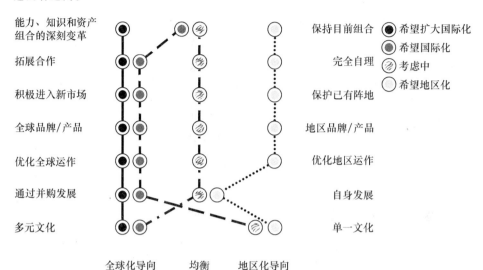

图 1-10　CEO 的回答归为四个不同的集群

两个面向全球的集群中发现了较多的业绩出众者。

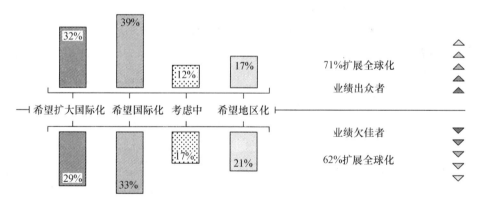

图 1-11　业绩出众者更关注全球业务设计

需要认真调整业务设计

我们的讨论也非常清楚地表明:CEO 用于全球整合和优化的方法都针对各自的企业进行了精心

> "产品即使在当地也需要有国际品牌。我们的企业就是在全球整合的基础上建立地区性的产品。"
> Georg Bauer,宝马金融服务公司 CEO

的定制。例如,全球品牌和产品必须与本地特点相结合。如一位电信企业的CEO所说,"我们需要构建和维护全球产品平台以保持规模经济,但我们也需要对功能进行本地化以适应当地的特点"。

在针对后勤职能(如财务和人力资源)的全球优化方面,CEO的意见都比较统一,然而对于核心生产流程的优化则有所不同。例如,生产笨重、庞大或不能装运的产品就需要在本地进行优化,销售和新产品上市流程则需要本地的知识和专业技能。一位意大利的CEO解释道:"我们的业务模式基于后勤运营的整合与全球化,以便使与本地市场紧密相关的特定业务单元实现关键的规模和本地化。"

CEO还强调在具有公共企业文化的同时,保持本地文化多样性的重要性。"在国外开展业务的关键不是寻求一致性,"一位日本的CEO说,"我们必须能够与具有不同文化、来自不同国度的人有效工作。我们可以通过与他们的合作了解如何做到这一点。"

小结

即使某个"未来的企业"并不寻求"走向全球",它仍然应该了解自身可用的能力以及在全球范围内出现的竞争对手。以下是抓住全球整合商机的一些方法:

整合全球能力以使企业独具特色。"未来的企业"应该在全球范围内寻找能使自身独具特色的专业技能、资源和资产。找到适当的能力远比找到最便宜的劳动力重要。这些人才中心经过整合后,就能够随时随地为企业提供所需的最佳能力、知识和资产。

构建经过认真调整的全球业务设计。"未来的企业"能够根据自身特定的能力、行业和地域的组合,精心构建其全球整合和优化的业务设计。对于在企业内部保持哪些能力,以及通过合作或收购获得哪些能力,这样的企业都有战略规划。这样,当企业进行收购时,它知道如何进行管理,以便能充分实现预期的效益。

发现和消除整合中的障碍。灵活的资产使"未来的企业"在市场上更为敏捷。针对业务地点的决策是基于市场和运营需求,而不是基于地产契约或限制性的租赁安排。模块化的信息技术(如面向服务的体系结构)使企业能够快速响应新的产品和服务商机,并能够更快地与新的合作伙伴实现整合。

选拔全球领导者。"未来的企业"的全球发展计划从整个公司范围而不仅仅是总部挑选潜力大的候选人。这些计划使未来的领导者经历多种全球体验,并在多种文化和市场中接受锻炼。

在组织内部和组织之间认识社会关系的重要性。社会网络和实时协作工具改进了沟通,拉近了不同地区人们之间的距离。这样,好的理念能够更快地发展和传播,而问题能够更快地得到解决。

您准备好了吗?

- 您是否正有效地将世界各地独具特色的能力、知识和资产整合为网络化的人才中心?
- 您的组织是否具有面向全球进行整合的业务设计(尽管组织还没有开始全球化)?
- 您是否具有针对全球合作和并购的详细规划?
- 您是否正在培养以全球化方式思维和行动的领导者?
- 您是否希望培养和支持社会关系以促进整合与创新?

案例分析 利丰有限公司:通过全球整合实现增长

总部在中国香港特别行政区的利丰有限公司在四十多个国家或地区拥有10 000名供应商和员工,凭借这个巨大的网络,利丰有限公司几乎可以从世界上任何地方进行采购,并为其零售商客户提供定制的解决方案。[21] 它可以从美洲采购棉花,在巴基斯坦进行纺织和印染,在柬埔寨制成衣服,任何配置都能够实现最佳的结果。有趣的是,该公司免费为其每位客户精心策划供应链。

利丰有限公司已在价值链中稳步上升,通过改变其能力和资产组合来提供更为复杂、利润更高的服务。为了在其最大的市场(美国)提供产品设计和品牌开发服务,公司建立了意义重大的本地机构。这一举措仅仅是利丰有限公司对自身能力进行本地化和全球优化的一个示例。

在不到十年时间内的二十多次收购是利丰有限公司在目标地域扩大市场份额的主要方式。[22] 它通常保留前端客户接口,这在很多情况下也是收购的原因,而后端会在交易结束100天内合并到自身的运营体系中。[23]

利丰有限公司的全球整合模式显然行之有效:从1992年至2006年,利丰有限公司每年收入的复合增长率超过22%。[24]

颠覆性的业务创新

大多数 CEO 都致力于广泛的业务创新模型。而业绩出众者往往比业绩欠佳的同行实施更为彻底的创新。但这些大胆的举措会成功吗？这样会形成哪些真正的特色呢？

技术拓宽了业务模式的可能性

许多 CEO 告诉我们，由于仅仅凭产品和服务很难使企业独具特色，因此他们正在改变业务模式（见图 1-12）。但他们同时也强调另一个原因：现在有了更多的选择。

几乎所有 CEO 都在变革他们的业务模式，2/3 的人正在实施广泛的创新。

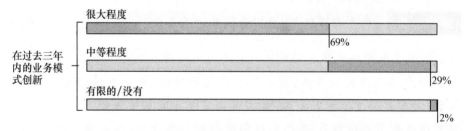

图 1-12　CEO 正在进行重大的业务模式变革

正如一位美国的 CEO 所说："我们开始尝试过去无法做到的事情。"现在通过因特网，企业可以找到商品稀缺、过剩和高度专业化的特定市场环境（通常称之为虚拟"旧货市场"）。业务流程以及某些产品和服务正逐步虚拟化。新的交付渠道和电子分发方法正在颠覆传统的行业惯例。这些进步不仅仅在改变个别公司的运营方式，它们也打造了全新的行业。

最常见的业务模式创新

我们还探讨了 CEO 们正在执行的各种业务模式创新的类型。我们特别询问了有关企业模型、收入模型和行业创新模型的信息。

> **企业模型**——重新思考自身内部应具有哪些能力及通过协作获得哪些能力。对企业进行重新配置以实现专业化,从而能够实现更高的价值(如思科公司通过关注品牌和设计,同时依靠合作伙伴进行生产、分销等,实现了这一点)。
>
> **收入模型**——通过新的价值主张和计价模型改变创造收入的方式(如吉列公司将主要收入来源从剃刀架改为剃须刀片,实现了这一点)。
>
> **行业模型**——重新定义现有行业,转入一个新的行业或创造一个全新的行业(请想想娱乐行业以及苹果公司的 iPod 和 iTunes)。[25]

在那些针对业务模式的广泛变革中,企业模型创新一般是首选。44%的 CEO 只关注企业模型创新,或将其与其他形式的业务模式创新组合起来实施(见图 1-13)。这种倾向于企业模型创新的趋势在新兴经济体中更为突出(达到了 53%)。

CEO 们主要致力于重新配置企业,以实现专业化及协作。

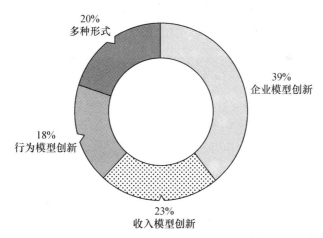

图 1-13 企业模型创新是最普遍的创新形式

协作需要促进了企业模型创新

企业模型创新的支持者都认为单兵作战正变得越来越困难。"我们面临着严重的挑战。"一位电子企业的 CEO 在描述拥有整个价值链的困难时如是说。

CEO 们已无法再对没有特色的活动投入金钱和奇缺的管理资源,他们希望实现专业化。一位美国的 CEO 解释道："协作才能生存，能够靠我们自身单打独斗而又能以经济有效的方式完成的事情越来越少。我们会继续减少组织内部的工作，让合作伙伴甚至是竞争对手完成更多的工作。"

38% 的 CEO 计划继续由组织自身完成工作，而 71%（是前者的近两倍）的人则计划开展协作与合作。有些 CEO 告诉我们，他们正致力于实现协作性更高的模型，以便提高效率、规避竞争威胁和避免平庸。他们的最终目标是为客户提供与众不同的价值主张。"构成'企业'的概念非常关键。企业必须是松散耦合的系统，"一位澳大利亚公共部门的主管说，"企业的作用是决定什么时候进行协作，由谁参与，以及如何减少竞争的破坏力。"

收入模型的创新者转变了价值组合

在实施收入创新模型的企业中，有 90% 正在重新配置产品、服务和价值的组合。有 50% 的企业正在使用新的定价结构。

> "对我们来说，企业模型创新首先要有正确的业务模式，从而确保进入新市场所需要的新能力。"
> Andrew Brandler，中电控股有限公司 CEO

许多 CEO 正将更多的服务整合到他们的产品组合中，并将一次性付费的模式转变为以循环费用为中心的模式。更多的公司开始根据为客户提供的价值进行定价，而不是采用成本加成定价法。有些公司根据它们各自行业的特定需要，创建了较有价值的整体解决方案，而另外一些公司则为客户提供了一系列选择。而与此同时，"客户越来越了解全球定价，这促使价格更加透明，"一位瑞典的 CEO 解释道，"结果是产品定价从被动方式转变为主动方式"。

有趣的是，许多 CEO 还将收入模型创新作为地区扩张战略的一部分。他们告诉我们，在进入像中国和印度这样拥有众多不同收入水平的消费者的市场时，正确的价格结构是至关重要的。

行业模型创新仍然凤毛麟角

许多 CEO 说明了不实施行业模型创新的多种原因，但大部分可归结为实施困难。出于类似的原

> "我们在定价方面越来越明智了，我们的定价模型是基于客户分类以及由这些客户所产生的收益而定的。"
> Steffen Schiottz-Christensen，马士基物流北亚地区主管

因，行业模型创新者们更注重于重新定义现有的行业（73%），而不是进入或创造全新的行业（36%）。

极端重视风险规避的行业则存在更多的创新障碍,一位制药行业的CEO解释道:"我们的行业有一种自相矛盾的创新观点,一方面我们不断推动创新,而另一方面却又在极力规避风险。制药企业仍然希望成为'巨无霸',它们都陷入了这种怪圈。打破这种模式的企业就是赢家,而其他企业就只能望其项背。"

一些CEO不认为自己的企业在行业内或在自身产业链中处于合适的位置,可以推动这种重大的变革;但有些领导人认为他们的企业是最合适的人选,他们会问:行业的领先者舍我其谁?

业绩出众的企业接受行业模型创新的挑战

与总体样本一致,业绩出众者对企业模型创新很感兴趣(见图1-14)。与此同时,在规划行业模型创新方面,他们也比业绩欠佳者高

> "当业务模式创新时,运营以及产品也会随之创新。"
> Ronald de Jong,飞利浦德国公司CEO

出40%。[26]问题是:这些业绩出众者更为致力于行业模型创新是否是因为他们有能力这样做?或者他们之所以是业绩出众者,是因为其自身的洞察力以及倾向于不断质疑行业惯例?通过与CEO对话,我们相信这两者兼而有之,这是一种互动的良性循环。成功的创新可以增强经济后盾,而所处的行业地位又使他们能够进行大胆尝试,而这反过来又可以提高业绩。

总体来说,业绩出众者更愿意尝试最困难的业务模式变革——行业模型创新。

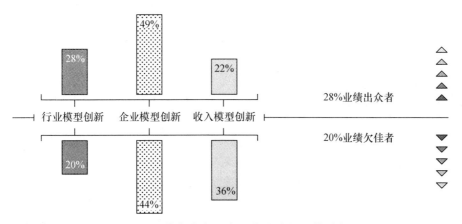

图1-14 业绩出众者更有可能实施行业模型创新

小结

"未来的企业"会不断寻找新的竞争方式。以下是一些如何培养彻底变革思维的想法:

像局外人一样思考。"未来的企业"应该以不拘一格的方式,脱离条条框框进行思维。它的目标是通过"从白纸开始"式的思维来激发创新。它寻找多种方式,与本行业现状之外的人员和组织进行合作,以便开发新的模型。它能够像局外人一样质疑其业务模式的每一个假设。

从其他行业汲取突破性的想法。"未来的企业"甘当其他行业的学生,因为它意识到游戏规则的变化会像野火一样燎原。它寻找正在革新其他市场领域的客户和技术趋势,并考虑如何将它们应用到自己的行业和业务模式中。

为企业家提供支持。"未来的企业"理解实施业务模式创新所面临的挑战。它为企业家提供支持、资金和自由度,以便推动彻底的变革,这不仅会威胁竞争对手的当前模型,甚至会威胁自身的模型。

在市场中进行创造性的试验,而不仅仅在实验室。"未来的企业"常常在市场中试验模式,以便获取实时反馈并反复进行调整。它甚至使用虚拟世界(如第二人生,Second Life)来"测试"模式并将汲取的经验教训应用到"现实"的业务中。

管理今天的业务,试验明天的模式。新业务模式通常与已确立的模式不一致,这造成了组织内部的紧张关系。即使这些模式不面对相同的客户,它们仍然会争夺资源和注意力。"未来的企业"能够积极掌控这些潜在冲突,从而能在确保业务正常运作的情况下大胆试验业务模式创新。

您准备好了吗?

- 是否有彻底变革的业务模式将转变您的行业?它更可能由您还是竞争对手实施?
- 您是否花时间考虑过,下次彻底变革将来自何处?
- 您是否观察过其他行业,以了解可以用来转变您的市场的理念和业务模式?
- 在需要不断提升业绩的今天,您是否能为企业主管和创新业务模式提供空间?

案例分析   美国礼来公司：通过协作式的业务模式创造商机

为了使新药物更快上市，美国的制药企业礼来公司（Eli Lilly and Company）通过不断发展协作式的业务模式，整合了广泛的外部合作伙伴网络。例如，为鼓励创新，礼来公司在2001年启动了InnoCentive——一个开放的市场网站。在这个网站上，"搜索者"组织可以向来自175个国家或地区的14 000多名"解答者"匿名提交科学难题。[27] 最好的解决方案最高可以赢得100万美元的奖励。尽管InnoCentive已从礼来公司中独立出来，但礼来公司仍然拥有其部分产权。

最近礼来公司又致力于另一项业务模式创新——将自身转变为"完全整合的制药网络"（FIPNet）。FIPNet模型基于开创性的风险共担关系，例如2007年它与Nicholas Piramal India Limited（NPIL）达成的协议。[28] 按照这个合同，NPIL自费开发礼来公司的一种药物，工作范围从临床前期工作一直到早期临床试验。如果NPIL取得成功并且该药物可以进行人体试验的第二个阶段，那么礼来公司可以采用阶段性付款和产品专利权等形式重新购回该药物。

这些协作式业务模式有诸多好处：降低成本，增强开发能力，加快药物开发过程，不仅可以更好地利用礼来公司的资产，还可以利用外部合作伙伴的资产。礼来公司的业务成果即是明证：从2002年到2007年，礼来公司每年的销售额复合增长率为11%。[29]

真诚，而不仅仅是慷慨

具有社会意识的新一代客户、员工、合作伙伴、活动家和投资者会关注公司几乎所有的举动。如果意识到这一点，CEO就会迅速在企业社会责任方面进行投资。但他们能走多远呢？

CEO竭尽全力以满足快速增长的对企业社会责任的期望

CEO都坦承，针对企业社会责任（CSR）的客户期望越来越高。环境是一块很明显的"试金石":气候变化已迫切要求全球的公民和企业采取行动。它使得公民和企业更广泛地关注力所能及的各种环境和社会问题——从童工、再生利用到食品安全。

客户始终关注社会问题,他们的关注现在更频繁地转为行动并影响购买决定。根据最新的 CSR 调查,75% 的受访企业表示,在过去三年间,收集和报道它们有关 CSR 信息的相关组织的数量在不断增加。[30]

同时,许多 CEO 正竭尽全力使 CSR 付诸实施。一位金融服务机构的 CEO 承认:"我们谈论得太多,而对于不断提高的企业社会责任的客户期望,却做得太少。"

与 CSR 相关的因素正逐步提到 CEO 的日程之中

纵观我们先前的两次 CEO 调查,只有三种外部力量始终位列前茅:社会经济因素、环境问题和人员技术。有趣的是,这三种因素都与 CSR 有关(如图 1-15 所示)。

在每一次调查中我们都与 CEO 讨论九种变革推动因素,但只有三种在重要性方面始终位列前茅。

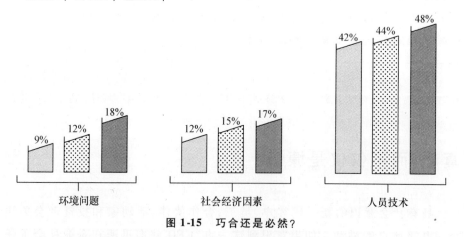

图 1-15 巧合还是必然?

由于人才短缺,因此雇主的 CSR 声誉就成为吸引和留住人才的一个重要因素。许多企业都认同自己和公共部门都对业务所在地区的社会经济担负责任,并且会相互影响。

在过去的四年间,全球关注环境问题的 CEO 的人数增加了一倍,然而,这种关注在全球的分布并不平均。美洲的 CEO 开始表现出更多的兴趣,而欧洲 CEO 的关注度增长得更快,亚太地区相应人数的实际增长最多,从 2004 年至今已增加了近两倍(见图 1-16)。

> "我认为社会责任有三个阶段:人们开始思考例如环境等问题,这是因为他们必须要这样做;人们开始意识到这些的确对业务有影响;最终,人们抛开政策和个人动机等因素开始充满热情地去做这个事情。"
> Vinod Mittal, ISPAT Industries 公司主管

然而,是否符合法律规定并不是 CEO 的关注重点。一位法国公共部门的领导者指出:"环境立法不是问题,通过 ISO14000 认证也相当容易。但要面对积极参与社会活动的非政府组织的媒体和政治压力就要困难得多。"

在过去四年中,CEO 们对环境的关注度有了显著增长,特别是亚太地区。

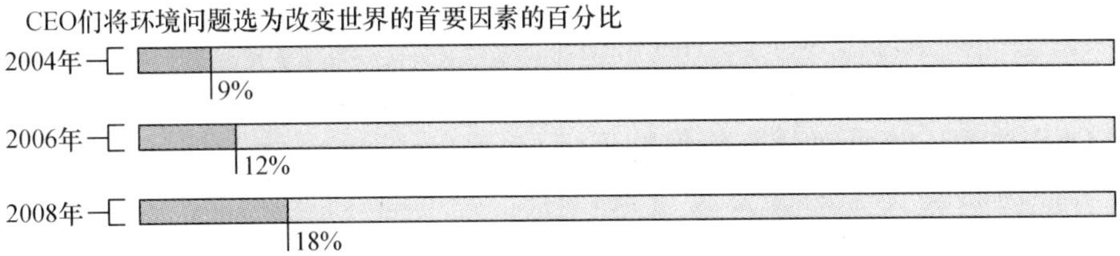

CEO们将环境问题选为改变世界的首要因素的百分比

- 2004年 9%
- 2006年 12%
- 2008年 18%

图 1-16　CEO 的日程中,环保主题变得越来越多

CEO 看到了商机,而不是威胁

CEO 非常清楚他们"不产生危害"的社会责任,同时也非常痛苦地意识到政府监管部门和非政府组织在监督着他们的一举一动。但他们同时也看到了 CSR 中蕴涵的商机(见图 1-17)。

许多 CEO 谈论了 CSR 如何在本国市场和新市场中影响他们的品牌。"在将来,公司形象和 CSR 在企业独具特色方面会发挥重要作用,"一位电子企业的 CEO 说,"这会对如俄罗斯和其他东欧国家这样的新兴市场产生很大影响。"

他们同时还介绍了 CSR 如何影响收入和利润。"我们的组织在市场中积极应对环保问题,这已成为我们的多个主要客户群的关注焦点,"一位美国的 CEO 告诉我们,"我们正将基于环保的新保险产品引进市场。"

许多 CEO 还迅速指出 CSR 对于保持目前的市场份额至关重要。"消费者越来越根据所购产品的来源做出选择,他们甚至关心生产这些产品所

使用的原料和工艺。"一位消费品企业的 CEO 说。

总体而言,CEO 们对不断增长的 CSR 期望所造成的影响持积极态度,并在这一领域快速增加。

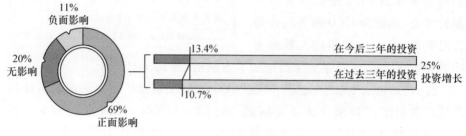

图 1-17　CSR:责任还是商机?

新产品和服务是关注 CSR 的 CEO 思考的首要问题

目前,关注 CSR 问题的 CEO 在新产品和服务方面的投资比其他 CEO 要多。这可能是一种信号,表明市场和消费者的首要关注点

> "我们对公司持续发展的承诺是我们与股东的最大差异。"
>
> Tom Johnstone, SKF 公司 CEO

已转变为"具有社会负责意识"且"环保"的产品和服务。随着时间的推移,我们相信公司 CSR 关注点会从新产品和服务扩展到更广阔的企业领域——它们对业务所在地的社会影响。

CSR 领域的投资增幅最大

尽管与我们讨论的其他客户趋势相比,目前的 CSR 投资水平还很一般,但是 CEO 们计划在未来三年投入更多资金。他们的 CSR 投资将增长 25%,这比我们讨论的其他趋势要快,这些趋势包括新兴经济体的快速发展与走向繁荣以及客户愈加见多识广并注重相互协作。有趣的是,即使新兴市场中的 CEO 也广泛认同这种模式(认同率增长了 22%,见图 1-18)。一位中国的 CEO 告诉我们:"在过去三年,我们在 CSR 和环境规划方面的投资是过去 30 年总和的两倍。"

这些 CEO 的关注领域有很多让人惊讶的地方,他们对于为具有社会意识的客户提供新产品和服务的商机很感兴趣,但透明度目前还不是最重要的优先考虑事项。

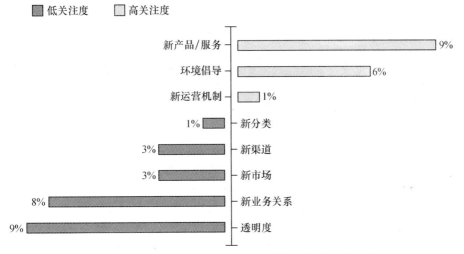

图 1-18 关注 CSR 的 CEO 对新产品的可能性充满热情

小结

许多 CEO 已超越了做好自身工作的境界,他们通过提高社会责任感使企业得到发展。以下是"未来的企业"更为全面地履行 CSR 的一些方法:

> "我们的公司正在企业社会责任方面进行投资。作为奢侈品行业的领军企业,我们需要在这个领域同样保持领先。"
>
> Yves Carcelle,路易·威登董事长兼 CEO

了解 CSR 的期望。太多的企业靠自身的假想来臆断 CSR 对客户的意义。在最近的一次 CSR 调查中,只有 1/4 的受访企业说它们非常清楚客户关心什么。[32]但是"未来的企业"了解客户的期望。它以事实和直接由客户提供的资料作为决策的基础。

告知信息但不造成信息泛滥。"未来的企业"是透明的,但并不张扬。它通过创新性的方式提供相关信息,例如包装上的代码使感兴趣的用户能在商店或在家中查阅细节——采购信息、潜在的环境影响和回收指示信息等。

从环保开始。由于油价不断上升以及温室气体排放问题不断受到关注,能效对于企业和工厂就变得非常重要。"未来的企业"通常从环保规划开始其 CSR 转变。通过这些努力,它学会如何在全体人类的问题上进行有效协作。

将非政府组织纳入解决方案。"未来的企业"能够与风格激进的组织进行协作,而不是对其存有戒心或仅仅向它们报告数据。例如,它可以邀请非政府组织帮助监督和检查设施或建立行业标准。

使工作成为人类福祉的一部分。潜在和现有的员工希望在有道德、对社会负责的组织工作。而"未来的企业"理解员工希望积极参与解决问题的热望。它的规划能够将员工团结起来,为人类造福。

> **您准备好了吗?**
>
> - 您是否了解客户的 CSR 期望?您如何使他们参与到解决方案中?
> - 您是否知道哪些非政府组织对客户有影响,您是否正在与这些组织进行协作?
> - 您是否已从目前的环保规划中获得深层次信息,从而可以应用于更广泛的社会责任战略?
> - 您是否为员工创造了亲身参与的机会?
> - 您如何保证整个企业以及扩展价值链所采取的行动与您的 CSR 价值和声明的策略保持一致?

案例分析 马莎百货:认真对待社会责任

为满足不断增长的针对企业社会责任的期望,英国零售商马莎百货公司(Marks & Spencer,M&S)已着手实施价值 2 亿英镑、几乎影响其运营所有方面的五年计划。

在 2006 年启动该计划时,马莎百货就非常清楚需要让消费者参与问题的解决,而不仅仅是向他们提供信息。例如,它为购物者"永久"提供购物袋,如果一个袋子坏了,可以免费更换。四周后,马莎百货开始对塑料袋进行收费,并将所得捐赠给环保组织。很快消费者开始重新考虑他们是否真的需要塑料袋。即使几个便士不是大钱,但收费措施使人们停止购买塑料袋并进行思考。

马莎百货的 35 000 多种产品产自 2 000 家工厂以及 20 000 多家农场、渔场和林场,在发展中国家大约有 50 万名工人为其生产商品。通过其最新建立的在线供应商交易系统,公司尽力提高效率和可持续性。例如,农民们将由农场废物所产生的沼气发的"环保"电连同出产的牛肉都卖给马莎百货。

马莎百货已经证明,不仅可以做好工作,还可以以出色的方式实现这一点:在过去五年,公司每年的运营利润的复合增长率超过 14%。[33]

打造"未来的企业"

有关企业未来(即"未来的企业")的想法和观点正在快速发展。能把全球如此之多的CEO的思想汇集到一起是我们的荣幸。关于"未来的企业"的共同智慧结晶包括:渴求变革、让创新超出客户的想象、全球整合、颠覆性的业务创新以及真诚而不仅仅是慷慨。

但CEO们的回答还有一个明显的特点:尽管"未来的企业"面临许多挑战和问题,但从根本上讲他们还是抱有乐观的态度。与我们交谈的CEO都很乐观,不仅对企业的机遇(因为这很重要)表示乐观,而且对企业和社会的美好未来也充满信心。

我们期望这次最新的CEO调查并不是终点,而是对业务和企业发展方向的后续讨论的催化剂。我们期待与您在打造"未来的企业"时进行更多的合作。

致谢

我们衷心感谢全球超过1 130位CEO、总经理、公共部门和企业的高级主管,感谢他们慷慨地花几个小时的时间与我们分享各自多年的经验。他们关于"未来的企业"令人信服的洞察力和热情弥足珍贵而且令人振奋。我们要特别感谢那些允许我们援引他们在访谈中所述内容的CEO,这使我们能够在本报告中强调重要的思想和信息。

我们还要感谢IBM参与此次"全球CEO调查"的团队:

领导团队——Peter Korsten(调查执行主管)、Saul Berman、Marc Chapman、Steven Davidson、Rainer Mehl和Georg Pohle;

项目团队——Phaedra Kortekaas(调查总监)、Denise Arnette、Steve Ballou、Ragna Bell、Angie Casey、Sally Drayton、Christine Kinser、Keith Landis、Kathleen Martin和Magesh Vaidheeswaran;

以及全球各地数以百计进行CEO面对面访谈的IBM主管们。

参考资料与注释

[1] 为方便阅读,我们在本章中将这一选定的群体称为"CEO 们"。IBM 的项目负责人通过面对面的方式完成了 95% 的访谈,经济学人信息部(EIU)通过电话的方式访谈了其余的被调查者。

[2] 基于财务信息的可获得性,我们选择了 530 家公司进行财务分析。为了便于统计分析和比较,我们主要依据三个财务绩效指标:(1) 2003—2006 年的收入年复合增长率;(2) 2003—2006 年的净利润年复合增长率;(3) 2003—2006 年的绝对平均利润率。

[3] 市场因素主要包括:市场动态信息、竞争状况以及消费者行为。

[4] 依据 2003—2006 年的收入年复合增长率。

[5] 这个研究发现来自于 IBM 的《成就变革》研究报告,这篇报告依据来自全球的 1 400 多位变革领导者的经验教训对变革管理实践进行分析。

[6] "Strong 2007 results on continued growth and operational improvement." ABB press release. February 14, 2008. http://www.abb.com/cawp/seitp202/402891eccf6a8cdcc12573e20038dd15.aspx

[7] 在我们的调查研究中,"总投资"是指所有的资产投资加上在研究开发、市场营销以及销售方面的投资。

[8] "2007 Was the Year of the 'Omni Consumer' According to IBM Analysis." IBM press release. December 17, 2007.

[9] 在我们的调查研究中,"总投资"是指所有的资产投资加上在研究开发、市场营销以及销售方面的投资。

[10] 依据 2003—2006 年的净利润年复合增长率。

[11] 依据 2003—2006 年的收入年复合增长率。

[12] IBM 分析。

[13] "Nintendo Rewards Its Customers with New Loyalty Program." *Xbox Solution*. December 11, 2003. http://talk.xboxsolution.com/showthread.php?t=1088

[14] "Casual Gamers Help Nintendo Wii Take Lead in 2008, says iSuppli." Tekrati. February 14, 2008. http://ce.tekrati.com/research/10080/

［15］"Worldwide Hardware Shipments." VGChartz.com, accessed March 27, 2008.

［16］依据2003—2006年的净利润年复合增长率。

［17］"Expanding the Innovation Horizon: The Global CEO Study 2006." IBM Institute for Business Value. March 2006. http://www.ibm.com/services/ceo2006

［18］依据2003—2006年的净利润年复合增长率。

［19］Kapur, Vivek, Jeffere Ferris and John Juliano. "The growth triathlon: Growth via course, capability and conviction." IBM Institute for Business Value. December 2004.

［20］依据2003—2006年的绝对平均利润率。

［21］Li & Fung Group Web site. http://www.lifunggroup.com/front.html; "Global Reach, Local Presence." Li & Fung Limited. http://www.lifung.com/eng/network/map.php

［22］Li & Fung Press Releases, 1999—2007.

［23］Voxant FD Wire. "Li & Fung Limited-Acquisition of KarstadtQuelle Sourcing Arm-Conference Call-Final." October 2, 2006; IBM interview with Victor Fung, March 2008.

［24］利丰公司2006年年报。

［25］更多关于业务模式创新的研究成果,请参见:Giesen, Edward, Saul J. Berman, Ragna Bell and Amy Blitz. "Paths to success: Three ways to innovate your business model." IBM Institute for Business Value. June 2007。

［26］依据2003—2006年的绝对平均利润率。

［27］The InnoCentive Web site. http://www.innocentive.com/

［28］"Nicholas Piramal announces Drug Development Agreement with Eli Lilly and Company: Collaboration Represents a New Clinical Development Model." Nicholas Piramal India Limited press release. January 12, 2007. http://www.nicholaspiramal.com/media_pr40.htm

［29］美国礼来公司2002年和2007年年报。

［30］Pohle, George and Jeff Hittner. "Attaining sustainable growth through corporate social responsibility." IBM Institute for Business Value. February 2008.

［31］在我们的调查研究中,"总投资"是指所有的资产投资加上在研

究开发、市场营销以及销售方面的投资。

［32］Pohle, George and Jeff Hittner. "Attaining sustainable growth through corporate social responsibility." IBM Institute for Business Value. February 2008.

［33］马莎百货公司 2006 年和 2007 年年报。

第 2 章
新经济环境下的制胜之道

聚焦价值、机遇和速度

Saul Berman, Steven Davidson, Sara Longworth and Amy Blitz

2008年以来,全球金融危机导致世界经济遭遇突如其来的全面变化。重大的转型正在发生,而且"一如既往的业务"响应可能无法使企业取得成功。根据我们的经验、持续的研究和对这一阶段的早期成功企业以及历史经济转型过程中的长期成功者所做的分析,我们建议CEO和业务领导者们应比以往任何时候都要关注价值,从而抓住当前形势带来的机遇,并且快速采取行动。

日益提高的不确定性及其不断扩大的影响提出了采取行动的迫切要求。本章阐释了我们对于企业领导者应该如何在新经济环境下取得成功的看法。为了提供指导,我们在经济转型大潮中确定了一些业务模式,例如当前的一种(由信息革命带来的社会协同效应推动转型)。[1]从消极方面讲,许多没有现金储备或者基本优势的企业无法度过这个阶段,正如我们在金融服务、零售、房地产、汽车和其他行业中已经看到,从贝尔斯登(Bear Stearns)开始,接着是雷曼兄弟,然后波及整个全球经济,一些看似坚不可摧的企业面临倒闭、破产或濒临破产的威胁。

这种趋势是全球性的,例如,一些中国深圳的制造企业以及美国、欧洲、日本和韩国汽车制造商都面临巨大的损失。[2]另外,欧洲、亚洲和北美多个行业中的其他许多面临困境的公司也出现了破产迹象。

从积极方面讲,历史证明:危难现英雄。[3]回顾19世纪70年代的大恐慌——这个阶段与目前的情况相似,抵押泡沫导致金融体系崩溃和信贷的极度紧缩——在美国,像洛克菲勒、古尔德和卡内基等拥有现金的人抓住机遇确立了其在石油、钢铁、铁路以及其他当时的新兴行业中的霸主地位。[4]尽管有些金融机构倒闭,但新一代的创新银行,例如德意志银行,依托新行业而建立。[5]类似地,在20世纪30年代,成功企业的一个共同点是,它们都注重当时的新兴行业,主要包括电影、无线电、汽车和电力。如今,许多先期成功者关注价值导向的客户、娱乐与生命科学、电信和环境行业的机遇,以及"另类"领域,例如黄金。[6]

早期成功者的经验

> 业绩优秀的企业——即使是在经济不景气时期——都采用了三个共同的战略:关注价值、抓住机遇和快速行动。

什么因素使得成功者与其他企业相比与众不同呢?哪些战略和特征可以被处于不同的行业、地区和竞争地位的企业仿效与应用?为了帮助回答这些问题,我们甄选了当前阶段的一些早期成功者,包括股价在2008年至少增长5%的大型美国上市公司,而在这段时间内,标准普尔指数下降了37%。[7]共有61家企业成为早期成功者。这些企业展示了超越行业趋势的公司战略的强大能力,并且跨越多个领域,其中服务领域占31%,金融服务领域占22%,医疗领域占12%,基础材料领域占12%,接下来依次是能源、资本货物、公用事业和运输行业。此外,这些在2008年取得巨大成功的企业的股价平均增长了24%,远远超过5%的范围。

之后,我们对每家公司及其取得成功所依赖的战略进行了研究。由此,我们发现了这些企业的战略模式,正是这些模式使它们不仅在经济转型过程中得以生存,并且得以发展壮大。同时,我们的考察范围并不局限于这些脱颖而出的成功者,还包含了欧洲和亚洲一些在 2008 年表现良好的企业,并发现了相似的模式。总体来讲,早期成功者都关注价值、抓住机遇并且快速行动(见图 2-1)。

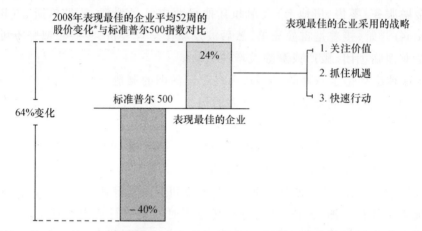

图 2-1　在 2008 年的业绩表现优于标准普尔 500 指数的企业具有三个共同战略

＊业绩考察阶段从 2007 年 12 月 21 日到 2008 年 12 月 18 日,表现最佳企业的确定标准($n=61$)包括市场价值超过 14 亿美元,52 周的股价增长超过 5%。

资料来源:Google 财经、IBM 商业价值研究院分析。

尽管有些早期成功者属于"时势造英雄"(主要是一些黄金公司),但大多数企业都展示出了即使在最困难时期仍依靠战略愿景而蓬勃发展的能力。总体来讲,早期成功者:

关注价值,通过注重长期价值的持续性战略而实现。例如,在我们的 2008 年数据抽样调查中,荷兰合作银行和其他几家商业银行通过避免如次贷这种高利润、高风险的产品而表现出色,而且坚持低风险的贷款原则。[8]以价值导向客户为目标市场的公司同样表现出色。尽管包括麦当劳在内的多家企业推出了极低价格的产品,但 Netflix 和 Strayer Education(在线服务公司)等其他企业通过引入革命性的新业务模式,以创新的方式利用技术大幅降低价格。[9]

抓住机遇,在经济低迷时期出现的这些机遇包括通过低价收购和股票回购而实现企业的增长。另一个存在机遇的关键领域是通过创新实现增长,即对现有行业进行转型,或者向新兴行业推出新产品。这一领域的早期成功者涉及生命科学/生物技术、电子、环境质量和电信。例如，日本电报电话株式会社在2008年持续在其宽带业务和移动通信产品系列中推出突破性的创新，包括在全球发布下一代网络，旨在通过全IP网络基础架构提供无处不在的服务。[10]

快速行动，在新经济环境中，敏捷地在快速变化发生之前（或者至少跟上快速变化）做出响应。例如，巴克莱（Barclays）快速地采取行动——克服法规和其他障碍——于2008年9月23日收购雷曼兄弟的资产，距离9月14日雷曼兄弟申请破产保护仅仅几天之隔。在收购之后的几小时内，曼哈顿第七大道745号的雷曼兄弟招牌已经改为巴克莱的蓝色标志。[11] 乐购在2008年也采取了同样果断的行动，推出了新的折扣品牌产品线，以避免客户被更低价的竞争对手抢走。[12]

根据我们的分析、经验及之前对相关主题进行的研究，我们定义了成功的企业在动荡时期部署的三项战略的关键要素（见图2-2）。

1. 关注价值	2. 抓住机遇	3. 快速行动
1.1 以更少的投入获得更高产出 • 战略性地降低成本 • 保存流动资本 • 保护现金储备 • 提高灵活性，响应速度	2.1 获取市场份额 • 击垮竞争力弱的对手 • 关注高增长的市场 • 购置优惠价格的资产	3.1 管理变革 • 消除"变革差距" 3.2 向领导者授权 • 建立强有力的统一领导能力 • 经常性地明确传达战略
1.2 关注核心 • 为客户创造价值 • 降低非核心业务的成本 • 从固定成本转变为可变成本	2.2 培养未来的能力 • 保护并且招募关键人才 • 为增长建立企业基础设施 • 为创新而投资	3.3 管理风险 • 降低风险，并提高透明度
1.3 了解客户 • 针对以价值为导向的客户 • 降低复杂度	2.3 改变您的行业 • 了解自己在新环境中的地位 • 率先采用新的行业理念 • 利用新的创收模式 • 培养战略伙伴关系	

图2-2 要实现发展壮大而不仅仅是生存，企业需要在三方面采取行动
资料来源：IBM商业价值研究表。

关注价值

1. 以更少的投入获得更高的产出

战略性地降低成本。传统方法通常涉及在业务部门或地区之间平均地削减成本。这似乎具有

> 企业如何以及在何处削减成本具有长期的影响——而不仅仅是在当前的经济低迷期发挥作用。

合理性,而且有可能最大限度地减少管理团队中的争议,但这种方法忽略了那些能够推动未来成功的困难却重要的决策制定。大幅度削减成本最好通过更具战略意义的决策而实现,即退出全部活动、业务或市场。收入和成本都需要考虑。领导者需要保存那些推动未来业务增长的关键投资。例如,许多国际化公司在成熟市场中制定了更高的成本削减目标,用于更有力地向新兴市场投资。有些公司考虑重大的业务模式创新,例如,更多地采用合作或者外包方式实现立竿见影的节约或者更高的灵活性。对于业务遍及全球的企业来说,现在需要适当地选址以开展目标活动,并配置适量的资源,减少冗余,从而以这些强有力的优化策略降低成本。图 2-3 展示了企业如何采用更具战略意义的方法降低成本,提高收入和利润。

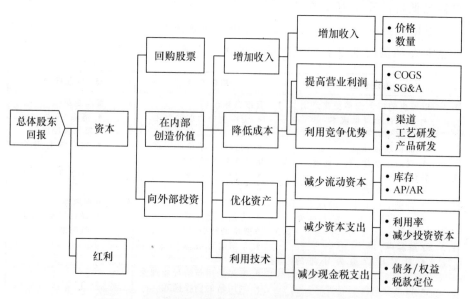

图 2-3　降低成本的机会应在战略情境中进行评估

资料来源:IBM 战略与变革咨询业务。

保存流动资本。很明显,由于目前的信贷限制,企业需要在业务运作过程中注重减少流动资本(如果还没有这样做)。主动管理流动资本涉及降低库存、减少应收账款或应付账款。库存分析需要考察每个库存项目的获利能力、对公司的价值以及相关的可变性、周转速度或数量,从而实现显著的库存降低。解决应收账款的问题能够改善现金管理水平,例如,将注意力集中在调整那些经常延期支付的款项的管理流程,而非涵盖按时支付的款项。

保护现金储备。在信用危机时期,现金是企业生存或提高战略灵活性的核心。它可以作为萧条时期的缓冲器,并用于实现对低估(甚至是定价低廉的)资产进行战略性收购。当然,不具备强大现金储备的企业目前难以改变形势;但是,对资产开展基于价值的重新评估可能会使机遇显现,以通过撤销投资或者清算获得更高的回报,尤其是根据投资机会进行权衡,用于改进或者扩展核心业务。领导者还应拓展适当的联盟或者合作伙伴关系,以期增加企业获取现金或者节约成本的能力,特别是当企业的优先战略要求进行重大投资时。

提高灵活性和响应能力。企业必须了解在需求和收入的下降方面存在多大的风险,并且在生产能力和成本方面提高灵活性予以应对。企业需要积极地假设不同的场景模式,评估自身在多大程度上降低生产成本平衡点以及降低(或者以不同的方式使用)产能,从而避免收入的损失。在这个过程中,企业还必须通过避免高地削减成本而为经济上行未雨绸缪,这样就能够在形势好转时快速地恢复产能。这要求企业全面地了解行业趋势、竞争对手的表现和动向,以及基本的经济形势。企业还必须培养更高的感知与应对能力。例如,在汽车行业中,福特公司通过降低工厂产能适应需求的下降(在2005年关闭了17家工厂,并通过买断工龄和提前退休裁员50 000人)[13],从而规避了类似于业内其他厂商所面临的诸多挑战。

2. 注重核心

为客户创造价值并保护差异化。削减低价值活动的支出,并将这部分成本投资于帮助企业增长、利润提高以及实现真正区别化的活动中,这一点至关重要。在企业各个级别——从分部到特定产品或服务以及特定客户,能够准确地识别价值在何处产生是关键的第一步。但对于没有强健的财务体系或者良好的管理信息的企业来讲,这项任务比较复杂。尽管难以实现,但好处显而易见。这里再次以福特公司为例:福特通过收购和出售资产而降低成本并积累资本,包括捷豹、路虎和阿斯顿马丁。[14]与此相似,英国连锁超市Waitrose凭借其高质量食品的卓越声誉实现客户的增长,并通过对日用品提供更大幅度的折扣而控制购物篮的平均成本,从而获得了良好的业绩。[15]

剥离非增值活动,并降低非核心成本。企业需要了解哪些活动具有战略价值。要做到这一点,企业必须重新思考各项举措,建立更精细的资本审核流程,并且整体地审查各项举措,不仅对具体项目"减肥",而且减少整体项目或项目组的数量,不留下任何"不可改变的事物"。这种理念要求企业坚定地抛弃表现差的业务,将非核心活动转移到共享服务或者外包解决方案中。例如,许多企业正在重新审查大型技术投资项目的优先级。同时,这些企业还在降低管理当前系统的成本,将资本用于更具战略意义的IT项目。

从固定成本转变为可变成本。从固定成本转变为可变成本需要明确地识别并专注于核心活动。

> 投资选择应集中于能够实现差异化和推动收入增长的活动。

对更灵活的成本和产能的需求导致许多企业重新审视其业务和运营模式,并考虑将以前在内部完成的一些职能外包出去。例如,许多跨国公司正在考虑更多地将IT开发中心外包到印度和中国。更全面的采购战略也很关键,包括从员工管理和合同工到战略伙伴关系。

3. 了解客户

锁定价值导向的客户。在当前环境中,可能帮助企业取得成功的另一个战略是重新平衡各种产品组合,从而服务于新的、更多以价值为导向的客户。在61家早期成功者中,8家企业的业务模式都围绕着以极低的成本提供商品和服务,它们分布于零售、娱乐、教育和快餐等不同行业领域。无论是在繁荣时期还是萧条时期,这都可以成为企业成功的长期战略,如麦当劳等公司已经证明了这一点。

降低复杂度。随着企业关注核心的活动,它们应该抓住机遇降低或者消除业务复杂性,因为这种复杂性在繁荣时期可能已经渗透到企业的业务流程中,包括客户也许并不看重或理解的产品和服务定制或扩展的变化。以电信和银行业为例,产品和定价创新的速度可能超出由此带来的组织所能管理的运营复杂性。由于利润受到收入下降的威胁,不能创造客户价值的运营复杂性将无法让企业接受。企业应考虑简化产品组合、定价结构以及降低推销次数,并且停止提供客户不再买账的产品定制——即使做出这些改变需要投资。

> **您准备好了吗？**
>
> - 您是否已经采取紧急措施来保护收入、保存现金储备并降低成本，同时为这些问题制定并实施更具战略性的应对方法？
> - 您是否知道哪些业务、市场、产品和客户为您的企业带来了最高的价值、增长速度和利润？哪些与您的业务战略不一致而应削减？
> - 您是否考察评估了业务举措的优先级，使您不仅能够在新经济环境中生存，而且能抓住机遇？
> - 您是否使成本发生更具灵活性？是否在考虑通过新的员工管理战略或创新的业务模式实现这一目标？
> - 您是否重新评估了合作战略与关系？是否明确了解哪些合作伙伴具有战略意义，而哪些是基于交易关系？

抓住机遇

1. 获取市场份额

击垮竞争力弱的对手。对于那些对自己的企业和所在行业具有明确愿景，并且拥有采取行动所需的财务资源的企业来说，当前的经济危机将为企业获取市场份额、构建核心能力及制定变革日程表而创造机遇，而非仅仅对其他企业的变化被动地做出响应。大胆的行动、破坏性战略以及在全球一体化经济环境中获胜的定位都是成功的重要因素。接触并了解客户需求（包括当前的客户以及在当前异常时期可能考虑从竞争对手处吸引过来的客户）是战略的一个关键要素。业务伙伴也应该使客户确信它们在这个时代中是同盟，希望帮助减轻当前市场不确定性的影响。患难之交才是永远的朋友。在考虑具体的战略，例如开发功能更少的低成本产品时，全面了解客户真正需要什么非常重要。

关注高增长的市场。对于寻求业务增长的企业来讲，亚洲、中欧和东欧、中东和拉丁美洲的市场目前被公认为前景良好，与西欧或北美洲的成熟市场相比，这些市场为企业的扩张提供了更广泛的机会。例如，IBM 近年由于相对地将重心转向了新兴市场而取得了良好的业绩。2008 年，其最新整合成立的新兴市场单元（GMU）创造了超过两倍于 IBM 主要市场运营的收入增长率。[16] 与此相似，乐购集团通过采用国际组合投资的方法保持了强有力的增长，并在匈牙利和马来西亚实现了收益的显著提高。[17] 面临成熟市场增速放缓的现实,许多业务领导者将投资重心转向新兴市场,并且提高增长目标,即使是在当前的不确定时期。许多企业领导者也在审视如何对客户进行细分和组织,与此同时,高增长/成熟市场的区别对待也显得更加重要。

购置优惠价格的资产。拥有强大现金储备的企业有机会购买价格有吸引力的资产,为其整体战略提供支持。在我们确定的早期成功者中,充分利用当前的优惠条件进行并购或者股票回购的企业不计其数。总体来讲,在全球经济环境中,我们看到了许多重大的并购(M&A)活动,尤其是在金融服务行业,例如 2008 年 9 月末,雷曼兄弟的部分业务被日本野村控股公司(Nomura)和巴克莱收购。[18]我们预期在医药和其他领域还将看到更多并购活动。对于并购双方来讲,重要的是快速采取行动。例如,英国冷冻食品零售商 Iceland 最初在 2008 年以更高的报价被拒绝后,在 2009 年 1 月成功收购 Woolworths 的 51 家商店并从中获利。[19]

2. 构建未来的能力

保护并且招募关键人才。尽管市场压力巨大,但领导者必须在对当前战术的考虑与对长远目标的明确关注之间取得平衡。要培养未来的能力,重要的是保持对人力资本问题的关注,例如留住并激励优秀人才,以更低的成本招募新的人才,并利用全球的劳动力。对于优秀人才来说,如果不能确信一个企业对于生存和成功拥有正确的战略和执行力,他们将选择离开这个企业。重要的是要吸引这些优秀人才,有效地传达企业的战略,并且赋予他们对公司未来的成功的角色和责任。

建设企业基础架构以抓住未来的增长机遇。当市场形势好转时,获得最高回报的往往是那些快速应对的企业。近几年的经验已经表明为了抓住高增长市场的机遇而建立结构、能力、流程和系统需要多长时间。现在是为中期目标而投资的时候。例如,为实现真正的全球化运作,许多中国企业目前正在建立与之相匹配的治理结构、组织架构、人力资本管理、业务流程和 IT 系统等。相似的情况是,在显然已经处于水深火热境地的金融行业中,许多银行正在投资购买新资产,并且升级核心银行系统,目的是增强运作效率,并提高长期的透明度。关注具有前瞻意义的 IT 投资(用降低当前系统的维护成本所节约的资金来支撑)将是实现业务敏捷性的根本所在。

投资于创新。几家在 2008 年表现优秀的企业都注重创新,主要集中于生命科学、电信、电子和环境质量。通过在经济低迷时期争取生存机会,企业能够克服当前的困难而确立长期的优势地位,例如,IBM 公司在 20 世纪

30年代就有效地采用了这种战略。在大萧条时期通过投资研发，IBM公司在经济开始复苏并且客户需要复杂的数据管理系统时获得了强大的优势。[20] 目前的早期成功者——从Netflix到日本电报电话株式会社以及生命科学/生物科技和环境质量领域中的其他企业——已经展示出在经济衰退时期创新所具备的力量。

3．改变您的行业

了解当前转型对您行业的影响，并且通过创新的业务模式从中获利。业务领导者必须评估其行业是否具有整合、增长、缩减甚至消亡的趋势。他们还必须了解竞争对手、供应商、消费者和其他方面是在如何应对经济变化，以及进入市场的障碍是增加还是减少。通过这一分析，业务领导者应能够深入了解新业务模式的机遇在哪里。2/3参与"IBM全球CEO调查"的CEO同仁称，他们的企业正在实施重大的业务模式创新；图2-4列出了这些企业寻求的业务模式创新的具体类型。

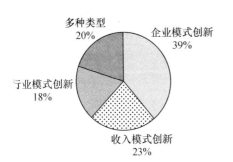

图2-4 CEO最关注重新配置业务，以实现专业化与协作
资料来源："未来的企业：2008年IBM全球CEO调查"，IBM公司，2008年5月。

率先采用新的行业方法和标准。高盛、摩根士丹利和其他著名投资银行已经成为银行控股公司。[21] 这意味着公司更多地受到政府法规的制约，但同时也能够获得政府的保障。另外一个例子：劳斯莱斯公司设计了一种创新的新型飞机引擎，这种引擎能够更有效地利用燃料，更重要的是可以增大或减小体积，使公司能够比竞争对手在更广泛的飞机产品领域开展竞争。事实上，在三家著名引擎制造商中，劳斯莱斯公司唯一拥有适合三款正在开发的最新飞机的引擎设计：波音787 Dreamliner、空客A380和空客A350的最新宽机身版本。[22]

确定并利用新的收入模式。新的定价模型已经出现，尤其是在数字化供应链中。例如，在电子行业中，向数字化供应链的持续演变大大降低了库存量,并因此降低了由于过量供应而对价格造成的潜在降价压力。的确,在这个领域中,与其他方式相比,供应链管理的强大能力有望使经济衰退的影响时间短于原本可能的时间。数字化供应链的其他例子包括 Netflix 在电影方面、苹果 iTunes 在音乐方面以及 Strayer 在教育方面。

培养战略伙伴关系。创建合作伙伴关系是实现业务模式创新的快速途径。在当前的环境中,区

> 不连续性可能带来使行业发生变化的业务模式。

分战略伙伴和那些仅仅提供易替代商品或服务的供应商尤其重要。如果旨在结成战略伙伴关系,企业需要采取一种协作程度更高的方法,这种方法需要与总体战略保持一致,并且要注重更长期的发展。对于和同质化商品提供商的关系,现在可能是降低成本并寻求替代方案的良好时机。而就持续发展的伙伴关系而言,参与及相互依存的共同感、密切的协作可帮助企业管理需求的波动和风险,并推动创新的新型业务模式。例如,印度电信业务领导者 Bharti Airtel 采用激进的合作战略和业务模式实现了业务增长。[23]与此相似,联想公司通过收购 IBM 的 PC 业务(而不是通过企业的自然成长)而更快地确立了全球地位。[24]在另外一种创新的合作战略中,任天堂这样的公司利用 Web 2.0 让客户参与到新产品开发和客户服务中。[25]

您准备好了吗?

- 您的公司面临怎样的竞争形势(供应、需求、进入障碍),您处于什么地位?

- 您的行业中有可能出现哪些新的业务模式,您是否正在努力赶在竞争对手之前做到?

- 您是否在考察其他行业中能够实现市场转型的概念和业务模式?

- 您是否组建了正确的团队,尤其是优秀人才团队?他们是否相信您的战略能够实现企业的生存与成功?

- 您需要开发哪些能力为经济复苏做好准备?您是否有强有力的计划来开发这些能力?

- 如果有资金,您会购买哪些公司和资产来改变形势?或者您是否会成为其他公司的收购对象?

快速行动

最后,新环境将使那些快速且敏捷地采取行动的企业受益。实际上,当前形势的紧迫性的确为克服战略转型的组织惯性和障碍提供了独特的机遇。转型从来都不是一件容易的事,但在这样的环境中,转型可能比以往任何时候更有可能实现。

1. 管理变革

消除"变革差距"。"IBM全球CEO调查"指出,在十位被调查的CEO中,有八位预计在未来三年内开展重大或者非常重大的变革,但他们认为管理变革的能力较低,两个数字的比例相差22%。[26] 表现优于其他对手的企业甚至期望开展更多的变革,而且它们比对手更有能力管理变革。在"成功实现变革"的一项单独调查中,我们发现善于进行变革管理的企业的确具有这种能力。[27] 平均来讲,项目实施者报告的成功的项目比例只有41%;与此相反,排名靠前的20%的项目实施者报告的项目成功率为80%,是平均值的近两倍,而这些企业通过采用系统化的方法做到这一点。它们关注:

- 真实的洞察产生切实的行动——竭尽全力获取全面而真实的认识,了解即将出现的挑战和复杂性,并且采取措施加以解决;
- 以可靠的方法获得可见的收益——采用系统化的变革管理方法,注重成效,并且与正式的项目管理方法保持高度一致;
- 以更强的技能实现更好的变革——表现出最高管理层的全力支持,委派专职的变革管理者,并且向员工授予执行变革的权限;
- 通过正确的投资获得积极的影响——了解哪类投资能够产生最高的回报,以此为变革管理分配适当数量的投资,从而获得更大的项目成功。

2. 向领导者授权

建立强有力的统一领导能力。在当前的环境中,速度是最根本的要求,而且战略必须在高级管理层制定。领导团队必须果断地做出"不后悔"的决策,并且承担后果,在必要时对行动措施进行纠正。对于注重达成共识而且难以确定快速而果敢的行动的文化来说,这一点尤其重要。

明确且经常性地传达您的战略。在当前不确定的环境中,挑战在于制定可实现的战略,并且快速而有效地管理变革。要做到这一点,需要反复地传达简单的目标,而且要有明确的任务和有力的后续追踪步骤(包括对结果的衡量)。这也要求高层管理人员以变革的领导者的角色做出承诺,开展行动,并能够寻求、利用整个组织内的经验,而且向下级授权。关键的一点是:这些领导者需要保持对未来的共同愿景和实现愿景的行动路线之间的步调一致。

3. 管理风险

降低风险,并提高透明性。当前,风险和透明性是最受关注的问题。为了应对这些问题,企业必须采用分析方法改进决策流程,并培

> 尤其是现在,采取必要行动的能力取决于拥有卓越的变革管理能力、强大的领导力和有效的风险管理能力。

养更强的预测能力。企业还必须建立风险管理治理结构和流程。此外,它们必须合理地将业务信息整合到总体的风险管理流程中。金融服务行业最近出现的前所未有的损失以及犯罪活动所隐含的威胁的暴露(例如麦道夫丑闻)都是风险管理能力差和缺乏透明性而引发危险的例子。[28]我们的"全球CFO调查"印证,风险管理问题日益受到董事会的关注,管理团队中的每位成员都在其中扮演角色并承担责任。[29]

您准备好了吗?

- 您的企业是否有适用于每个项目的统一、可靠且被接受的变革管理方法?

- 您的企业是否投资培养可用于各个项目的变革管理技能?

- 您的企业是否拥有现成的流程和技术,允许人员参与到变革中,获取准确的信息,并提供反馈?

- 对于您所在的行业,您的领导者是否对未来、企业自身以及竞争对手的强项和弱点有共同的看法?对于您的企业需要实现的目标,领导者是否有共同的看法?

- 您是否了解目前所面临的风险?是否知道目前运作环境受变革影响的程度?

- 您当前的管理信息是否透明?是否坚信您对各种变化进行了追踪,掌握了公司以及风险的准确情况?

结论

毫无疑问,有些企业无法度过当前的不确定时期。然而,对于强大的企业来说,当前的时期可能的确会带来难得的(可能是千载难逢的)机遇。要

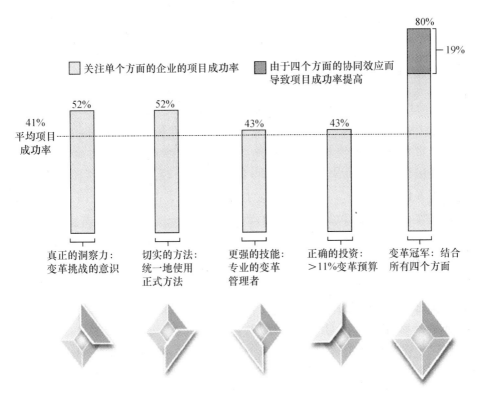

图 2-5 关注我们称之为"变革钻石"的所有四个方面的那些企业都大大提高了项目成功率

资料来源:"成功实现变革",IBM 公司,2008 年 10 月。

想抓住机遇,企业必须首先在短期内保证财务的稳定性。但成功者也需要为中长期目标而投资。要想取得成功,企业需要实现:

- 全面地了解转型如何影响企业所在行业及相关行业;
- 强烈关注自身的核心能力以及如何运用这些能力抓住新机遇并实现能够带来利润的创新;
- 专注且步调一致地领导团队,对于构建持续的竞争优势拥有明确的战略,从而使企业能够根据当前形势的要求灵活地运作。

尽管全球金融危机带来了相当一段时期的巨大变化和不确定性,但好消息是:(也许尤其是)在这样的时期,胜利者才会脱颖而出。尽管存在争论、混乱和迷惑,成功的公司可以利用多种战略模式度过这一时期。根据我们的经验、之前的研究以及对当前时期的早期成功者和历史经济转型过程中的长期成功者的分析,我们建议企业领导者应比以往任何时候都更多地关注价值，抓住当前形势所带来的机遇，并且迅速采取行动，从而充分利用这些机遇。

本章作者简介

Saul Berman 博士是 IBM 全球企业咨询服务部的合伙人和全球负责人，领导着 IBM 全球战略与变革咨询业务，专注于战略定位、新商业计划及战略的制定、新的商业模式转型、业务成长及运营改进等。在向全球大企业集团高层管理者提供战略咨询方面，他拥有超过 25 年的丰富经验。他出版过众多著作，而且经常在大型会议上发表专题演讲。他被美国 *Consulting* 杂志评为 2005 年度最具影响力的 25 位顾问之一。Saul 的联系方式：saul.berman@us.ibm.com。

Steven Davidson 负责领导 IBM 的战略和变革部门在高增长市场中的咨询事务，包括亚太地区，尤其是大中华区。他还领导 IBM 商业价值研究院的亚太地区事务。他目前常驻中国香港特别行政区，在欧洲和亚洲积累了 20 年的战略咨询经验，其业务领域跨越多个行业，可帮助客户在复杂环境中制订并实施战略和转型方案。Steven 的联系方式：steven.davidson@hk1.ibm.com。

Sara Longworth 负责领导 IBM 战略和变革部门在欧洲、中东和非洲的咨询事务。Sara 居住在伦敦，尤其对领导转型变革感兴趣，而且领导了欧洲、美洲和日本跨国公司的多个项目，帮助这些公司实施了具有竞争优势的运作模式。Sara 的联系方式：saralongworth@uk.ibm.com。

Amy Blitz 博士是前 IBM 商业价值研究院的战略与变革领导人，现任创新管理交流总监。她曾经领导实施了多项重大研究活动，涉及战略、创新和经济发展。她的作品发表在《哈佛商业评论》、《华尔街日报》、MSNBC 和其他重要媒体上。Amy 的联系方式：ablitz@alum.mit.edu。

致谢

本章的成功完成依赖于 IBM 战略与变革团队的重大贡献，尤其是 Richard Christner、Dan Barter 和 Ragna Bell，他们帮助指导内容的制作；Dave Lubowe 和 Eric Riddleberger 在整个过程中提供领导和指导；Jim Byron 对成本降低战略提供了意见；Anubha Jain 和 Madhulika Kamjula 提供数据分析和总体的研究支持。

参考资料与注释

［1］过去相当长的时间里有许多有趣的研究探讨了经济转型的范式，比如从 Nikolai Kondratiev 到 Joseph Schumpeter 所进行的研究以及更多近年来的成果：Fernand Braudel's Civilization and Capitalism, 15th—18th Century, Berkeley: University of California Press, 1992; and Carlota Perez's Technological Revolutions and Financial Capital: The Dynamics of Bubbles and Golden Ages, Cheltenham, UK and Northampton, MA: E. Elgar Publishers, 2002。例如，Perez 认为我们现在处在一个由信息革命带来的社会协同效应所产生的转型时期。

［2］Fackler, Martin. "Toyota Expects Its First Loss in 70 Years." *The New York Times*. December 23, 2008. http://www.nytimes.com/2008/12/23/business/worldbusiness/23toyota.html

［3］Perez, Carlota. Op. cit.

［4］See Nelson, Scott Reynolds, "The Real Great Depression," *Chronicle Review*, Chronicle of Higher Education, October 17, 2008, Vol 55, Issue 8, for an interesting contrast between the 1930s and the 1870s, centering on the different sources of a severe downturn and the implications for economic recovery.

［5］"Our Company: Under the Empire." Deutsche Bank. http://www.db.com/en/content/company/under_the_empire.htm

［6］来自 IBM 对美国三大证券交易所上市公司 2008 年数据的分析。

［7］我们聚焦于符合特定条件的在美国证券交易所、纳斯达克证券交易所、纽约证券交易所上市的公司，这些条件包括：2008 年的市值超过 14 亿美元，股价增长超过 5%；而同期标准普尔指数下降了 37%。尽管我们的研究焦点主要涉及美国公司，但我们视其为该研究的起点。因为金融危机爆发于美国，其影响和对此的响应也会更快，由此可以提供更多用于分析的数据。标准普尔指数的相关绩效数据可以通过以下链接获得 https://advisors.vanguard.com/VGApp/iip/site/advisor/investments/benchmarks/performanceSP? File = SPPerfReturns&bench = SP

［8］"Rabobank Group Forecasts Moderate Growth in Profit in 2008." Rabobank Group press release. January 6, 2009. http://www.rabobank.com/content/news/news_archive/002-RabobankGroupforecastsmoderategrowthinprofitin2008.jsp

［9］斯特雷耶教育主要为一些想要提升自身职业素养的专业人士提供低成本的本科生和研究生在线学位课程教育。Netflix 廉价 DVD 出租服务公司主要通过美国邮政公司为顾客递送所选商品，但同时也在无任何额外花费的情况下为顾客提供一组可通过高速互联网传送的商品名单。

［10］"An Interview with Satoshi Miura, President and CEO." http://www.ntt.co.jp/ir/library_e/nttis/2008aut/interview.html; "NEC Video Delivery Platform, 'NC7500-VD,' Supported by NTT's NGN Business Services." NEC Corporation press release. November 6, 2008. http://www.nec.com.au/mediareleases08/ngnbusinessservices.htm

［11］McGeehan, Patrick. "On Seventh Avenue, Goodbye, Lehman, Hello, Barclays." City Room Blog. *The New York Times*. September 24, 2008.

［12］Whitehead, Jennifer. "Tesco's Discount Gamble." Brand Republic News. September 30, 2008.

［13］Johnson, Kimberly, and Tom Krisher. "Ford Bailout Money Unnecessary, Company Says." Associated Press. December 10, 2008.

［14］同上。

［15］"Waitrose Grows Customer Numbers and is Britain's Top Grocer for Consumer Satisfaction." Waitrose press release. January 15, 2009. http://www.waitrose.presscentre.com/Content/Detail.aspx? ReleaseID = 888&NewsAreaID = 2

［16］IBM Corporation. "Generating Higher Value at IBM." March 2009. http://www.ibm.com/annualreport/2008/

［17］Scott, Mark. "Tesco Defies Gravity." Der Spiegel. April 16, 2008.

［18］McGeehan, Patrick. Op. cit; Wai-yin Kwok, Vivian. "Nomura Wins the Lehman Asia Stakes." *Forbes*. September 22, 2008.

［19］"Iceland Buys 51 Woolworths Stores." *BBC News*. January 9, 2009.

［20］IBM Corporation. "IBM Archives: 1930s." http://www-03.ibm.com/ibm/history/history/decade_1930.html

［21］Schroeder, Robert. "Goldman Sachs, Morgan Stanley to Become Bank Holding Companies." *Market Watch*. September 21, 2008.

［22］"Rolls-Royce: Britain's Lonely High-Flier." *The Economist*. January 8, 2009.

［23］de Asis Martinez-Jerez, F., V. G. Narayanan and Michele Jurgens. "Strategic Outsourcing at Bharti Airtel Ltd." Harvard Business School Publishing. July 12, 2006.

［24］"Lenovo Buys IBM PC for $US1.25b." Alibaba. August 19, 2008.

［25］Porta, Matt, Brian House, Lisa Buckley and Amy Blitz. "Value 2.0: Eight new rules for creating and capturing value from innovative technologies." IBM Institute for Business Value. January 2008.

［26］IBM Corporation. "The Enterprise of the Future: IBM Global CEO Study 2008." May 2008. http://www.ibm.com/enterpriseofthefuture. 基于财务信息的可获得性,我们选择了530家公司进行财务分析。为了便于统计分析和比较,我们主要依据三个财务绩效指标:(1) 2003—2006年的收入年复合增长率;(2) 2003—2006年的净利润年复合增长率;(3) 2003—2006年的绝对平均利润率。在同一行业中超过平均绩效水平的公司被称为"业绩出众者",低于平均绩效水平的公司被称为"业绩欠佳者"。

［27］Jørgensen, Hans Henrik, Lawrence Owen and Andreas Neus. "Making Change Work." IBM Corporation. October 2008.

［28］Gandel, Stephen. "Wall Street's Latest Downfall: Madoff Charged with Fraud." *Times*. December 12, 2008.

［29］Rogers, Stephen, Stephen Lukens, Spencer Lin and Edwina Jon. "Balancing Risk and Performance with an Integrated Finance Organization: The Global CFO Study 2008." IBM Corporation in co-operation with The Wharton School and Economist Intelligence Unit. October 2007.

洞察:新经济环境下的制胜之道

全球超过1 000位CEO与IBM展开的讨论揭示了"未来的企业"的特征。在由世界著名的多媒体资源公司智拓(50 Lessons)对该CEO研究所进行的一系列跟进视频访谈及其先前所进行的访谈中,全球一些顶尖企业高管对调查的重要议题发表了他们的见解。

Maurice Lévy，阳狮集团（Publicis Groupe）主席兼 CEO，谈如何在困难时期再造组织

作为一家广告公司，我们面临的问题之一是我们不仅必须始终向客户提供最好的服务、始终使用最好的工具和创作最好的广告节目，而且还需要应付我们的业务受到的约束。因此，当经济衰退时，我们需要确保我们能够予以应对；而当经济好转时，我们需要确保我们的成本不会大幅上升。

我们实现这一目标的最佳途径是不断地再造自身。1992 年，法国经济出现了非常严重的衰退。大多数——实际上我说的大多数就是我们全部的竞争对手——都解雇了 20% 左右的员工。这个幅度是非常大的，范围在 20%—25%。还有的企业或广告公司解雇得更多——300 名员工，这对一个广告公司来说可不算少，可能是全部员工的 40%。

而我们想，"经济危机并不是这些员工造成的，这些员工创造了我们的财富，仅仅因为出现经济衰退就解雇他们似乎对他们并不公平。"所以我们决定做点儿什么。我们创造了我们所谓的"经济革命"。这是长达一个月的连续会议，每个晚上，公司的所有员工聚在一起寻找解决办法。然后我们想出了一个主意：举行一次"公投"，从 CEO 开始，问每个人是否愿意降低薪水，以避免被解雇。

这个办法奏效了，而且不仅奏效，原来我们设想需要降薪两年时间，但实际上一年过后我们就恢复了原有的薪资水平。所以，通过采取创新的方法来管理组织结构和对其进行变革，以及开放地管理员工，您就可以找到办法来获得更多工作能量和更多人才，并营造出一种所有人都拥有共同感的企业文化。他们满意公司的氛围，满意公司对他们的关怀，由此可以预见他们在工作中肯定会更加努力。

所以，绝不要使组织一成不变，绝不要认为组织应该是永久性的。应当始终在组织内部创造一种不稳定性，并确保您能够非常迅速地转变企业边界——从一个部门到另一个部门，或者从一个事业单位到另一个事业单位。为重塑您自身，敏捷地创造机会吧！

> Maurice Lévy 是阳狮集团主席兼 CEO。阳狮集团是世界上最大的广告与媒体服务联合企业之一，总部位于巴黎，在一百多个国家或地区设有办事处。阳狮集团的客户包括吉百利（Cadbury）、可口可乐、通用磨坊（General Mills）和宝洁等世界著名品牌。

Anders Dahlvig，宜家（IKEA）前任集团总裁兼 CEO，谈反直觉的经济衰退应对策略

2000 年的时候，我刚刚担任宜家的 CEO，而经济形势处于高点。我们身处 IT 业繁荣的中期，宜家的业绩也极为出色。我们的销售额增长速度从 15% 增加到了 20%。但有些事情使我对经济形势持谨慎的态度。我认为这种谨慎来源于上世纪 90 年代中期我担任地区经理时所经历的经济衰退。面对经济的不景气，我们当时的反应是降低成本和裁员，而我们的客户对此的反应非常消极。所以，在 2000 年的经济好转时期，作为 CEO，我决定我们必须提前做出计划。正如我们都知道的，晴天过后就是阴雨天，但您可以未雨绸缪。

我们通过模拟一系列情景开始着手为下一次经济衰退的到来提前进行规划。我们考察了如果我们的营业额下降 $x\%$、$y\%$、$z\%$，我们可能采取什么措施。随着计划的深入，我们还考察了如果加大业务投资将有什么影响。我们的建议是增加我们对新商店的投资和降低价格。这些办法代表了一系列大多数人在经济衰退时不去考虑的举措。

我们把计划带到了董事会，向董事会成员说明了各种情境以及我们在每种情境下的计划。这使我们有机会在经济状况良好的时候进行一次有意义的讨论。我们有时间在会议上以放松的心态讨论这些情境并达成一致意见。

不久之后，经济衰退真的发生了——IT 泡沫破灭，IT 业萧条时期来临。在 2002 年和 2003 年，西方经济整体大幅下滑。这时，我们拿出我们的计划如实予以执行。我们将商店扩充速度从每年 10 家增加到每年 20 家，所有产品统一降价 2%—3%，同时增加商店营业时间，以便向客户提供更好的服务。现在回头看，我们的策略是非常成功的，因为它使我们把竞争对手远远甩在了身后。

在提前为经济衰退作打算时，您需要为经济衰退的发生做好准备。您需要制订计划并使董事会和您的管理团队参与其中。这使我们能够领先于竞争对手，并帮助我们摆脱被动反应的心态。我的经验是：在经济衰退时期采取攻势，拉大与竞争对手的差距。

Anders Dahlvig 担任全球领先的家具零售商宜家公司的集团总裁兼 CEO 长达 10 年时间，直至 2009 年 9 月离任。宜家公司生产和销售 12 000 多种家具产品，在 37 个国家或地区拥有 300 家门店。从 1998

年至 2008 年,公司销售额从 63 亿欧元增加到超过 212 亿欧元。

※ ※ ※ ※ ※ ※ ※ ※ ※

  这些洞察源自哈佛商学院出版社出版的有关"为变革而建"(Built for Change)的访谈,这些访谈是哈佛商学院"经验教训"(Lessons Learned)系列商业评论的特别版以及 IBM 与智拓(50 Lessons)在内容合作方面的成果。

第3章

成就变革

消除变革鸿沟

Hans Henrik Jørgensen, Lawrence Owen, Andreas Neus

在新经济环境下,持续的变革正在成为新的"常态"。为了生存以至蓬勃发展,未来的企业必须更好地预见和管理变革。我们通过对"成就变革研究"所获得的最新数据加以分析发现,项目成功的关键并不在于技术,而在于更大程度上依赖参与的人员。不过更具启发意义的发现是四个主要因素能够帮助实践者应对变革项目的关键挑战,驱动业务变革的成功。而且,当组织将这四个因素都整合在一起的时候,其效应远超过各个因素相加所起的作用。

当今世界动态的工作环境使得企业组织对传统意识的"常态"开始重新定义。我们见证了诸如全球化、技术跃迁、复杂的跨国组织、更频繁的跨国界和跨公司协作等所带来的影响,而这些还只是推动和加速变革的部分因素而已。现在的企业组织不再奢望日常运作能保持一成不变,也不指望业务运营能够波澜不惊、凡事都可预见。为了企业蓬勃发展,业务领导们唯有摒弃过时的变革观念。事实上,新的常态已经变成了持续变革——而不是没有变革。

未来的企业如何面对变革?IBM 2008 年的 CEO 研究发现未来的企业具备五个核心特征,其中之一便是优秀的公司"渴求变革"。[1]未来的企业能够快速成功地进行变革。这样的企业能够创造和引领变革趋势,而不只对变革做出反应。不过,我们也从 CEO 研究中了解到变革鸿沟的存在,且有愈扩愈宽之势。

掌控变革的能力必须是企业的核心能力,但是,随着预期变革程度的不断提高,许多企业都为了跟上变革步伐而疲于奔命。八成左右的 CEO 预计未来三年会面临重大或者非常重大的变革,不过,他们认为自己实际掌控变革的能力比所需的能力低了 22%——自 2006 年以来,这道"变革鸿沟"几乎宽了三倍。[2]变革鸿沟的不断扩大根源于变革日趋复杂、更不可测,而且速度越来越快。与以前相比,CEO 们必须应对更为广泛的挑战,随之而来的是更大的风险和不确定性。

若不缩小这一变革鸿沟,企业的效益底线势必有损。问题项目通常成本超支,达不到预定的时间、预算和/或质量目标,也无法提供业务价值。这些问题项目的真正成本是很难衡量的,不过,一项欧洲的调查研究发现,即便按最低估计值,此类项目的平均成本也会达到原计划的 134%,而其他的估计比这还要高得多。[3]

同样受到变革的全线冲击,那些财务业绩出众者面对的变革鸿沟却要远小于财务业绩欠佳者。[4]值得一提的是,这一差距并不是说那些业绩出众的企业所面临的挑战更少,他们只是预测了更多的变革,并且更善于掌控变革(见图 3-1)。

首先我们将重点介绍此次研究的一些最引人注目的发现,包括深入地探讨变革对组织的影响和成功变革的关键因素。之后,我们将提供能够帮助变革实践者取得明显成效的具体行动方案。

业绩出众者能够更好地管理变革，领先于变革，甚至可以成为变革的驱动力。

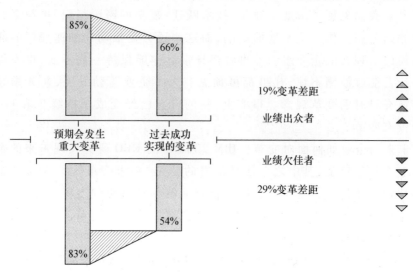

图 3-1　业绩出众者的差距更小

专业人员如何应对变革

大多数 CEO 都认为自己及其组织在实施变革方面不尽如人意，不过，有少数表现出众者却擅长实现变革并从有意义的变革中受益。他们是如何在实际工作中做到这一点的呢？他们面临着哪些关键的挑战？又是哪些关键因素使得变革能够真正发生呢？

我们的成就变革研究是这项 CEO 研究的延续，根据新的调研数据分析得出一系列的实用步骤，来帮助各个组织更好地准备和应对持续不断、似乎是随处可见的变革障碍。本章更为密切地分析了"渴求变革"的企业特征。在中国，我们与 316 位变革领域的专业人士进行了问卷调研和面谈，并根据他们在各种项目上的真实经验发现了许多富有借鉴意义的见解（见图 3-2）。

我们所调研的变革项目覆盖面广，包括各种规模的战略实施变革、组织变革、流程变革以及技术变革。这些变革项目包括以下一系列目标：提高客户满意度、增加销售和收入、降低成本、创新流程、实施技术、进入新的市场和推动组织变革。德国波恩大学评估与方法中心搜集了调研数据，并对结果的统计分析提供了重要支持。

2008年变革成功之路研究涵盖了各个行业规模多样的公司316家。

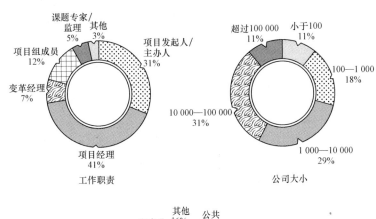

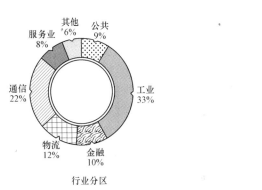

图3-2 受访者统计特征：中国成功变革之路研究

项目主管们都承认，变革项目的成功的确来之不易。在我们的研究中，我们发现53%的项目被认为达到了预定的时间、预算和质量目标。相反，47%的项目没有全部达到目标：36%的项目没有达到时间、预算或者质量目标中的至少一个，而其余所有11%的项目要么没有达到所有的目标，要么干脆被管理层命令停止（见图3-3）。

根据时间、预算和质量标准，专业人员认为平均仅有53%的项目能被视为成功。不过，报告样本中前20%的组织——我们称之为变革高手——称达到了88%的项目成功率，几乎超过平均水平70%。与此形成鲜明对比，我们样本中后20%——这里称之为变革新手——所报告的成功率只有令人失望的19%。如此低的成功率反映出难以让所有的项目因素按计划运转：只要链条中的一个环节断裂，就可能导致整个项目的失败（见图3-4）。

问题项目或者失败项目造成成本超支，而且达不到预期目标。当几乎50%的项目达不到目标时，大量的费用由此发生，比如资金浪费、机会损失

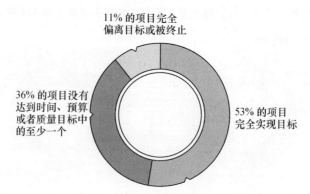

图 3-3 项目成功率：项目领导认为 53% 的项目是成功的

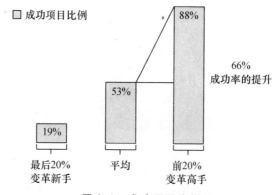

图 3-4 成功项目比例

以及焦点缺失。变革高手们知道，哪怕是降低一点点问题项目发生的可能性，也会带来明显而迅速的回报。

这次调研明确了几个关键的变革障碍。尽管一些有形的任务，如 IT 系统变迁或者技术难题解决，会带来相当的难度，但专业人员并没有将它们报告为最艰巨的挑战；相反，他们明确的主要障碍是改变观念和态度（55%）、企业文化（46%）和缺少高层支持（29%）。尽管项目上的专业人员通常给人的印象在于申请更多的时间、人员和资金，但实际上他们认为这些软性挑战比资源不足来得更为艰巨（见图 3-5）！

令人吃惊的结果就是，最难运作稳当的恰是"软体"部分。在一个组织内改变观念、态度和文化通常需要一套与以往不同的做法，而这些做法需要连贯应用，还需要持续跨越一段时间——有时需跨越一系列

> "文化不是游戏的一部分，它是游戏的全部。"
> 郭士纳，前 IBM CEO[5]

在实施变革项目时最大的挑战是与人有关的,最大的挑战是改变思维模式和企业文化。

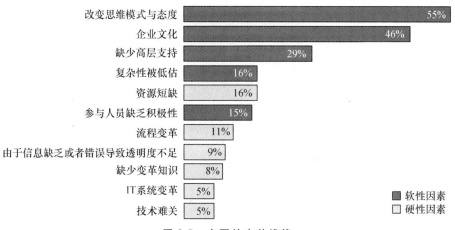

图 3-5　主要的变革挑战

连续的项目,且经常需要在正式"项目"完成后继续进行。专业人员通常发现,此类不太硬性的挑战比业务流程或者技术方面的挑战更难以进行管理和测评,因为后者更容易触摸且可能通过一次性的干预便永久改变。

在项目最大挑战的列表中,软性因素占据了上半部分中的大部分。当被问及成功变革的关键因素时,专业人员重申了难以掌控项目中那些不太能触摸的工作。专业人员都坚定地认为关系变革项目命运的关键责任在于企业高管——绝大多数人(91%)将最高管理层的支持列为最重要的变革成功要素。四个最关键的成功要素还包括员工的参与(57%)、能够激发和促进变革的企业文化(53%)、诚恳且及时的沟通(48%)(见图 3-6)。

实际上,前五个答案涉及的都是变革的"软件"方面,排在后面的是高效的组织结构、物质和非物质激励。变革高手已经认识到,行为与文化的改变对项目的成功是至关重要的;与所谓的"硬件"要素(如结构、绩效衡量与激励措施)相比,行为与文化的改变更加困难。

为什么变革高手能胜出

我们已经看到有些组织在项目的成功率上相差极大,但原因是什么呢?通过详细分析研究结果,我们发现项目成功与下列四个重要的焦点领域有强烈的相关性:真知灼见、坚实方法、改善技能和精准投入(见图 3-7)。

领导力、员工的参与和诚实的沟通是成功变革的先决条件。

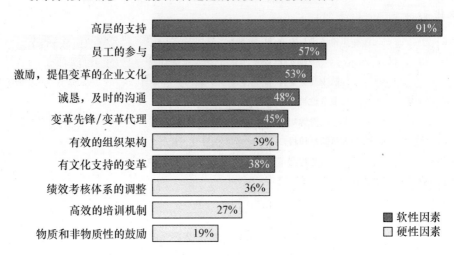

图 3-6　什么使变革成功？

通过注重变革钻石的四个方面,我们就可以实现非常高的变革成功率。

图 3-7　变革钻石

若用图形表示,这四个与变革有关的焦点领域就像是变革钻石的四个构面。用整合的眼光和积极的行动来打磨钻石的四个构面,能够引导这些未来的企业探索自身的成功变革之路。

真知灼见,付诸行动:努力对面临的挑战和复杂度作全面、真实的了解和掌握,然后采取行动予以解决。

坚实方法,稳固效益:运用体系化的变革方法,注重实际产出,与正式的项目管理方法整合一致。

改善技能,优化变革:合理优化资源,表达最高层的支持承诺,任命专门的变革经理,并授权员工实施变革。

精准投入,最佳回报:理解何种投入在提高项目成功率方面可以产生最佳回报,分配适当的资源来管理变革。

变革高手们显然在很多变革事务的处理上正确妥当,否则他们也不会有那么高的项目成功率。那些成绩平平以及表现不佳的变革新手都可学习采取类似的实践做法从而获得裨益。

真知灼见,付诸行动

成功的项目需要对面临的挑战和复杂度作全面、真实的了解和掌握,然后采取行动予以解决。缺乏早期洞察会导致低估甚至忽略复杂性的高风险。特别值得一提的是,在初期的项目规划和范围确定阶段,人们经常会低估行为和文化变革的复杂性。

当问及是否充分意识到实施与持续变革方面的挑战时,回答"是"的专业人员称他们组织内部的项目成功率为59%。随着意识程度的下降,项目成功率也相应下降,直到34%,而这是回答"否"的专业人员所对应的项目成功率(见图3-8)。

对问题"在您所在的组织中,大家是否都能充分意识到在实施变革和持续变革的过程中可能会出现的各种挑战?"的答复:

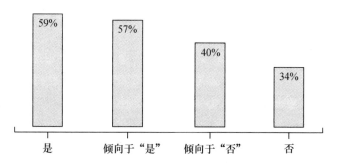

图3-8 我们发现在成功的变革项目和现实地认识到变革的挑战性之间存在很强的联系

但是,仅有复杂性上的认识是不够的,关键是下一步的行动。在我们的研究中,只有27%的项目主管反馈他们的组织充分地认识了实施与持续变革方面的挑战。但在这一小部分人中,99%的人反馈说这一认识使得他们采取专门的措施来推进变革(见图3-9)。

在贵公司内部，您是否认为对执行变革中的挑战有充分的认识？

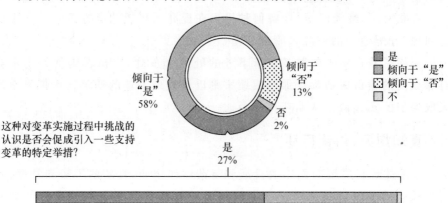

图 3-9 仅仅认识到变革的复杂性是不够的，认识后的行动是更加成功的变革的关键

前期的意识和行动至关重要，尤其是需要应对变革项目中固有的组织范畴挑战，包括观念、态度、文化和复杂性。这类变革不会自动发生——变革高手会提前考虑、仔细规划并严格执行。改变一个组织需要在多个层面同时进行复杂的变革，而组织往往会形成一种"免疫系统"来抵御变革的影响。及早认识到这些问题并且随之采取相应的行动，有助于应对组织自然的变革抵御反应。一些实用的步骤包括：

从历史中学习。让变革主管们接触到变革历史数据、人员调研反馈、文化评估报告、"变革斗争故事"以及过去变革项目中所涉及的人员（如有可能）。学习变革中的经验和教训，尤其对变革组织的"软体"因素分析要保持高度警觉。

务必睁大双眼。仔细分析项目的范围、可能的影响和预期的结果。评估变革的各个环节——人员、文化、行为和组织，以及流程和技术影响。实事求是地定义必要的变革，并在组织内广泛地进行沟通。

规划与调整。全面了解项目的复杂性，制订针对性的变革计划。在变革计划的沟通、测试和执行过程中，随时准备好因需而变，应对各种意外状况。

着眼于长远。准备好制订和执行一个长久计划，即便在正式的项目结束日期之后还需要继续跟进"软体"方面的改善工作，以使变革真正实现业务价值。这些方面的变化需要时间、耐心和持续一致的工作，要准备好将这些工作超越项目界限而拓展到组织的深层次中去。

坚实方法,稳固效益

对于大多数组织而言,传统的项目管理及其正式的和结构化的要素已经被应用了数十年,但是,正式的变革管理方法还没有显著地渗透到企业或者项目的运转中去。今天我们所看到的变革管理,往往以临时救急的方式出现。

但是,一致的和结构化的变革管理方法为我们这项研究中的企业带来了真切的好处。始终遵循具体正规的变革管理步骤的组织,项目成功率为66%;而根据情形临时加入变革管理工作的组织,项目成功率只有46%。一个比较有趣的现象是,即使有了正式的方法,但如果没有持续一致地进行运用,那么,他们的项目成功率是55%,只比临时救急方式的稍高一点而已(见图3-10)。

项目的成功率在持续地使用结构化变革管理方法的企业里是最好的,各种不使用正规变革方法的企业的成功率低于平均值(54%)。

图3-10 正规的变革管理方法只有得到应用,方能提高项目成功率

在我们的研究中,只有29%的专业人员始终如一地运用正式的变革管理方法,而71%的人说他们的变革管理方法通常是非正式的(24%)、零星的(9%)或者临时制定的(38%)。与此相比,有超过一半的被调查者持续一致地应用正式的项目管理方法(见图3-11)。

绝大多数项目主管的变革管理方法都很不成熟。随着组织变革的绝对数量以及复杂程度的增加,普遍存在的临时做法必须让位于专业的、正式的变革管理方法——大多数人开始认识到这个优先级的存在。

当问及标准的变革管理方法是否必要时,回答"是"或者倾向于回答"是"的专业人员有83%。了解标准方法价值的人数与实际工作中使用标准方法的人数之间的反差表明,组织对变革的需求超过了组织当前体系化掌控变革的能力,简而言之,存在着"方法缺口"(见图3-12)。

71%的公司的变革管理方法一般是非正式、即时的,或者临时制定的;相比之下,47%的公司不能做到持续地使用正式的项目管理方法。

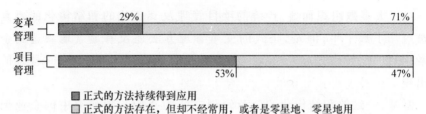

图 3-11　变革管理方法经常是非正式的、零星的,或者临时制定的

尽管绝大多数的项目领导认识到对变革管理实行标准的重要值,只有很少数的能够持续地使用系统的变革管理方法。

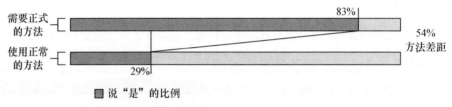

图 3-12　方法差距

项目的日趋复杂以及对变革"软性"或隐性因素敏感度的提高,加快了在项目进程中纳入正式的变革管理工作的步伐,也加速了变革管理在项目管理中的集成。变革管理正在从一种艺术逐步转变为一种职业,这种过程与项目管理学科的发展相类似,后者经历了一个将近四十年的正式化过程。

要在实践中运用变革方法,首先需要分配资源来实践一个与组织项目管理方法相符的变革方法,然后,这个变革方法必须在整个组织中得到一贯的运用。制定标准的变革方法应该包括下列实用的步骤:

集成、集成、还是集成:在每个项目中,将管理变革的工作视为一个正式的工作流,将其与项目管理紧密集成,并进行同样严格的管理。

关注"最后的奖品":掌控变革的范围,聚焦于那些能够实现业务规划效益的关键活动上。

促进连贯应用:制定一个能够在组织内各个项目之中得到一致应用的标准变革方法,并不断促进其实际应用。将此变革方法广泛进行沟通,并监控它得到实际采纳的状况。

嵌入文化之中:将变革方法及其相关的能力纳入到组织未来领导者的发展计划中。

改善技能，优化变革

选用更具经验和技能的变革经理和项目发起人可以降低项目出现问题的风险，关键在于通过专职的变革经理和资深可信的发起人来展现高效的变革领导力。同样重要的是，应该把领导职责分解到组织的各个层面上，从而赋予各级人员相应的权限，以支持和推行变革。

专业人员发现专职的变革经理提高了项目成功的可能性。然而，30%的变革项目完全没有变革经理的参与。拥有变革经理的项目达到了56%的项目成功率，而没有变革经理的项目只有51%的项目成功率（见图3-13）。

当项目中有变革经理时成功率会提高。

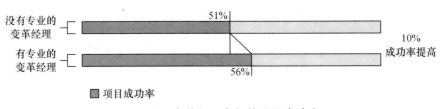

图 3-13 变革经理参加的项目成功率

我们的研究发现，专业人员认为最高管理层的支持是变革成功的最关键因素。为了改善战略的执行，领导们必须让组织各个层面上的人员参与变革，并支持和授权各级人员。[6] 最高管理层的支持在其他领域也同样重要，如确定公司文化和分配资源，包括确定变革经理人选。

基于研究，我们建议扩大员工在组织各个层面上的参与度。除了人们熟悉的上下层级结构来传递正式的业务单位信息以外，变革高手发现了非正式的、自发程度更高的沟通结构的价值，并将之充分利用。这类沟通结构包括社交网络、消息灵通团体以及组织中普遍存在的兴趣团体等。将员工参与和双向沟通结合起来会非常奏效：57%的专业人员相信员工的参与至关重要，48%的人相信诚恳和及时的沟通是重要的。改进沟通和增加参与可以使员工更具有能力和动力，从而可以通过员工——而不是对员工——产生变革。

采用参与式领导风格的变革主管更有可能获得项目的成功。浓厚的授权文化可将变革职责分派给整个组织。将决策授权给下属的主管获得了57%的项目成功率，与下属磋商后自己做决策的主管的项目成功率则为53%（见图3-14）。

领导风格对项目的结果有重要的影响。

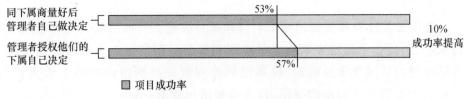

图3-14　项目成功率：领导力风格比较

对于变革所涉及的团队而言，获得技能和整个组织的参与是头等大事，因其帮助建立组织持续变革的能力。以下是一些实用的建议：

自上而下的领导。 确定明确的愿景和方向，自上而下地分配资源和打造公司文化。变革发起人应该积极地、亲临现场地参与总体方向的设定，运用不同的技术和媒介与组织的所有层面公开地进行沟通，并为变革工作安排合适的、拥有适当技能的资源。

推动员工的参与。 强调员工的参与，减轻个人层面和团体层面上的变革阻力，并准备好各种机制鼓励员工的参与。

要么沟通，要么失败。 形成诚实的、及时的双向沟通，建立对变革项目和变革主管的信任和承诺，并减少变革阻力。使用多种渠道和不同媒介。投入时间去了解沟通对象及他们喜欢的沟通方式。

处处培养适当的技能。 快速培养内部技能，跟上外部环境变革的步伐。考虑在组织内部培养持续的变革管理能力。

精准投入，最佳回报

在适当的领域有效地使用适当的变革管理预算，可以显著地提高项目成功率。不过，变革管理的"适当"投入水平会因为特定项目目标的不同而不同。为了提高此类投入的预期价值，大约63%的项目主管愿意增加未来项目的变革管理投入（见图3-15）。

实际上，领先的组织在管理变革上比其他组织只多投入了17%，但却大幅度地提高了项目的成功率，其增加的投入主要聚焦于获取真知灼见以及开发恰当有效的方法和技能。当管理变革上的投入超过了项目预算的20%时，项目成功率随之提高了12%（见图3-16）。

增加有效的变革投入并不是盲目地将无限的资金转投到项目中；相反，它指的是针对每个特定的情况在合适的领域进行重点投入，如同雕琢钻石必须"准"字当先。

与目前在变革方面的投入相比,您愿意将来在变革方面做怎样的投入?

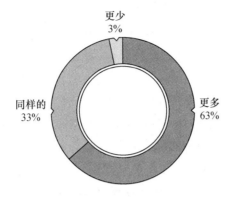

图3-15　与目前在变革方面的投入相比,大部分的项目领导者都愿意将来做更多的投入以弥补差距

在变革管理上,投入小于或等于20%的公司有52%的项目成功率,投入超过20%的公司的项目成功率为58%。

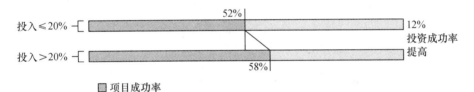

图3-16　投入水平

注:根据此次调研,中国的企业对变革管理的平均投入为20%,而全球的平均投入为11%。我们认为这之间的差异部分归因于中国的受访者对变革管理的理解还不够精确。

各个组织需要使用恰当的预算培养战略性能力,并将这些能力集成到组织的流程和结构中——只需让每个项目的投入在平均水平的基础上增加一点,就可以大幅度地提高成功率。变革高手将变革管理上所使用的金钱视为一种投资,而非一种支出。下面提供一些实用的建议,包括:

提前解决复杂性问题。提前投入获取各种洞察并根据洞察采取相应的行动,有助于在项目期间避免和克服各种意料之中与之外的困难。

务必记住要重视人员的接触。投入于变革技能的提高:坚持委派受过良好培训的变革经理,开展广泛的沟通使整个组织员工都参与进来。

运用方法化繁为简。投入于建立标准化的变革方法,形成更为有效和长期的能力来推动变革,同时对项目的总花费保持警觉。

成功秘诀：变革钻石的整体

要寻找项目成功秘诀，就要回过头来研究变革高手，他们取得的项目成功率几乎是平均水平的两倍。我们发现，变革高手的侧重点并不仅仅局限于变革钻石的某一个构面；相反，他们采取的行动与变革钻石的每一个构面都有关系，并因此大幅度地提高了项目的成功率。反过来看，变革新手在每个构面上都乏善可陈，所以他们得到的结果远逊于平均水平。

尽管每个变革钻石的构面都有其各自明确的效益，但是当组织将这四个构面都整合在一起的时候，项目成功率戏剧性地大为提高——远超过各个构面相加所起的作用。忽略任一个构面都会妨碍变革取得最佳效果。

要在企业变革的浪潮中真正出类拔萃，企业组织必须精心"打磨"变革钻石的所有四个构面（见图3-17）。

对变革钻石各个构面的高度关注与相当高的项目成功率是相关联的。

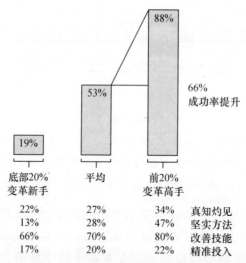

图3-17　变革高手和变革新手是如何利用变革的各个构面的

通过结合所有四个构面，变革高手们获得了80%的项目成功率——远远超过单个影响的总和。图3-17和图3-18综合在一起，证明了潜在的回报来自于潜心的付出。

真知灼见，付诸行动：对变革挑战有清晰理解的公司的比例。

坚实方法，稳固效益：持续使用正规的方法论的公司的比例。

改善技能，优化变革：在变革项目中使用变革经理的公司的比例。

精准投入，最佳回报：在项目预算中变革管理的比例。

把变革钻石的四个构面综合在一起会促成项目成功率的大幅提升。

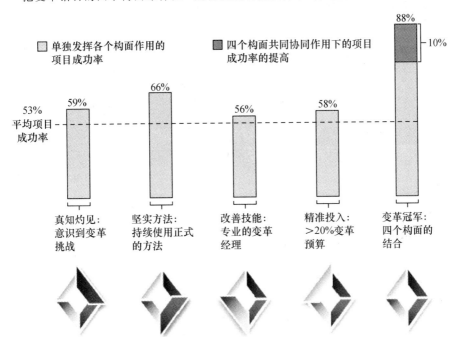

图 3-18　各种措施的单独和叠加效应

结论

虽然未来的企业确实渴求变革,但我们的"成功变革研究"显示,掌控变革的高手仍然是凤毛麟角,即使掌控变革被认为是一个可以达到的目标。我们和专业人员的研究揭示了跨越变革鸿沟的实用见解,其中之一便是软性的、与人员有关的挑战要大于硬性的、与技术有关的挑战,后者更易于被发现和衡量。

在掌控变革方面,企业组织再也不能去支持和运用零星琐碎的方式了。我们发现,变革管理正处在一个转折点,从一门艺术转向一种职业化的讨论,从临时安排的方式转向更富内涵和更为体系化的方法(通过实际经验系统化地明确奏效的方法)。

提高项目的效果需要关注下列方面的整合,包括基于洞察付诸行动、运用更佳技能、制定坚实方法并分配适当投入。通过聚焦于变革钻石的所有四个构面,组织就可以获得协同效应,取得变革的成功:提交更多的成功项目,形成掌控变革的关键能力,真正转型为未来的企业。

> **您准备好了吗？**
>
> 请根据自己的情况在下列问题清单相应的栏中，选择合适的项。这个自查清单可以帮助您确定自己在变革钻石的每个构面上的优势和劣势。最后得出的结论可帮助您的组织找出现在应该采取行动的环节，掌握如何更好地应对变革以及收获掌控变革带来的硕果。

表 3-1　您如何评价变革钻石构面

通过您的回答确定您的公司是否最需要提高

	是	倾向于"是"	倾向于"否"	否
真知灼见，付诸行动				
贵公司是否对过去项目失败和成功的原因有一个很好的理解？	☐	☐	☐	☐
在人员和变革的文化方面是否受到与变革的技术和过程方面同样的重视？	☐	☐	☐	☐
变革是被视为企业战略中的长期的转变部分，还是单个的独立项目？	☐	☐	☐	☐
坚实方法，稳固效益				
贵公司有没有一个持续的、使用过的、已被接受的变革方法论，并被应用到各个项目中？	☐	☐	☐	☐
是否所有的项目都有一个被批准的商业案例和一种方法用来确定、跟踪针对此案例的收益？	☐	☐	☐	☐
变革是否被当做所有重大项目中的一个正式的工作？	☐	☐	☐	☐
改善技能，优化变革				
贵公司是否致力于发展变革技能以便可以将其应用到项目的各个部分？	☐	☐	☐	☐
项目赞助人的职位是否被很好地进行定义了？这个职位是否负责专门沟通和指导各项任务的设立？	☐	☐	☐	☐
是否有现有的技术和流程可以允许员工参与到变革中，取得精确的信息并提供回馈？	☐	☐	☐	☐
精准投入，最佳回报				
贵公司在项目预算时是否被变革当做一个功能性项目？	☐	☐	☐	☐
贵公司的变革预算是根据项目的复杂性和风险而定的还是一个简单的比例？	☐	☐	☐	☐
变革预算是否着重于理解和对复杂情况的反应，以及建立最好的变革技能？	☐	☐	☐	☐

本章作者简介

Hans Henrik Jørgensen 是 IBM 全球企业咨询服务部的副合伙人以及变革管理专业服务的全球负责人。他在过去的 15 年中领导了欧洲、美洲和亚洲管理与战略咨询领域中的众多项目。Hans Henrik 的电子邮箱是 hans-henrik.jorgensen@de.ibm.com。

Lawrence Owen 是 IBM 全球企业咨询服务部内的组织与变革战略实践部门的全球负责人。他负责领导为客户制定组织与变革战略，以促进他们实现转型；他还管理着全球最大的组织与变革咨询团队之一。Lawrence 的电子邮箱是 owenl@us.ibm.com。

Andreas Neus 是 IBM 全球企业咨询服务部的战略与变革实践部门的高级咨询经理，领导着 Karlsruhe 大学与 IBM 共同成立的 Karlsruhe 服务研究机构（Karlsruhe Service Research Institute，KSRI）的服务创新研究工作。Andreas 的电子邮箱是 andreas.neus@de.ibm.com。

合作贡献者

Saul Berman，IBM 全球企业咨询服务部的全球与美洲战略与变革负责人。

Peter Korsten，IBM 全球企业咨询服务部 IBM 企业价值研究院的全球负责人。

Mark Buckingham，IBM 全球企业咨询服务部战略与变革部门的高级咨询经理。

Mike Ash，IBM 全球企业咨询服务部战略与变革部门的高级咨询经理。

Jason Seng，IBM 全球企业咨询服务部战略与变革部门的高级咨询顾问。

Jacqui Warren，IBM 全球企业咨询服务部英国与爱尔兰组织变革战略的合伙人。

Georg Rudinger，博士，教授，波恩大学评估与方法中心总监。

Sandra Pietrangeli，波恩大学评估与方法中心项目经理。

致谢

参与本次报告研究的 1 500 多名客户和 IBM 的许多同事展现了非凡的合作创新精神，下列人员额外的投入和研究更使本次研究受益匪浅：

Jörg Albrecht, Anna Bisch, Carolyn Burgemeister, Edwin de Groot, Rosane Giovis, Lars Gottschling-Knudsen, Daniela Humpert, Christoph Kaftan, Toru Kaneko, Patrick Kramer, Eunice Kwon, Jan Neumann, Si Young Park, Gaelle Pujo, Ayodele Sebilleau, Nathalie Svaiter, Grace To, Ray Wang and Shi Rong Zhang.

参考资料与注释

[1] "The Enterprise of the Future: IBM Global CEO Study 2008." IBM Corporation. May 2008. www.ibm.com/enterpriseofthefuture

[2] 同上。

[3] Jørgensen, M. and K. J. Moløkken-Østvold. "How Large Are Software Cost Overruns? Critical Comments on the Standish Group's CHAOS Reports." Information and Software Technology 48 (4). 2006. http://simula.no/research/engineering/publications/Jorgensen.2006.4

[4] Based on revenue CAGR 2003 to 2006. "The Enterprise of the Future: IBM Global CEO Study 2008." IBM Corporation. May 2008. www.ibm.com/enterpriseofthefuture

[5] Gerstner, Lou. Who Says Elephants Can't Dance? Leading a Great Enterprise Through Dramatic Change. HarperBusiness. New York. 2003.

[6] 该研究发现与相关学术文献相一致,例如 Kotter, John. "Leading Change: Why Transformation Efforts Fail." Harvard Business Review. March-April 1995。

洞察:成就变革

> 全球超过1 000位 CEO 与 IBM 展开的讨论揭示了"未来的企业"的特征。在由世界著名的多媒体资源公司智拓(50 Lessons)对该 CEO 研究所进行的一系列跟进视频访谈及其先前所进行的访谈中,全球一些顶尖企业高管对调查的重要议题发表了他们的见解。

冯国纶,利丰有限公司集团董事总经理,谈企业再造流程的制度化

我们对变革的态度是,变革是不可避免的。现实情况是,变革不仅不可避免,而且来得越来越快。利丰公司有非常具体的变革管理办法。首先,大多数公司的计划周期为三年、五年乃至十年。但我们决定我们的计划周期应当相对短一些。现实世界的变化速度之快使得五年计划周期也显得可能有点过长。而且可以肯定的是,更无一人能够准确预测十年后会发生什么事情。所以利丰公司坚持进行三年计划。

计划的第二个方面是，大多数商学院会教您进行所谓的滚动计划。换言之，在三年计划或五年计划期间的每一年进行重新计划。在利丰公司，我们认为这种方法不免有点过于大动干戈了。我们认为，如果计划每年都发生变化，那么就不会有人重视它了。我们从内地的中央计划体制学到了一些东西，政府实行五年固定计划。利丰公司修改和采用了三年固定计划的概念。在这三年时间范围内，我们的大多数资深高管实际上能够很大程度上预见将会发生的变化，或者与五年或十年的时间范围相比，至少有足够的确定性在三年的时间范围内进行计划。

我们做的下一件事是从零点来考察计划区间。从零点开始计划意味着我们问我们自己，如果我

> "如果您不能面向未来和预见即将来临的变化，那么您的企业将会面临生存危机。"

们可以选择，我们是否会选择我们现在的业务。大多数公司只是假设它们必须继续其业务；它们不会停下来考虑，按照它们对市场的知识，它们是否会选择现在的业务。我们每隔三年就对自己提出这一问题。我们这样做的原因来自我的兄弟Victor所持的观点。他认为如果您不能面向未来和预见即将来临的变化，那么您的企业将会面临生存危机。

在利丰，我们希望将这一企业再造流程制度化。我们的方法是通过我们的三年计划周期。这促使员工系统地进行思考和计划。针对我们作为一个团队集体预见到的变化，我们不惜花费相当长的时间面向未来三年进行评估。不仅如此，我们还求教于我们的预测专家，他们富有远见并能预测即将来临的变化的类型。我们商定每三年进行一次这样的工作，从而使我们的企业再造流程实现了制度化。

冯国纶是全球最大的供应链公司之一利丰有限公司的集团董事总经理。利丰是一家中国香港公司，预计2008—2010年营业额200亿美元，2010年核心营业利润10亿美元。冯先生还是利丰集团公司内若干公司的董事，其中包括公开上市的利亚零售有限公司（Convenience Retail Asia Limited）以及利和经销集团有限公司（Integrated Distribution Services Group Limited）。

Ravi Kant,塔塔汽车公司执行副主席兼前董事总经理,谈打造企业的变革文化

人们习惯于以某种既定方式看待事物。要他们改变这种方式需要很长时间。他们会说:"我用这种方法做这件事情一直很成功,所以我不想改变。"因此,企业中存在对变革的抵触情绪,特别是在那些资格较老的员工身上。如果您想进行变革,就必须做三件事情:

其一,使这些员工越来越多地接触外部环境。促使他们明白外面的世界已经发生了变化,所以他们也必须跟着变化。

其二,从外部请进来一些经历过变革的人员,数量不需太多,只要几个人就可以了。把他们安置在企业内,使他们开始营造变革的环境或者产生变革行动,并以不同的方式看待事物。

其三,选用更年轻和不那么囿于先前观点或思想倾向的员工。要求他们接受挑战和以不太相同的方式做事情。

> "如果您想进行变革,就需要……让员工越来越多地与外界接触……从外部请来人员……选用年轻人。"

企业必须同时做这三件事,仅仅做其中的任何一件无法保证一定会取得成功。在塔塔汽车(Tata Motors)公司内,这三件事我们无一遗漏。

我们想开发一种小型卡车。如果通过常规程序,我们可能会遇到问题。所以我们挑选了一个年轻、聪明、善于表达的人来做这件事情——他能够在企业内协调各方面的工作把这件事做成,而且他在工作时非常尽心尽力。他才30出头,我们给了他这个机会。我们建立了一个团队配合他的工作。他得到企业内每个人的支持,他和他的团队接着开发我们所称的小型卡车Ace,后来该品牌取得了巨大的成功。在Ace项目成功完成后,此人被任命为我们Nano品牌小汽车的项目经理。他得以从一个成功走向前途光明的更大成功。在他的榜样作用下,越来越多的员工希望承担更新和更有挑战性的责任。这就是企业文化的一个大变化。

Ravi Kant是印度最大的汽车厂商塔塔汽车公司的执行副主席兼前董事总经理。2007年,塔塔汽车公司签订了以23亿美元从福特公司购买Jaguar和Land Rover品牌的协议,2008年,公司推出了世界上最便宜的Nano车。

Manoj Kohli，巴帝电信公司 CEO 兼董事总经理，谈如何鼓励创业精神

这是一个勇于变革的公司。巴帝电信（Bharti Airtel）公司在1995年成立时带着对任何新公司都很重要的创业精神开始自己的创业征程，同时，我们的员工也对成功充满了激情。我们建立的企业文化和企业"遗传基因"都是面向变革的。我们认为您应当乐于变革，欢迎变革，不应担心变革的副作用。如果您的变革够快，您就能够抢占市场制高点和超越您的竞争对手。我们的幸运在于，我们面临的竞争并不激烈。它们是一些大公司，它们的官僚主义和等级主义使它们不希望变革。所以，变革和变革的速度成为巴帝电信公司的杀手锏。

我们接着说第二个阶段，在2005年我们规划了新的愿景，这就是在2020年前成为最受称赞的品牌。我们采用了新的口号"Think fresh, deliver more"。我们说，作为一个公司，我们希望每天都有新的思考。我们希望思考针对老问题的新解决方案、新问题的更多解决方案、范式转变以及有风险的事情。可以犯错，但不能重犯同一个错误。如果发现错误，就在当天予以改正。我们鼓励犯错，鼓励承担风险。

我们开始时的文化是一种"企业家精神—企业家精神"文化。这种文化对新创公司没有什么不好，但并不具有可持续性。随后，我们

> "我们建立的企业文化和企业'DNA'都是面向变革的。如果您的变革够快，您就能够抢占市场制高点和超越您的竞争对手。"

将其改变为"企业家精神—专业精神"文化，也就是一群专业人员追随一个企业家。这一点很重要，因为我们必须发展成为一个大公司。现在我们已经进入第三阶段，也就是"专业精神—企业家精神"文化，由专业人员负责领导，专业人员自身就是建立该文化的企业家。

第四个阶段是"专业精神—专业精神"文化，可能您并不愿意达到这个阶段，因为所有大型跨国企业都处于这个阶段，这时它们已经丧失了公司的创业优势。我们将停留在"专业精神—企业家精神"这个阶段，在这种文化下，像我和我的资深同事一样的专业人员共同打造企业的未来，通过成为企业家从现在的巴帝电信公司中创造出更多的巴帝电信公司。

我并不只是一个专业人员。我还是一个企业家。我们正在将这种特质扩展到我们所有的领导团队成员，在他们中间建立起这种企业"遗传基因"。

Manoj Kohli 是印度领先的电信公司巴帝电信的 CEO,他于 2002 年加入该公司,任移动服务事业负责人。作为 CEO 兼联合董事总经理,他负责综合电信业务,包括移动业务、远程媒体业务、企业业务及国际运营。

❈ ❈ ❈ ❈ ❈ ❈ ❈ ❈ ❈ ❈

这些洞察源自哈佛商学院出版社出版的有关"为变革而建"(Built for Change)的访谈,这些访谈是哈佛商学院"经验教训"(Lessons Learned)系列商业评论的特别版以及 IBM 与智拓(50 Lessons)在内容合作方面的成果。

第4章

前进之路

以客户为中心的领先新模式

Cistene Gonzalez-Wertz

> 当企业在此次全球经济动荡之后采取试探性的步骤时,销售及服务领域的企业高管注定会面临由经济下滑所暴露的一些新的市场力量。消费者行为已经从根本上发生了变化,世界数字化的趋势愈演愈烈,现有业务模式的生命力受到挑战。客户关系管理专业人士必须迅速把注意力集中于培养洞察客户和开辟数字渠道的领先能力,以转变客户体验,开辟新市场和降低组织复杂度。

严重的经济衰退以及可能引发的后遗症向企业提出了有关旧业务模式可行性的诸多重大问题。那些曾经创造了前十年经济繁荣的业务模式是否依然有效？这些模式是否反映了消费者与企业进行互动的方式？企业能否在恰当的时间以所需的格式获得正确的数据以形成实际推动增长的洞察？

为了回答这些问题，IBM商业价值研究院对来自60多个国家、身在各行各业和肩负不同职责的近500位客户关系管理高管做了调查（见图4-1）。我们的目标是对市场营销、销售及服务的状况进行评估，并提出企业如何在新兴的数字化时代实现领先的道路。

2009 IBM 客户关系管理调查方法论

调查概述：2009年5月，IBM与Business Intelligence Unit联合对66个国家的478位客户关系管理高管进行了一项网络调查，以确定市场营销、销售与服务方面的新情况。

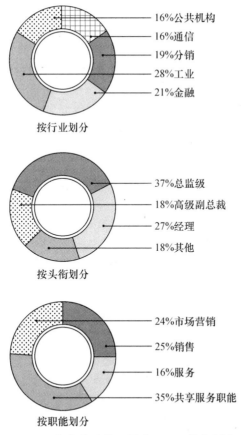

图4-1 客户关系管理调查——回答者划分

"2009 IBM 客户关系管理调查"揭示，80%的全球客户关系管理领导者认为他们已准备好应对新经济环境提出的要求。但是，尽管多数人预期经济形势会在2010年中后期前开始复苏，他们还是将经济状况视为在可预见的未来里最可能影响业务决策和结果的因素。

我们涵盖多个行业和地区的调查表明，在接下来的几年里，新兴市场力量可能会促使企业的业务模式和客户互动职能发生重大转变。因此，企业必须对客户互动进行调整，以适应消费者在如何做出购买决策和与企业进行互动等方面的较大变化。

处于变化最前沿的是数字化信息的爆炸性增长。例如，全世界2009年所产生的数据就比过去5000年间所产生的数据的总和还要多。[1]而且，遍布全球的40亿部移动电话、20亿互联网用户、330亿无线射频识别（RFID）标签和几十亿只晶体管还在源源不断地产生大量数据，这一势头短期内很难减弱。[2]面对如此大量的信息，企业做出正确决策的难度急剧增加。困难在于如何从这些浩如烟海的数据当中找到有价值的信息，然后据以采取有助于真正增加客户价值的行动。弥合各个渠道间从获取洞察到采取行动的鸿沟是找到赢取领先新道路的基础。

无论身在什么行业、奉行什么业务模式或者来自什么地区，如今的市场营销、销售及服务领导者必须：

- 倾听各种相互联系的人与事；
- 学会通过收集、联系和减少数据从而获得洞见，并使用技术来加快上述过程；
- 简单而直接地与客户进行互动，在有助于促进相关体验的业务流程中无缝地从决定过渡到行动；
- 收获这些互动的成果，继续改进涵盖所有渠道、设备和人员的客户活动。

挖掘数据、利用分析工具和创造有效沟通平台的高超能力为三类领先者在2012年前的异军突起打开了大门：

客户洞察领先者，负责对大量数据进行优化，将之转化为有用信息并创造可测量的价值。

数字渠道领先者，在"始终在线"的数字化世界中，负责驾驭通过客户互动以及新产品、新服务和新的业务模式创造价值的新方法；

新时代领先者，负责整合来自上述两方面的最佳实践。

更进一步，这三类领先者将能够根据它们面临的业务形势及其想占有的市场位置选择以下三个明显不同的手段来提高实现差异化的可能性：成本和复杂性大幅降低，创新的造市（market making），以及战略性服务交付。按照需求的不同，企业可以只选择一个手段或结合运用全部三个手段。

成本和复杂性降低有助于企业的运营更精益、更灵活并对客户更加友好。创新的造市强调社会型企业设计，以吸引客户、合作伙伴和供应商，并创造价值。它为企业提供了与客户、合作伙伴、供应商甚至竞争对手共同开发解决方案与产品的机会。战略性服务交付利用所有可用渠道来增加客户体验。无论客户选择致电联系中心、前往零售商店或分店、通过网站寻找信息还是通过微博等社交工具与企业互动，战略性服务都应该认真对待客户的要求并予以满足。它优化了每个渠道，使得无论客户选择什么方式、什么时间、什么地点以及出于什么原因，都能反应迅速并具有吸引力。它还允许客户在不同渠道之间进行流畅的转换，例如，从网络转到联系中心，或者转到零售商，以购买其在网上找到的产品。

在以数据密集和客户友好为特点的数字化时代，领先企业是由它们如何开发和利用洞察来响应不断变化的消费需求来定义的。在这项工作中，它们要掌握用于销售、服务及市场营销的新式数字通信技术。在它们通过客户洞察和/或数字渠道使自己显得与众不同的过程中，它们都将意识到果断采取行动的好处所在。在本章，我们将详细探讨这些领先类别以及用于实现这一目标的手段。

经济和市场力量

尽管我们调查的大多数人觉得经济衰退的最坏时期已经结束，但他们还是认为，至少在接下来的两三年内，整体经济状况仍然是一个重要因素（参见图4-2）。他们预测可用于资本支出的资金将会比较少。回答者还预测竞争将会加剧，不仅有来自新兴市场的企业加入，还包括对消费者可用支出的争夺。他们意识到消费者放开手脚花钱和大量贷款的"老日子"已经结束了，至少暂时如此。

除了经济、竞争加剧和资本可获得性以外，还有三个因素也预示着需要进行变革，即新客户需求、

> 面对纷至沓来的产品信息和选择，他们有能力予以接受或拒绝。

数字化通信的日益盛行以及伴随全球人口与财富分配转变的新经济体的上升。其他外部因素，例如波动的能源价格和对于可持续发展的要求，对一些特定行业的影响很大，但对于其他行业并不是全球性的影响因素。

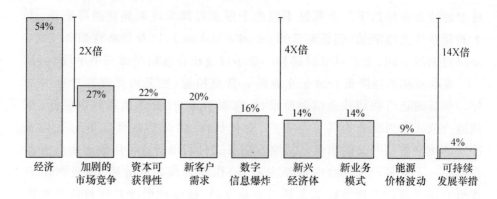

图 4-2　部分市场力量（2012 年前）

资料来源：IBM 商业价值研究院 2009 年客户关系管理领先调查。

大多数企业突破经济状况限制以及专注于其他企业绩效影响因素的程度和速度更多取决于它们所在的国家/地区而非它们做了什么。例如，当我们请被调查的领导者评价 2012 年前最有可能影响其业务决策的外部因素时，美国市场营销、销售及服务高管中只有 36% 的人声称是经济状况，相比之下，新兴经济体的这一数字为 67%，英国为 63%，澳大利亚和新加坡为 48%。这些数字是许多因素共同作用的结果，但总体而言，那些受企业大量裁员和金融机构崩溃（如英国）的冲击最厉害的国家/地区更有可能在较长时期内保持警觉，使其决策不致与经济状况偏离太远。

与之形成对照的是，美国企业对资本可获得性及数字化信息爆炸（27%）给予了与经济状况同样的重视（2012 年前），显著高于整体回答者的 16%，并且是中国和印度企业的 3 倍。在中国、印度及新兴市场，竞争加剧和资本可获得性被视为重要的市场因素。

虽然全球企业的关注重点显著指向经济状况及竞争加剧两个因素，但我们觉得不在调查回答者视线之内的另外三个市场力量也非常值得注意，即新业务模式、新客户需求以及数字化信息爆炸。

三大变革驱动力

今天的消费者消息灵通，见多识广，他们所引起的市场变革对企业的市场策略和服务方针有很大的影响。面对纷至沓来的产品信息和选择，他们有能力予以接受或拒绝。他们通过各种渠道购买产品与服务。他们消费的产品比以往更加广泛，企业也无法对他们进行简单的归类或划分。[3]

因此，令人感到意外的是，调查回答者对与满足今天的消费需求有关的这三个外部因素并未给予高度重视，即新业务模式（占回答者的14%）、客户需求增加（20%）、数字化信息爆炸（16%）。

新业务模式：许多传统业务模式正在衰落或失效。例如，金融服务业向来受到政府干预的扶持。无论在什么地区，医疗卫生行业对服务交付资源的需求缺口日渐加大。对数字化时代的到来反应缓慢的许多报纸永远退出了历史舞台。音乐行业的主要发行系统现在已发生了很大的变化。显而易见，旧的业务模式必须有所改变，以满足数字化时代消费者不断变化的需求。

客户需求增加：改变客户关系管理前景的不只是那些爱好数字技术和消息灵通的消费者。企业高管还必须考虑财富与人口再分配的问题。新兴市场的高速增长正在被经济停滞抵消，在世界上最富裕的地区甚至出现了下降（参见图4-3）。更进一步，发达国家市场的许多消费者已经从根本上改变了他们的消费习惯。对于渴望市场领先的企业来说，及时对这些情况做出响应至关重要。

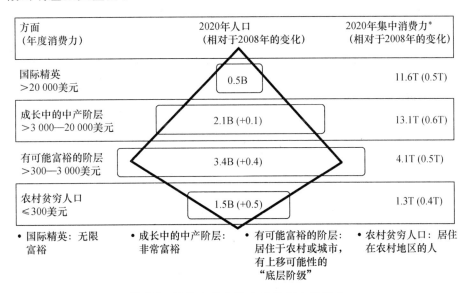

图4-3 变化中的全球人口的集中购买力

* 仅生活消费品（不包括耐用消费品和电子消费产品）。

资料来源：IBM商业价值研究院分析；世界银行，"底层的十亿"；世界资源研究所；联合国。

数字化信息爆炸：不只是数字化信息的总量，数字化信息对传统媒体模式及广大企业的影响也正在促成变革。例如,支持虚拟会议的新技术减少了航空公司和酒店的客源;CD 和 DVD 销量由于消费者对数字内容的偏爱而下降,消费者把网上下载作为省钱之道。

企业需要掌控这些力量来创造有用的信息——在与客户互动之前注意倾听和学习,以创造灵活和适应性的业务模式。它们需要利用其学习成果,并通过各种渠道无缝地提供产品或服务内容,以方便与客户的互动。此外,客户希望能够随时随地与企业互动,并参与开发用以满足其需求的产品和服务方案,这种新现象被称为客户共建。客户会日益引导企业使用更简单的方法来满足他们的需求。在有助于推动创新市场方案和更好的战略性服务的新社会型企业设计中,这种充分利用客户建议的共生方案处于中心地位。

对领先的新定义

未来几年内,最有可能占据领先地位的企业将是那些对引起变革的市场力量进行积极回应,并从根本上了解客户偏好发展趋势的企业。通往领先地位的最佳途径将由企业如何以及在何处运用其知识而决定。最后,我们认为将会有三类领先标准使创新型企业脱颖而出,即客户洞察领先者、数字渠道领先者、新时代领先者(参见图 4-4)。采用这些领先模式的企业的业绩将会明显高于其他企业。

客户洞察领先者	数字渠道领先者
• 从客户洞察获得价值并将客户经验运用于所有渠道 • 使用新数据类型和新数据源 • 关注一致的业务流程以增进客户体验 • 拥有产生洞察的现成人员	• 从数字化方案中获得价值 • 拥有跨越市场营销、销售和服务职能(包括数字服务职能)的明确数字化战略 • 关注新客户市场 • 关注数字客户体验
占调查回答者的 15%	占调查回答者的 15%

新时代领先者
占调查回答者的 8%

图 4-4 领先的特征

资料来源:IBM 商业价值研究院 2009 年客户关系管理领先调查。

客户洞察领先者占我们所调查公司的 15%。它们最长于捕捉、使用和获取价值——不只是通过产生洞察,而且通过将洞察转化为由其员工和业务流程实施的具体业务行动。它们是使用新数据源(如 GPS、网上冲浪和社交网络分析等)的行家。它们不只是收集数据,还能充分利用数据。它们在83%的时间内拥有合适的人员来产生洞察并将之传播到整个企业,相比之下非领先者的该项数据仅为15%。它们拥有更完备的工具来利用客户忠诚度驱动力,67%的企业表示它们了解客户的忠诚度,相比之下非领先者的这一数字仅为22%。它们中有75%的企业拥有稳定的业务流程来支持客户体验,而其他企业的这一数字仅为15%。

  这些领先者从客户需求出发并按照渠道对业务流程进行调整,从而实现更好的测量和更佳的客户体验。它们还利用机会向客户学习,通过解决当前客户体验中存在的问题来增进客户体验。在了解哪些方面的针对性改进能够在关键时刻提供良好的客户体验方面,它们的可能性是其他企业的3倍。客户洞察领先者在创新方面大获成功,这是因为它们非常清楚可以节省哪些成本,同时又不对客户产生不良影响。它们把对服务进行战略改进的任务放在变革的中心地位。它们挖掘客户对话所包含的潜在价值,以求进行必要的改进或寻找重塑企业的新思路。

  数字渠道领先者占调查回答者的15%左右,它们在数字与多渠道战略的要素方面的表现甚至超过了客户洞察领先者。近三分之二的数字渠道领先者表示它们采用了多渠道战略,相比之下,客户洞察领先者的这一数字为54%。数字营销战略方面同样存在差距,81%的数字渠道者称其拥有有效的数字营销战略,相比之下,客户洞察领先者的这一数字为65%。另一个差距是对数字服务战略的采用,68%的数字渠道领先者实行了鼓励客户采用最低成本服务渠道来满足其需求的服务战略。研究显示,只有56%的客户洞察领先者采用了类似战略。特别是,数字渠道领先者更重视从在线对话中发掘洞察,它们当中有33%的企业对此持有兴趣。

  新时代领先者占调查回答者的8%,在新一代创新者中是最少的一群。它们同时使用客户洞察和数字渠道在最高层面进行响应。与数字渠道领先者和客户洞察领先者一样,它们也从同一来源获得价值,即分析数据和新数据源。新时代领先者中拥有合适的分析工具以及有效电子商务战略的企业百分比是整体调查者平均值的4倍。它们是拥有客户洞察并知道如何以数字方式将其应用于所有渠道的完美典范。

  无论这些表现优异者采用哪种领先模式,它们都有一些共同的特征(参见专栏内容)。它们很少

> 客户希望参与开发用于满足其需求的产品与服务方案,这一新现象被称为客户共建。

由角色、地区、行业或业务模式来界定,使它们与众不同的是其采取积极行动的意愿和打破陈规旧律的行为方式。

专栏　客户关系管理领先的特征

IBM客户关系管理调查表明所有类型的领先者都倾向于采取积极行动。它们清楚如何摆正自己的位置,以经受经济衰退的严峻考验。它们向其员工提供合适的工具和分析软件。领先者更擅长使用洞察来确定客户行为的驱动力。不分行业、地区和业务模式,它们有一些共同的特征,其中包括:

- 跨类型的领先者更可能在经济周期早期采取艰难的行动,这使它们能够快速前进。例如,在经济衰退期间,它们比其他企业减少员工和预算的可能性高20%。同样,它们会尽可能缩减项目规模或延缓项目进度。

- 表现优异者认识到根据效率和客户满意度进行跨渠道变革的价值。例如,领先者转向电子商务和减少联系中心的可能性是其他企业的两倍。

- 领先者使用洞察来促进增长和具备现成的合适人员及能力的可能性分别是其他企业的2.5倍和3.5倍。总的说来,它们比同类企业更了解客户生命周期并把客户洞察运用于可重复的业务流程以增进客户体验,其利润率是其他企业的4倍。

- 领先者对客户忠诚度的了解比其他企业强3倍,请不要把这等同于客户忠诚度计划。例如,它们知道一次折扣计划不会让客户保持忠诚,而需经常进行此类活动。但它们也知道,忠诚度来源于让客户的参与度更高、更智慧、更好地互联和更好地获取信息。

- 领先者4倍于其他企业去了解它们在哪可以获得学习机会,并努力针对客户所指出的问题纠正、创造更好的客户体验。它们知道,如果企业能够了解哪些具体方面需要改进,它就能创造更佳的客户体验和更丰富、更深入的客户联系。

每个类别的领先者都表现出这些特征,但新时代领先者在每个方面都显著高于平均水平(参见图4-5)。

47% VS.23%:关注不断增加的电子商务	75% VS.14%:拥有分析工具来产生洞察	83% VS.15%:拥有合适的人员来产生洞察
42% VS.18%:关闭联络中心	75% VS.15%:针对全部体验的有效业务流程	67% VS.31%:拥有多渠道战略
56% VS.30%:加强促销定价策略	67% VS.22%:拥有对驱动客户忠诚度的深刻理解	58% VS.24%:拥有数字服务战略

图 4-5　新时代领先者 VS.其他所有调查参与者

资料来源:IBM 商业价值研究院 2009 年客户关系管理领先调查。

在所有类别中,领先者均提供了必要的工具来创造影响力。从是否拥有这些工具来衡量,其他企业与领先者间的差距是显著的。只有 20% 的销售高管声称他们拥有重要工具来帮助他们有效地工作。但我们的调查表明,拥有完善工具的销售领导者所提供的客户价值是其同行的 2.5 倍。市场营销方面的工具配备是最差的,特别是在分析工具方面,只有不到 20% 的回答者定期接收分析信息,相比之下领先者的这一数字达到了 63%(参见图 4-6)。

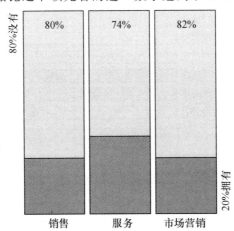

图 4-6　20% 的客户关系管理专业人士经常使用分析工具

资料来源:IBM 商业价值研究院 2009 年客户关系管理领先研究。

没有合适的工具就好比单手驾驶没有仪表的汽车飞驰而又想保持高度精确一样。同样,领先者重视在关键职位上拥有合适的人员来产生和传播洞察。这些人的重要性不仅在于创造洞察,而且在于使之供企业利用和据以采取行动。

实现成功的三个手段

在以数据密集为特征的数字时代,渴望获得领先地位的企业必须确定采用什么手段才最有可能实现差异化。我们问调查参与者未来三年会采取什么方法来使自己与众不同,最多的回答是进入新客户市场,近半数回答者选择了这一项。其次是改进服务,占回答者的45%。新渠道战略和客户共建是下一个较大的差异化领域,紧随其后的是成为低成本提供商和重获客户信任,各占回答者三分之一左右。但是,由于差异化领域反映了相当多的回答者的意见,因此这有助于按照企业取得成功所需采取的手段(这反映了企业的意图和压倒性需要)对这些回答者进行划分。结果表明有三个核心手段:成本和复杂性降低、战略性服务交付、创新的造市(参见图4-7)。在这三个手段当中,成本和复杂性降低常常是实现以客户为中心的最短途径,而战略性服务交付和创新的造市则可提供更多的客户互动。

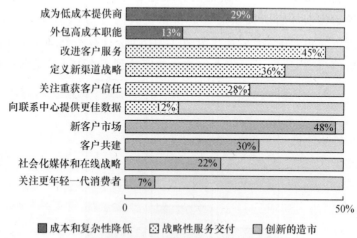

图 4-7 开创前进之路的三个核心手段

资料来源:IBM 商业价值研究院 2009 年客户关系管理领先研究。

成本和复杂性降低使企业的运营更加灵活、精益并对客户更加友好。虽然在传统上被当做一种内部措施,但成本和复杂性降低的好处——尤其是通过数字渠道的使用——越来越有助于降低客户服务成本。这是一个相当大的机会,66%的回答者认为其企业未能完全提供一种数字服务战略,以使他们能够关注服务成本。

随着企业的逐步发展,企业有变得复杂的倾向。当要求以更快的速度进入新市场或改进服务时,跨渠道和跨业务职能的优化可能具有一定的挑战性。这一"速度"实际上会损害优先完成任务方面的有效设计。但在如今的经济环境中,取得和保持领先地位要求企业建立复杂的流程和更加快速地响应客户及全球商业环境。通过从一开始就把降低复杂性当做目标,企业就能够在进入新市场和改进服务时进行正确的业务流程和渠道优化。企业会变得更加简约、响应速度更快、更智能和更灵活,执行力和效率得到保证。最后,成本和复杂性降低对解放资本以支持这些新经营方式也是非常重要的。

创新的造市改变了企业进军和拓展新市场的方式。它强调在争取客户以及了解与厂商、政府机构和竞争对手间的互动方面的价值共建和使用社会化媒体。这一社会型企业设计有助于企业发现和预测市场形势与客户需求的变化并予以响应。从概念上讲,所谓造市就是使用这一协作范式以更快的速度和更大的灵活性向新市场推出新产品与服务。

创新的造市涉及我们所希望的外部社会化媒体部分,但它也支持内部协作——使得在企业内寻找信息、人员和创意变得更加容易。但它同时也承认,无论一个企业有多少员工,伟大的创意、技术和互动途径常常来自企业外部。例如,IBM物理学家多年前意识到激光装置可以进行精准的切割操作,使得他们能够在人类头发上雕刻人们的姓名。但这有什么商业价值呢?有一个人指出这种方法可以用于对人眼巩膜进行平整的切割,从而导致了激光视力矫正技术的出现。后来其他企业购买了这项技术,到2009年,该技术在美国的市场价值已达到250亿美元。[4]

战略性服务交付包含旨在改进客户互动的活动,方法是通过新渠道进行对话。战略性服务交付提供了交互式和数据驱动的方法,让企业向客户学习并与客户共同探讨如何满足其需求。它还有助于企业改进客户便利性。这方面的一个例子是使用互联网来提供服务改进和故障查找技术。我们不再需要为打印机提供驱动光盘,因为我们可以从网上下载打印机驱动程序。同样,如果人们能够通过加标签和绘图来对其信用卡支出进行分类,那么他们对其财务活动就会有更全面的了解,需要时他们就可做出相应的改变。

战略性服务交付还允许客户帮助其他客户做出更佳的决定。通过评级和审核,无论是企业所有的网站还是 Facebook 等社交网络,客户都可表达其偏好和品牌联系,使周围的人可以利用那些具有相同购买决定的人群的集体智慧。每条前进之路都包含某些较好的市场条件,在确定正确的道路时必须将这些市场条件与企业战略进行匹配(参见图 4-8)。

	客户洞察领先者	数字渠道领先者	新时代领先者
成本和复杂性降低	• 关注业务流程,以更快地将洞察应用于所有渠道 • 知道可以节省哪些成本而不影响客户体验	• 降低市场营销沟通成本 • 简化销售流程 • 通过自助式服务和引导式方法降低服务流程成本	• 使用洞察来推动客户关系管理成本的下降并了解依存关系 • 能够测量渠道转变计划的成功与否
战略性服务交付	• 了解并能够测量一致的渠道交付 • 关注完整的客户生命周期	• 在整个客户生命周期提供基于 Web 的内容 • 了解数字渠道的服务成本	• 为涵盖整个客户生命周期的服务交付提供多点式可测量途径 • 能够将面向特定渠道的衡量标准纳入以客户为中心的衡量标准
创新的造市	• 通过各种渠道主动倾听客户和向客户学习 • 与客户共建产品、服务	• 使用多种形式的社会化媒体进行客户互动 • 驾驭基于 Web 的支持者的力量,以吸引潜在客户	• 提供新的数字服务,帮助以有利的成本创造客户价值 • 使用新形式的测试与测量来实时收集基于 Web 的反馈

图 4-8　领先者如何运用前面介绍的三个手段来获得成功
资料来源:IBM 商业价值研究院 2009 年客户关系管理领先研究。

但是,无论选择哪种路线,都需要新的领先方式在背后提供支持,并反映信息日益丰富的数字化世界。这些模式确定了企业将在哪些领域进行投资,以及提供了能够指引企业管理人力资本和运营资产(如流程和技术等)的"透镜"。

总结:前进之路

在考察数字渠道、客户洞察和新时代领先者所选择的前进之路时,我们发现造市和战略性服务要求四个具体行动领域,其中每个都有一个关键优化点(参见图4-9)。希望沿着这些道路获得领先地位的企业必须:

倾听。从人与事中领会和获取数据,并将其提炼为可据以采取行动的信息。

学习。跨越所有渠道和机会,以客户偏好和恰当的方式进行定向内容交付。这有助于将洞察引入企业以创造精心设计的客户体验。

互动。使企业能够与客户和社区进行连续互动以共享和创造价值。这要求使用所有媒体来支持客户与企业。

收获。提供可帮助客户管理部门改进其工作计划及执行方式的信息,包括支持更好的跨部门合作以创造价值。

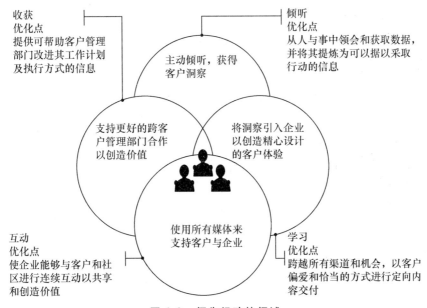

图4-9 领先行动的领域

资料来源:IBM商业价值研究院2009年客户关系管理领先研究。

倾听和学习是产生和运用客户洞察的核心。互动和收获是战略服务(特别是数字交付)的核心。

客户洞察可以促进前述三个手段的成功。"倾听—学习—互动—收获"范式则定义了活动的连续系统,这种方法依赖于对需要什么洞察以及何时和如何使用它的定义。不过,要在这一竞争舞台上获得战略领先地位还需要进行认真的评估和计划(参见表4-1)。

表 4-1　开发倾听、学习、互动和收获能力

活动	行动	优化点
倾听	• 备案和重新定义客户体验。 • 根据客户意见与建议、一线人员反馈以及可以公开获得的数据确定关键时刻。确定能够提供有价值信息的新数据源。 • 在团队能力的范围内尽可能广泛地利用各种信息源。	• 考虑与拥有预定义的事件与关键时刻信息库的商业伙伴开展合作。 • 寻找能够提供精深数量分析和模型来检验您的发现并具有模块化方法的厂商。 • 倾听客户的心声不只是一种前瞻性活动。基于 Web 的可追溯性的优点之一是企业能够向后回溯一段时间,形成对客户的更深刻了解,然后以此作为未来工作的起点。同样,使用语义分析引擎来挖掘企业丰富的联系中心数据有助于在没有初步研究的情况下获得深刻的洞察。
学习	• 将倾听活动所获得的发现与销售绩效以及行业基准相结合进行分析,以创造新的业务模式、产品、服务和交互。 • 把改进关键时刻作为首要任务。为每次互动设定学习目标,包括结果、衡量标准和客户成功标准。 • 评估技术和基础设施能否为改进客户互动提供最佳支持。	• 使用预先建立的业务案例模板——该模板可按照企业的需求加以定制,所以企业无须从头做起。在定义完备的假设和架构的基础上开始工作可以使交付周期缩短几个星期。 • 测试模型的定义应当足够严格,但不能复杂到阻碍新想法的实施。
互动	• 使客户也参与对话而不只是被动地接受内容。为客户评价、审查、共享和创建内容提供多种途径。 • 关注体验、流程和内容交付的跨渠道连续性。 • 开发关注客户体验与客户目标以及成本与收入的测量方法和预测性分析工具。	• 选择最不需要企业其他部门提供相关帮助的方法与工具。 • 关注企业范围内的知识共享。
收获	• 持续评估整个企业的倾听、学习和互动活动的结果,以更新企业、业务流程、关键时刻、渠道互动和服务规范。 • 在条件允许时与客户共享。	• 仪表盘提供定制的数据视图,使客户关系管理各方只看到他们需要的数据(基于其角色和权限)。 • 通过非正式和正式途径共享结果和想法。人际互动依然具有重要性。 • 数字时代还带来了对全球范围内各色专家的"能见度"。通过网络搜寻改进方案和分享想法。这些专家可能并不在企业内,但他们往往愿意与您进行交流。

资料来源:IBM 商业价值研究院 2009 年客户关系管理领先调查。

您准备好了吗？

良好的开端有赖于对您的现状、您希望取得领先地位的目标以及如何达到该目标的认真评估。您必须对您的业务模式和以客户为中心的战略意义进行现实的评估，以确定所需的转型等级。评估您是否准备就绪的内容包括：

- 根据您的具体需要确定哪种转型等级最适合您的企业。
- 考察现有的业务模式与收入方案，将其与客户希望获得的体验进行对比。
- 定义和弥补使您能够专注于客户体验的前述四个领域（即倾听、学习、互动和收获）的差距。
- 确定可帮助您提升跨渠道定义和增进客户体验的能力的现有及新衡量标准。
- 评估您的核心部门开发客户洞察和数字渠道交付的能力。确定现有多渠道和数字服务战略在实现您的需要方面的有效性。它们能否进行跨部门的紧密整合？它们是否有效？
- 围绕所期望的客户体验，在组织上下重新匹配对应的绩效考评标准。创建有助于开发、部署和测量所希望的业务模式、产品、服务及市场的跨职能的路线图。
- 为负责提供战略和开发企业领导力潜能的人员制订具体的组织变革方案。

本章作者简介

Cristene Gonzalez-Wertz 是 IBM 商业价值研究院全球客户关系管理调查项目负责人。她具有市场营销战略、科学及转型方面的背景，并拥有二十多年的业务与咨询实践经验。她的经历涵盖零售、媒体与传播、金融服务、远程信息处理及旅游等行业，致力于开发以客户为中心的解决方案。她被客户和同事视为社会化媒体方面的行家里手，这一点有她的博客、Twitter、Facebook 和其他社会化媒体空间为证。她的电子信箱是 cristene@us.ibm.com。

致谢

IBM 全球企业咨询服务部全球客户关系管理咨询服务负责人 Dan Hirschbueler、IBM 商业价值研究院研究主管 Eric Lesser、IBM 应用创新服务（IBM Applications Innovation）副合伙人 Scott Jenkins、IBM 互动业务（IBM Interactive）用户体验主管 Adam Cutler 及 IBM 全球企业咨询服务部客户关系管理咨询顾问 Aparna Betigeri。

参考资料与注释

［1］Weigend, Andreas. "The Social Data Revolution(s)." Now, New, Next: The Monitor Talent Group Blog. Harvard Business Publishing. May 20, 2009. http://blogs.harvardbusiness.org/now-new-next/2009/05/the-social-data-revolution.html

［2］"6 Billion Cell Phone Users by 2013?" DarkVision Hardware. February 16, 2009. http://www.dvhardware.net/article33384.html; Internet Usage Statistics. The Internet Big Picture. Internetworldstats.com. http://www.internetworldstats.com/stats.htm

［3］Blissett, Guy. "Establishing trust through traceability: Protect and empower your brand for today's 'Omni Consumer.'" IBM Institute for Business Value. 2007. http://www-935.ibm.com/services/us/gbs/bus/pdf/g510-6621-01-traceability.pdf

［4］"IBM's Excimer Laser Eye Surgery Inventors to be Inducted into National Inventors Hall of Fame: Laser Eye Surgery Improves Vision for More Than 5 Million People Within 8 Years of Commercialization." IBM. May 16, 2002. http://domino.watson.ibm.com/comm/pr.nsf/pages/news.20020515_invent.html; "In Mature LASIK Market, Competition, Recession Bring Down Prices." Laser Eye News. September 7, 2009. http://lasereyenews.blogspot.com

洞察：以客户为中心的创新

> 全球超过1 000位CEO与IBM展开的讨论揭示了"未来的企业"的特征。在由世界著名的多媒体资源公司智拓(50 Lessons)对该CEO研究所进行的一系列跟进视频访谈及其先前所进行的访谈中，全球一些顶尖企业高管对调查的重要议题发表了他们的见解。

Ivan Seidenberg，Verizon公司CEO，谈通过预测客户需求进行创新

如果你回顾八九年前就会发现，我们的行业和我们的公司都奉行客户和技术开发及部署人员并重的方针。我们必须想办法接近客户。我们越接近客户，就越容易参与整个创新想法，而这是实现业务增长的保证。

让我们举几个例子来说明我们比较成功的地方以及我们在过去一些年中所学到的东西。如果我们着眼于我们的业务，就会发现我们所处的行业已有一个世纪的历史了。在我们的企业内，您要做的事情就是拿起电话来和别人通话，过去是纯粹的语音电话，现在我们已进入了主要向客户提供数据和无线语音服务的时代。

我们全力以赴所做的事情就是提供对客户友好的、有价值的产品与服务。如果后退到我们刚开

> "我们越接近客户，就越容易参与整个创新想法，而这是实现业务增长的保证。"

始提供数据服务的15—20年前，我们对调制解调器、数字用户线路(DSL)和综合业务数字网(ISDN)的事情都还知之甚少。而现在，在我说话的过程中，您可以注意到我们用于描述从语音业务向数据业务转变时使用的全是技术工程术语。

如果我们更加重视满足客户的需求，我们的创新就会更快，质量也会更高。我们在无线领域很好地实现了这一目标。无线业务也是一种语音业务，它使人们能够打电话，功能极强的手机、广阔的信号覆盖范围和高质量的服务使我们能够为客户开发令人激动的产品与服务，使他们对我们的企业刮目相看。

创新的归宿点是业务增长和差异化，其含义在于预测客户的需求。与您在企业内部形成此类新想法时的轻松工作相反，您需要确保创新的动力

来自外部。

如何预测需求以促进优质服务始终是一个难题,所以你必须虚心学习,时刻保持学习的心态,向客户学习和学习技术。同时,您的企业必须拥有多种产生创意的来源。

作为企业高管,您所关心的是如何确保达到平衡状态。我注意到,在我们目前的企业中,我们从技术创造者——包括设备制造商、消费电子产品供应商——那里获得了大量的信息,他们常常把他们认为将来会出现什么伟大进步的想法告诉我们。您会发现,如果您拥有非常接近客户的人员,那么您就能迅速确定某一想法在市场上是否具有实际效果。

我们面临的问题是要拥有制约和平衡能力,并拥有强大的市场营销及销售部门来关注客户的需求,其工作方式并不只是单纯反映制造商和供应商给我们描述的可能发生的情况。

Ivan Seidenberg 是著名网络公司 Verizon 的主席兼 CEO。Verizon 是美国第二大电信服务提供商。

K. Vaman Kamath,印度工业信贷银行有限公司(ICICI Bank Limited)非执行主席、前 CEO 兼董事总经理,谈重视客户便利性的价值

回到 2000 年左右,如果我着眼于我们的典型分行和进行交易的客户数量,我估计我们有不足 50 万客户,100 多个分行。所以我们的规模并不是很大。95% 的交易在分行完成,其余 5% 则发生在我们数量不多的自动柜员机(ATM)上。

只要能够保证连接畅通,ATM 可以设置在任何地方。当时全印度只有 100 多个 ATM。我们宣布:"在第一年,我们将设置 1 000 个 ATM,平均每天三个。"按西方标准,这个数字现在听起来并不大。但您要考虑到,在印度设置一个 ATM 需要保证三个等级的连接冗余度,因为连接质量实在太差了。当然,还需要确保电力供应正常,否则会引起客户的不满。正是因为这种局面,我们的客户说:"从来没有人使用过 ATM,将来也不会有人使用。"而我们则回答:"没有人使用 ATM 是因为没有 ATM。等到有了 ATM,我们看看会是什么情况。"

随后,我们把赌注压在了互联网上,因为我们是分销领域的大企业。我们希望将互联网作为主导渠道。这时我们又遇到同样的质疑声:"在印度谁会使用互联网?连计算机还没有普及。"

然后是呼叫中心。反对理由是客户喜欢亲自去银行,坐在业务大厅边

聊天边等待办理业务。而我的理由则是：这在印度是不会发生的，因为银行人满为患。我们希望客户顺利办理完业务然后离开。他们没有时间坐在银行等待。银行职员也一样。这将是一个新的服务模式。您需要一个呼叫中心，客户有问题的时候可以得到解答。

对我来说，ATM、互联网和呼叫中心全都为客户提供了方便。今天，通过互联网的交易量约占我

> "如果您能向客户提供一些方便而且代价较低，那么客户就会选择您。"

们总交易量的 25%，也许您认为这不可能发生在印度，但事实就是如此。另有约 40% 的交易在 ATM 上完成，并通过呼叫中心进行平衡。

所以，从这些事得到的经验是，如果您能够向客户提供方便而且代价较低，那么客户将会选择与您合作。在我们的情形中，我们能够保持低成本并通过多种渠道向客户提供更好的服务。这成了我们对客户的一个巨大卖点，特别是对印度年轻人。印度是一个 70% 的人口在 35 岁以下的国家。印度年轻人现在喜欢使用计算机、移动电话或 ATM 等工具，这成为他们与我们开展业务理所当然的渠道。

> K. Vaman Kamath 是印度第二大银行印度工业信贷银行的非执行主席、前总经理兼 CEO。总部设在孟买的印度工业信贷银行是印度最大的私人银行，在全球 20 多个国家/地区拥有 1 250 多个分支机构。

傅跃红，金源新燕莎商场总经理，谈智能客户服务

过去 20 年是中国商业服务业的迅猛发展期。新燕莎集团致力于提升全行业的技术运用水平。例如，我们为金源商场开发的集成式信息管理系统为数百家商店和银行提供了一个在线交易网络。通过该系统，消费者在购物时可以使用各种信用卡、借记卡和 ATM 卡，我们则能够收集用于研究和服务目的的市场数据。该系统实施后的复杂程度在中国绝无仅有。实际上，实施如此大规模的 IT 系统提升了北京乃至全中国商业企业在技术运用方面的水平。

我们从一开始就非常重视技术的运用。商场规模越大，各种错综复杂的情况就越多，若没有技术的帮助，要获得想要的结果很困难。

我们与 IBM 有密切的合作关系，所以决定在 IBM 的帮助下引入一个 IT 系统，同时也是为商场的发展做好准备。我们还获得多家中国银行的支持。现在，我们有几百个服务点终端设备与我们的信息系统相连。该系统使得所有合同与销售信息均可通过网络获得，从而提高了我们的效率。

使用这一基于技术的系统，我们能够了解销售趋势。例如，我们能够执行数据分析，按小时或按天查看销售数据。利用这些数据，我们知道顾客何时来到商场，而且我

> "使用这一基于技术的系统，我们能够执行数据分析，按小时或按天查看销售数据……我们知道顾客何时来到商场……而且我们能够预测哪些商家会成功而哪些商家会失败。"

们能够预测哪些商家会成功而哪些商家会失败。在分析完毕后，我们能够进行实际的调整和实施真正的业务变革。

今天，我们所有的员工都依赖我们的信息系统来开展日常工作。该信息系统的开发还引领了中国整个商场服务业的发展。在我们的商场开业之前，大多数信息系统只用于超市和百货店。我们开发的系统为购物中心特别是大规模购物中心设立了新的标准。目前全中国的许多城市实施了我们系统的不同版本。

在我们的业务发展中，强调技术的运用对我们很重要，我们将在这方面继续努力。例如，我们建设了自己的网站并计划为入驻商家开发一个P2P系统。同时，我们还将通过运用新技术加强与消费者的直接联系。技术的运用将会越来越广泛，并将为我们提供新的方法来架起商家与消费者之间的桥梁。

傅跃红是新燕莎集团的旗舰项目金源新燕莎商场的总经理。新燕莎集团是隶属于北京市政府的一家国有公司，负责国有资产的运营，主要是在房地产和零售行业。

✳ ✳ ✳ ✳ ✳ ✳ ✳

这些洞察源自哈佛商学院出版社出版的有关"为变革而建"（Built for Change）的访谈，这些访谈是哈佛商学院"经验教训"（Lessons Learned）系列商业评论的特别版以及IBM与智拓（50 Lessons）在内容合作方面的成果。

第5章

全球整合企业R-O-I调查

实现全球整合的企业战略

Dave Lubowe, Judith Cipollari, Patrick Antoine, Amy Blitz

在新的经济环境中,企业领导人都面临沉重压力,包括在全球范围内降低成本、优化资源及提高资本生产力等。[1]真正的"全球整合企业"总能最合理地安排工作。[2]然而,企业领导人常不具备支持全球整合的运营能力。根据实践经验以及对20个最佳业务实践案例进行分析的结果,我们特别为企业实现全球整合开发了"R-O-I框架"——该框架强调了可重复的流程、优化资产和整合运营,均以全球化为基础,以强大的领导力、组织结构和技术为后盾。

全球整合和跨国贸易显然不是什么新鲜事物，它们早在罗马帝国成立之前就一直是经济推动力。但是，在过去 10 年，全球化步伐实现了巨幅增长。

其中一个主要原因是通信技术的长期革命，这个革命浪潮将继续大幅度降低贸易和交易成本，并且进一步延长互动距离。实际上，1995—2007 年间，跨国公司的数量增加了一倍多，从 3.8 万家到 7.9 万家，外国子公司的数量增长了近三倍，从 26.5 万家骤增至 79 万家。[3] 同期，跨国并购交易数量增长了两倍多，从 390 次到 889 次[4]，但这一趋势——与许多其他趋势一样——在 2008 年出现了下滑。[5]

对于企业领导者来说，此类变革在优化全球资源和资本生产力方面给他们创造了巨大机会。[6] 尽管对于如何通过最佳方式来开展这项工作尚且存在诸多的不确定性，但本次调查研究还是发现，许多企业面对各类流程或运营问题时会采取零散的方法各个击破，而佼佼者则拥有纵观全局的战略视角，我们称之为"R-O-I 框架"。

成功的前提条件是，公司必须高度重视组成 R-O-I 框架的所有要素：

可重复的流程——消除低效率，优化效力，管理例外；

优化资产——管理核心及非核心活动，优化运营位置，实现虚拟运营；

整合运营——通过全球合作来优化全球能力，在全球范围内管理端到端的流程；

基础要素——构建关键支持组件：领导力、组织和技术。

全球整合是填充"变革鸿沟"的有效方法

IBM 全球 CEO 调查对 1 000 多名 CEO 开展了访谈，结果发现为了利用全球整合趋势，CEO 计划从根本上改变他们的能力、知识和资产组合，同时关注种类繁多的全球战略（见图 5-1）。实际上，75% 的 CEO 指出，他们实施全球战略是为了进军新市场、吸引新客户并且网罗人才。此外，虽然大多数的 CEO 都对他们的业务模式进行了大幅度变革，但是，与表现较差的公司相比，经济效益显著的公司更加注重全球业务设计，看中全球整合战略的潜力。[7]

然而，全球整合构想与现实之间存在巨大鸿沟。虽然 10 名 CEO 中有 8 人预测在今后三年将会经历巨变，但他们普遍认为自己的管理能力跟不上变革速度，差距高达 22%。[8] 作为驾驭变革的主要因素，全球整合是一个极为复杂、充满风险与挑战的过程。其复杂性不仅表现在公司内部，而且还延展到公司外部的供应商、监管部门以及国家标准机构,各国标准存在巨大差异,如产品安全性、环境影响和知识产权。另外,文化差异也会增加全球整合的复杂程度。

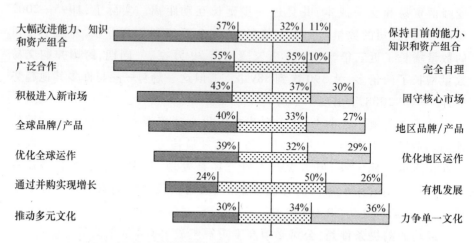

图 5-1　CEO 计划从根本上变革运营模式,以便实现全球整合,但是,他们却苦于无法实现这些变革

资料来源:IBM 2008 年全球 CEO 调查——私有制企业 CEO 的答案。

　　由于风险和挑战的存在,能够经济高效地实施全球整合战略的企业就是赢家,并与众多跟随者区别开来。尽管企业迫切希望了解全球整合企业的最佳运作方法,但在采取何种最佳方法来实现全球整合方面,仍然存在许多问题。尽管有关全球化的各种调查增长了近 10 倍,从 20 世纪 90 年代的 500 次,到 2000—2004 年间的近 5 000 次,但是,这个世界仍然需要信得过的调查分析,以便了解什么是实现全球整合的最佳运营战略。[9]

　　如何将一个全球整合战略落地实施?哪种运营战略最能有效地驱动全球整合?带着这些疑问我们展开了深入的调查。我们首先深入分析来自"未来的企业——IBM 全球 CEO 调查"的数据,发现 CEO 的确关注全球整合,但是却苦于无法有效地实施。于是我们选择了 20 个全球整合最佳实践企业,去分析它们应用的运营战略和模式。这 20 家公司是基于《商业周刊》"最佳创新企业名单"、2008 年全球收入领先企业的年报以及 IBM "运营战略"负责人的推荐而选择得出的。[10]

　　这 20 家优秀的全球整合企业来自于金融服务、医疗、电信、能源、零售、IT、汽车、石油、食品和快速消费品等多个行业(见图 5-2),跨越亚洲、欧洲和美洲,它们分别是:阿尔斯通、拜耳先灵药业公司、英国石油、思科、瑞士信贷集团、美国礼来公司、高盛集团、IBM、英特尔、利丰、印度马辛德拉汽车有限公司、麦当劳、诺基亚、宝洁、三星、壳牌、美国史赛克公司、德国申克公司、丰田以及一家有名的中国电信设备提供商。

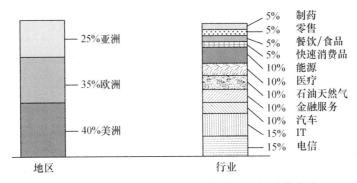

图 5-2　全球整合最佳实践企业按地区和行业的分布

资料来源:IBM 2009 年全球整合运营研究。

作为分析的一部分,我们试图探索以下问题的答案:
- 什么原因驱动全球整合?业务战略是什么?
- 这种整合是如何实现的,通过知识、技能、能力、领导力还是科学技术?
- 这些领先企业的业务绩效如何?与全球整合有什么联系?

R-O-I 框架:全球运营整合实现战略

通过对 20 家优秀公司进行分析,我们发现了一套清晰的、可复制的战略,帮助企业实现全球整合运营(见图 5-3)。这些战略是跨行业和跨地区的,适用于所有地区、各行各业的企业。简言之,接受我们调查的每家公司都重视在全球范围内实施运营战略的三个关键要素:可重复的流程(Repeatable processes)、优化资产(Optimized assets)及整合运营(Integrated operations)——我们称之为"R-O-I 框架"。

此外,我们还发现成功的全球整合要依托于强大的领导力、组织结构和技术。最后,我们发现运用特殊方法没有效果。若想实现真正的全球整合运营,企业必须同时满足 R-O-I 框架中所有组成单元的要求。企业务必明白这一点,它正成为日益重要的差异化竞争因素。

当我们进一步探索优秀公司对每个领域的重视程度时,我们发现 95%的公司都特别重视可重复的流程(亚洲公司稍差),只有 80%的公司特别重视优化资产(尤其是美洲公司),最后,仅 70%的公司特别重视整合运营

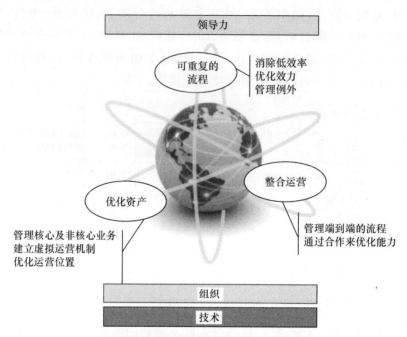

**图 5-3　最佳业务实践案例研究揭示了以领导力为
推动力，以组织和技术为后盾的"R-O-I"**

资料来源：IBM 2009 年全球整合企业调查。

（见图 5-4）。然而，2008 年 CEO 调查却显示，优秀企业最重视全球整合，并且多管齐下来实现这个目标——从本质上说，覆盖了 R-O-I 框架的所有主要要素。

调查显示，即使对于这些优秀公司来说，它们对于某些全球整合运营的支持战略领域的理解也参差不齐。具体来说，虽然构建可重复的流程是运营战略的长期目标，但是，在全球范围内优化资产及整合运营相对来说是相对较新、发展中的运营战略，企业对其的理解仍存在欠缺。此外，虽然许多公司都在某些领域追求全球整合，但只有优秀公司理解，必须采用一套系统的、全面的方法对流程、资产和运营进行全球整合。本章旨在对全球整合运营的成功企业进行深入分析，以便在所有的战略领域均找到最佳业务实践。

R = 可重复的标准化流程

建立可重复的标准化流程是提高运营效力的长期目标，也为广

> 我们的分析表明，成功的全球整合企业必须采用一套系统的、全面的方法对运营进行全球整合，而不是特别处理各种各样的挑战和问题。

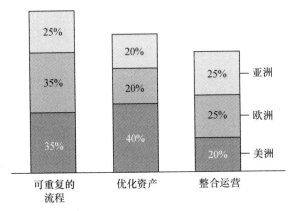

图 5-4　案例研究的分布情况（按 R-O-I 和地区）

资料来源：IBM 2009 年全球整合企业调查。

大公司所深入了解——从早期旨在提高员工生产率的时间与行动研究,到随后旨在规避低效率的精简方法,直到旨在减少错误和相关质量问题的六西格玛（Six Sigma）方法。这些方法合并在一起,构成了精简版六西格玛方法,用于在效率与效力之间实现均衡,以便最大限度地提高客户满意度和可盈利性。据我们调查,95%的优秀企业都开展了全面的工作,以便在全球范围内持续支持可重复的标准化流程。

消除低效率。 强大的运营战略,第一步肯定是消除低效率。为了缩短周期,企业应当优化流程,清除所有重复的或者无用的步骤,同时开展多项工作而不是逐一开展工作,尽量以自动流程来替代手动流程。此外,企业必须部署适当的技术,通过能够端到端运行任何指定流程的系统来避免低效率。为了在全球范围内管理好所有工作,企业各流程中相同的步骤应当纳入共享服务模型,还必须指定专人负责特定的全球流程,而地区领导人则在本地管理流程。

案例分析。利丰公司：消除低效率

作为特别的创新案例,利丰公司依赖大约由 40 个国家 1 万名专业化制造商和供应商组成的灵活网络,力求在不进行垂直整合的情况下满足特定客户需求,从而缩短了整合周期,消除了低效率,并且优化了全球供应链管理工作。公司对生产采用"拉式"方法,只按照订单制造产品。从美洲购买棉线,从巴基斯坦购买盘扣和染料,并且在柬埔寨缝制衣服——这种配置产生了最佳绩效。有趣的是,公司为每名客户都量身编排供应链,但却不对任何供应链环节负责任。

为了管理全球供应商网络，利丰公司部署了"拉式"结构的高级系统，以快速响应需求为中心。这种"拉式"方法的另一个优势在于，它允许您实时跟踪并且响应客户喜好的变化。[11]

优化效力——提升质量和客户满意度。此处的关键是要确保输出高质量产品，尤其是在与客户息息相关的领域。质量控制工具

> 通过建立可重复的标准化流程，企业能够消除低效率、优化效率，更好地管理随时可能发生的意外。

需要提供评估、管理和风险控制功能，在全球运营环境中，这一切都变得更加复杂。在评估流程领域，每当切换流程时，都需要实施质量检查与控制。若想做好管理工作，切记无论是手动评估还是自动评估，都需要负责人——个人或团体——对流程进行端到端的监管，并且对最终的产品和质量负责。风险控制同样至关重要，因此，企业需要在全球范围内持续评估大量的潜在威胁，如系统或设备故障，以及政治、环境、经济、社会和其他风险。对每个可能存在的风险进行预测，并且预备替代方案来处理风险。

管理例外。在全球范围内建立可以重复的标准化流程，从而控制效率和质量。如此一来，全球需求、资源和运营成本均能得到优化。然而，完成这项任务存在挑战。企业需要同时考虑全球范围内文化和地域上的巨大差异，并且有效管理此类例外。[12]此处的关键是要尽量实现流程标准化，同时管理地区差异，争取将交易例外限制在20%以内。

麦当劳：管理例外

麦当劳很久以前便将每个小步骤分割为端到端的流程，以确保炸薯条质量的长期一致性。无论您是在墨西哥、曼哈顿、东京还是托莱多，都能获得一致的体验。此外，麦当劳的产品也依据各地顾客的品味有所不同。例如，印度有羊肉或者鸡肉味的MaharajaMac汉堡，日本有绿茶奶昔。麦当劳也是2008年绩效超过标准普尔指数的少数几家公司之一（占美国上市公司的2%）。[13]

O = 优化资产

优化全球资产是越来越重要的运营战略，80%的被调查公司均在实施

这一战略。近年来,这一领域一直在经历快速转型,因为信息和通信领域持续的技术革命促使企业不断采用全新方法来支持全球运营,如实时跟踪、虚拟供应链管理、全球流程整合及其他曾经难以想象的运营创新手段等。但是,什么样的运营战略能够帮助企业有效驾驭这个新世界,在抓住机会的同时避免冒险呢?

识别并且管理核心及非核心流程。准确识别出各级组织的价值源是公司优化资产的第一步关键工作。强大的财务系统及准确全面的管理信息是实现这个目标的关键。

> 优化资产的三个核心要素是:适当的管理核心及非核心活动,优化运营位置,建立虚拟运营领域。

利用强大的财务系统及准确全面的管理信息,企业领导人可以决定哪些活动具有战略价值,然后根据需求取消或者剥离低价值的业务,将非核心活动转移到共享服务或外包解决方案领域。此外,区分核心与非核心业务还能帮助公司采用新的运营模式——不仅为全球运营提供灵活支持,还可以因供需变化或运营需要而快速转移经营地点,从而实现从固定成本到可变成本的转移。

许多跨国公司都在考虑向中国和印度进一步外包IT研发中心。例如,为了加速药品研发流程并且降低前期投资,制药公司日益摆脱非核心业务,更加频繁地将研发流程扩展到印度和中国。[14] 同样的趋势也出现在严重依赖研发成果的其他行业中,包括软件开发和消费品行业等。

优化运营位置。公司要想实现全球整合,必须在全球范围内优化内部流程的位置部署,将公司的支持部门和技术部门安置在最佳地点。领先的公司已经开始扩展新位置的搜索范围,最大限度地利用全球新市场和人才库,提高运营效率。它们的总体目标是为资产、人才、资源、市场和其他关键生产因素找到最佳运营地点。随着降低成本的压力越来越沉重,企业选择在最经济的地点开展运营变得至关重要。

即使在全球经济活动停止增长的 2007 年和 2008 年,公司也在不停地拓展地理覆盖范围,也就是说,拓展业务覆盖范围是当代经济的结构性特征,而非循环性特征。[15] 这种扩展给以前处于世界经济边缘的国家带来了前所未有的投资水平。[16] 企业面临的挑战在于,如何更好地了解错综复杂的商业环境、规章制度、成本结构和风险(政治、经济和环境等)。最好的解决方法是,基于经济指标、投资趋势和竞争对手分析等一组明确的指标,运用系统的方法对不同地区进行比较分析。

找出并且管理可以实现虚拟运营的领域。虚拟工作是日益升温的大趋势。现在，无论行业和规模，越来越多的公司员工开始在家办公，适当的员工组队实施项目，完全不受所在位置的影响——虚拟办公不仅降低了公司场租和其他相关成本，还大幅度降低了差旅费和旷工成本，例如，员工可以一边工作，一边照顾生病的孩子。根据对 1 400 名 CFO 的调查，创造虚拟工作环境也是吸引和维系人才的手段，其作用力仅次于薪酬。[17]

强大的公司文化是实现虚拟工作环境的关键点。这种企业文化支持协作，为可能永远不会谋面的团队成员制定一致的流程和标准。日益壮大的虚拟协作支持系统也是成功的关键要素，包括：电话会议，电子邮件和即时消息传递系统，在线团队空间及用于协作开发文档的 wikis，允许用户在虚拟世界扮演角色、如同面对面一样召开大规模小组会议的 Second Life，支持更多人员针对多个主题开展线索讨论的在线"jams"，以及大量的其他协作工具。

I = 全球范围内的运营整合

在接受我们深入调查的公司中，只有 70% 高度重视全球范围内的运营整合。但是，全球整合并不是容易实现的目标，即便拥有全球整合战略的明星企业，也不敢确定什么才是完全整合全球业务的最佳实践。

通过合作来优化全球能力。有效执行全球合作战略变得越来越重要。如图 5-1 所示，55% 的 CEO 将

> 整合运营要求企业通过合作以及全球范围内端到端流程的管理来优化全球能力。

合作视为实施全球整合的战略。此外，在我们将合作归类为业务创新模式的同时，超过 40% 的 CEO 正在通过合作战略来变革企业模式，以便提高协作能力。

由于技术进步，虚拟协作的成本和障碍大大降低，越来越多的公司得以选择通过全球合作来进军新市场和吸引新客户，并从日益分散的企业中选择与最佳供应商、制造商和其他各方进行协作。也就是说，企业一改往日自给自足的模式，转而寻求外部合作，成为全球供应链的一员。

案例分析　礼来公司：通过与其他公司合作来获得全球优势

20 世纪 90 年代中期，为了开发创新渠道，降低前期开发成本，同时加快新药开发速度，美国制药巨头礼来公司在研发领域率先开始应用"开放式研发"方法。为此，礼来公司通过不断完善的协作业务模式整合了由学术界和生物技术等领域的外部合作伙伴组成的庞大网络。礼来公司的做法取得了惊人成效：2002—2007 年间，公司销售额的年复合增长率高达 11%。

在全球范围内管理端到端的流程。全球整合的最后一步是将上述方法集成在一起,在全球范围内从公司内外部对每个流程实施端到端管理。这里的关键是全球运营的系统视图,企业通过适当的工具和方法论来持续监控端到端流程,随时随地调整流程来适应变化,同时将工作重点始终放在全球运营优化上。

案例分析 IBM:从全球的高度去审视端到端流程

近几年,为了从跨国公司转变为真正的全球整合企业,IBM经历了广泛而专注的转型过程。根据计划,IBM削减了多个供应链流程和系统,将大量的本地采购中心精简为仅仅3个全球采购中心,大幅度降低了供应链总开销。

此外,IBM还撤销了大量的本地CIO和本地数据中心,转变为仅仅1名全球CIO和5家全球数据中心,从而大幅度提高了效率,降低了IT成本。同时,IBM还在全球范围内简化并且整合了人力资源、财务、营销、研发、销售及领导结构等主要领域的运营流程,对于公司提高绩效发挥了不可磨灭的作用,即便在外界环境普遍不景气的2008年,IBM也保持了高绩效运营。

R-O-I的基础:领导力、组织和技术

与R-O-I要素相一致,全球整合转型流程分别由三个基本要素提供支持,即领导力、组织和技术,它们是企业实现全球整合的基础。

领导力

如果领导者积极参与整合,并且推动整个公司实施变革的话,整

> R-O-I方法论的基本要素:领导力、组织结构和技术为全球整合提供重要的支持。

合工作极有可能取得成功。这些领导者会为整个公司确定总体方向,为实施运营战略明确目标,然后动员其他人积极支持全球整合计划。例如,20世纪50年代,丰田汽车公司的领导者认识到,为了求生存,公司必须大幅度提高效率并且降低成本,于是,丰田生产方式应运而生——这种方式随即得到应用,并且不断发展和改进。同样,IBM近期从跨国企业到全球整合企业的转型也由公司CEO所倡导,随即得到公司各级组织部门的鼎力支持,包括最高层的全球领导者。

组织

运用结构化方法来管理变革是企业全面实现全球业务整合的关键要

素,有助于完成角色、职责及关系的转变。此外,公司治理管控不可或缺,它是随时勘漏的关键,能够跨越所有流程将商业战略与执行能力相挂钩,在控制质量和成本的同时管理风险。例如,当礼来公司启动"开放式研发"计划时,公司还建立了"联合办公管理体系"(Office of Alliance Management),以便通过系统的方法来处理日益庞大的外部合作伙伴网络,而不是与每个全新联盟伙伴逐一建立单独的关系。这样,公司可以不断增进对合作伙伴的了解,同时改进合作关系。

技术

最后,技术是企业结构实现长期转型的核心,能够大幅度促进企业内外部协作。地理位置不再是影响全球整合的主要限制因素,其限制力较互联网出现之前有了很大程度的减弱。随着通信技术的不断发展,果敢的企业领导人将不断超越竞争对手,设法利用新技术来更快、更好、更经济地开展业务。随着许多企业都将全球整合视为当前目标,技术将成为关键的实现要素:在扩展的企业边界里连接端到端的流程,消除冗余系统,减少手工作业,优化全球运营。例如,如上所述,利丰公司就是利用高级系统来管理全球供应商网络,通过"拉式"结构来快速响应市场需求。

结论

在新经济环境背景下,企业降低成本、优化资源和资本生产力的压力进一步加重。通过努力成为真正的"全球整合企业",企业不仅能够实现上述目标,而且还能推动业务增长,特别是为进入新市场打下基础。

零零散散的方法,不足以支持您的企业成为真正的全球整合企业。若想实现全球整合运营,您的企业必须同时满足 R-O-I 框架中的所有要素。在新经济环境下,一个强大的竞争者深深地理解,达成上述要素对企业提高差异化竞争能力何等重要。

> **您准备好了吗?**
>
> 尽管 CEO 及其他企业领导人逐渐意识到了全球整合的重要性,但谈到如何培育运营能力来支持全球整合,他们常受到困扰——许多公司仍在本地管理流程、资产和运营。即便是重视全球整合的企业,也经常采用拼拼凑凑的分散方法,而不是战略性的、系统的、全面的方法。只有优秀企业能够系统地审视全球整合,并且在全球范围内整合流程、资产和运营,见图 5-5。

为了帮助您了解自己公司的全球整合水平,请回答下面几个问题。这个自助评估表可以帮助您通过全面的方法找到当前的薄弱领域,以便您对R-O-I框架的各领域都给予适当的重视。

可重复的流程:

- 您将如何解决重复问题,以便支持高效的全球运营?
- 您如何优化运营效力,以便制定高标准,同时将注意力集中在与客户相关的领域?
- 针对可重复的标准化流程,您如何管理例外,将交易例外控制在20%的范围内?

优化资产:

- 您如何识别核心及非核心流程?您计划如何通过外包或其他解决方案来管理非核心流程?

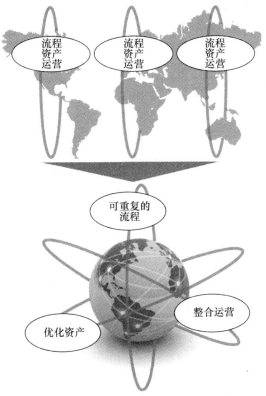

图5-5 虽然有许多公司都在全球范围内管理流程、资产和运营,但只有优秀企业能够从全球的高度将它们整合在R-O-I框架中

资料来源:IBM2009年全球整合企业调整。

- 您如何从战略的高度在全球范围内定位流程,以便优化资产、人才、资源、市场和其他关键的生产因素?

整合运营:

- 您计划通过什么合作战略来优化全球经营能力?
- 您如何在全球范围内端到端地管理企业内外部的每个流程?

领导力:

- 鉴于全球整合工作的规模和范围,您是否具备推动整个企业实施适当变革的领导能力?

组织:

- 您的组织通过什么变革管理方法来确保一致性?
- 您运用什么流程和技术来支持员工参与变革、访问准确信息并且提供反馈?
- 您的管理结构能否持续监控流程,以便确保整个企业在全球范围内确保一致的高品质?

技术:

- 您将如何构建系统和技术基础架构来支持全球整合的运营?

本章作者简介

Dave Lubowe,IBM 全球企业服务部在战略与变革业务领域的合伙人,IBM 运营战略的全球和美洲领导者。他拥有 25 年的行业和咨询经验,特别在运营管理和财务管理领域有深入研究,主要关注设计、实施、管理和提升业务流程,在业务外包领域也有丰富的经验。他拥有 5 个美国专利。Dave 的联系方式:dave.lubowe@us.ibm.com。

Judith Cipollari,IBM 全球企业服务部战略与变革业务领域的高级管理顾问。她在金融服务行业拥有 16 年的业务咨询经验,是机构信托、托管银行、财产和意外商业保险领域的行业专家。她曾经参与多个知名企业的咨询项目,提供战略、流程设计、并购运营整合、全球采购以及组织运营等领域的咨询。Judith 的联系方式:cipollar@us.ibm.com。

Patrick Antoine,IBM 全球企业服务部战略与变革内部实践业务领域的副合伙人。他拥有超过 10 年的战略咨询经验,专注于业务转型、流程设计、流程重组、组织分析和项目管理。他的专长领域是:全球整合企业的转型、共享服务的战略与实施、解决方案导向的业务和运营模式转型。Patrick 的联系方式：pantoine@us.ibm.com。

Amy Blitz，IBM 商业价值研究院战略与变革部门主管。她曾经领导战略、创新、经济发展等议题的研究项目，她的研究成果曾刊登在《哈佛商业评论》、《华尔街日报》等多家知名媒体上。Amy 的联系方式：ablitz@us.ibm.com。

致谢

IBM 的许多同事都对本章作出了贡献。特别感谢 Saul Berman、Peter Korsten 和 Dan Latimore 为这次调查的总体构想和方向出谋划策。感谢 Anubha Jain、Mahesh Ganesan、Madhulika Kamjula、Andrew Statton 和 Ranjit Kher 在整个调查与分析期间提供鼎力支持。感谢 Ron Frank、Mal Flanagan 及其工作团队针对"全球整合企业"提供他们的见解和知识。

参考资料与注释

［1］Berman, Dr. Saul, Steven Davidson, Sara Longworth and Dr. Amy Blitz. "Succeeding in the new economic environment: Focus on value, opportunity, speed." IBM Institute for Business Value. February 2009. http://www-935.ibm.com/services/us/index.wss/ibvstudy/gbs/a1030986?cntxt=a1005266

［2］Palmisano, Samuel J. "The Globally Integrated Enterprise." *Foreign Affairs*. Vol. 85, No.

［3］"World Investment Report 1996: Investment, Trade and International Policy Agreements." United Nations. August 1996; "World Investment Report 2008: Transnational Corporations, and the Infrastructure Challenge." United Nations. July 2008.

［4］"World Investment Report 2007: FDI from Developing and Transition Economies." UNCTAD.

［5］Hall, Jessica. "Global M&A falls in 2008." *Reuters*. December 22, 2008.

［6］Ghemawat, Pankaj. Redefining Global Strategy: Crossing Borders in a World Where Differences Still Matter, 2007. 他注意到逐渐增长的生产的全球化趋势"预示着新的全球战略——改变了我们对现今企业已熟悉的各种

全球战略的理解"。

〔7〕"The Enterprise of the Future：IBM Global CEO Study 2008."IBM Corporation. May 2008. http：//www.ibm.com/enterpriseofthefuture. 基于财务信息的可获得性,我们选择了530家公司进行财务分析。为了便于统计分析和比较,我们主要依据三个财务绩效指标：(1) 2003—2006年的收入年复合增长率；(2) 2003—2006年的净利润年复合增长率；(3) 2003—2006年的绝对平均利润率。在同一行业中超过平均绩效水平的公司被称为"业绩出众者",低于平均绩效水平的公司被称为"业绩欠佳者"。

〔8〕同上。

〔9〕Ghemawat, Pankaj. 文献上文已引用。

〔10〕McGregor, Jena. "The World's Most Innovative Companies：The Leaders in Nurturing Cultures of Creativity." *Business Week*. May 4, 2007. Various company annual reports；IBM Corporation analysis.

〔11〕"The Enterprise of the Future：IBM Global CFO Study 2008." IBM Corporation. May 2008. http：//www.ibm.com/enterpriseofthefuture

〔12〕Manrodt, Karl and Kate Vitasek. "Global Process Standardization：A Case Study." *Journal of Business Logistics*. Vol. 25, No 1. 2004.

〔13〕Berman, Dr. Saul, Steven Davidson, Sara Longworth and Dr. Amy Blitz. "Succeeding in the new economic environment：Focus on value, opportunity, speed." IBM Institute for Business Value. February 2009. http：//www-935.ibm.com/services/us/index.wss/ibvstudy/gbs/a1030986?cntxt = a1005266.

〔14〕"Outsourcing Pharma R&D to India and China." *Offshore Outsourcing World*. September 5, 2005.

〔15〕IBM Global Business Services. "Global Location Trends：Annual Report October 2008." IBM Plant Location International. http：//www-935.ibm.com/services/us/gbs/bus/pdf/gbl03005-usen-00hr.pdf

〔16〕同上。

〔17〕Robert Half International. The Telework Coalition. http：//www.telcoa.org/id33.htm. Accessed on March 23, 2009.

洞察：实现全球整合的企业战略

> 全球超过1 000位CEO与IBM展开的讨论揭示了"未来的企业"的特征。在由世界著名的多媒体资源公司智拓（50 Lessons）对该CEO研究所进行的一系列跟进视频访谈及其先前所进行的访谈中，全球一些顶尖企业高管对调查的重要议题发表了他们的见解。

利丰有限公司集团董事总经理冯国纶：协作与全球化的联系

在过去的20—30年，大多数企业的创新和增长都与全球化进程密不可分。我认为当公司为了寻找新的增长机会而离开熟悉的本土市场时，就会很自然地与新市场中的其他伙伴协作。

> 大多数公司同时进行外包和离岸生产，如果有人在某些领域比你做得更好、更快、成本更低，那它就是你外包的方向。

对利丰来说，协作与全球化是非常相关的，公司的整个收入来源都是基于这种需求。利丰公司拥有一百多年的历史，当我的祖父1906年在广州成立公司时，主要的工作就是给那些需要购买中国产品的西方人提供陶瓷、丝绸、茶叶等。那时我们的客户工作、生活在西方环境中，显然需要一个本地的供货商提供所需的产品。对于大多数商人来说，你离熟悉的市场越远，协作就会变得越来越重要。

鉴于过去二三十年全球化的速度，我确信这种协作会越来越普及。大多数公司同时进行外包和离岸生产，我认为现在的世界是一个"彻底外包"的时代，任何非核心竞争力的、非战略必需的职能都可以外包。如果有人在某些领域比你做得更好、更快、成本更低，那它就是你外包的方向，这样你就可以全身心地投入战略更重要的领域。

除了全球化趋势，外包趋势也对合作产生需求。如果你的产品线非常广泛，对本地化专业技能的需求就会急剧增加。如果你的产品线很窄，无论是生产商或零售商，自己控制供应链都会更容易些。但是，如果你出售的产品从割草机到丝绸内衣样样俱全，你就需要在全球范围内寻找一个或几个合作者。许多人谈论"直接采购"，实际上他们需要一个中间商。有些人说直接从中国采购时，他们的意思很可能是通过设立在中国的采购公司或类似于利丰这样的中国代理公司或其他中间商购买。同样,如果一家印度厂商说直接将产品出售给美国企业,实际情况可能是它将产品出售给一个采购公司或者是利丰。

这样做不仅是对本地专业知识的需求,更是对质量控制的需求、对供应商服从能力控制的需求。企业需要从大量的供应商中进行筛选:哪些是合格的,哪些是不合格的。也有将整个供应链外包的情况。如果你买一件衣服,服装纤维可能在 A 国生产,然后运到 B 国或者是 A 国的另外一个地方制作。这是一个非常复杂的供应链,利丰通过管理这些复杂的供应链提升了知名度。

塔塔汽车公司董事总经理 Ravi Kant:通过并购实现全球化

十年前,我们制定了企业三阶段战略:在两年内实现企业转型,加强国内市场的领导定位,进军国际市场。

> 我们开展国际业务的模式遵循着被客户认为是本土公司的原则。

在国内市场的商务车领域,我们已经有超过 60% 的市场份额,并且必须在国内保持这个市场份额。在乘用车领域,如果我们想继续增长,需要进入其他国家的市场。

进入国际市场,我们有两个选择:一个是自然增长——从一点一滴开始逐步将业务开展起来,这些当然是我们必须要做的,但会花费很长的时间;另外一个就是非自然增长,即通过合并与并购来实现。我们决定两种方法同时采用。现在我们的营业额已将近 250 亿美元,在七八年的时间里增长了大约十倍,之所以有这样快速的成长是因为一系列兼并与收购行动。

第一次并购是在韩国,那时大宇卡车公司要出售,我们是十个竞标者之一并成功应标。我们后来经营得很好,高端和低端的生产线的销售量都有大幅度提高。第二次并购是参股一家西班牙公共汽车公司,该公司在西班牙和摩洛哥都有制造基地。第三次也是最大的一次就是收购捷豹和路虎。

我们开展国际业务的模式遵循着被客户认为是本土公司的原则。例如,我们在韩国市场希望被客户认为是一家韩国公司,而非印度公司。类似地,在南非被客户当做一家南非公司,在英国被认为是英国公司。这意味着什么?意味着你需要本地化管理,需要将公司与本地社会联系起来。因此,你必须感受在那个社会环境里的喜怒哀乐,而不是当一个局外人。

实施起来真的很困难。在某种程度上,我们遵循"无为而治"的管理哲学,你对当地的管理层授权的同时赋予其相应的责任,这并不意味着他们可以做任何想做的事情。我们有预算制度进行约束,我们有健全的委员会，推动他们取得良好的绩效，并对其表现进行严格的分析和评价。但最终，当地的管理层拥有所有权并承担相应的责任。

宜家公司前任总裁兼 CEO Anders Dahlvig：勇于不同

1997 年我们考虑进入俄罗斯零售市场。1998 年，当我们准备开始运营的时候，俄罗斯陷入了前所未有的政治和经济动荡中，卢布极不稳定。当时有很多的不确定性，以至于许多跨国公司都放弃进军俄罗斯市场。那时几乎没有外商投资流向俄罗斯。

> 宜家成功的一部分原因就是我们尽全力做好别人不做的事情。

宜家成功的一部分原因就是我们尽全力做好别人不做的事情。如果在其他人离开的时候我们有勇气进入俄罗斯市场，宜家将获得真正的差异化竞争优势。当然，我们对金融风险做了提前评估和规划，比如，我们假设如果投入了数十亿欧元开设俄罗斯新店，最后所有财产都消失了或者收归国有等，会为宜家带来哪些损失？通过详尽的评估和分析，我们发现可以很好地规避风险。

因此我们决定进入俄罗斯市场，这不是件容易的事，当时有许多困难需要克服：腐败、官僚、货币的不确定性以及金融问题等。此外，我们也有很多机会为宜家的店面和购物中心选择优越的地理位置。我们很明智地安排了一群非常敬业的管理人员，他们能冲破一切阻碍完成需要做的工作。

对于一个西方公司来说，在俄罗斯这样的市场运营不是件容易的事情。如果易如反掌，其他人也会做，那么宜家就不会拥有这些机会了。因此在某种程度上，事情越困难，可能对我们越有利。如果我们坚持在这种环境下成功经营，我们就拥有了强大的竞争优势。

✳ ✳ ✳ ✳ ✳ ✳ ✳ ✳ ✳

这些洞察源自哈佛商学院出版社出版的有关"为变革而建"（Built for Change）的访谈，这些访谈是哈佛商学院"经验教训"（Lessons Learned）系列商业评论的特别版以及 IBM 与智拓（50 Lessons）在内容合作方面的成果。

第6章
智慧的未来供应链

全球首席供应链官调查报告

IBM 持续关注供应链行业面临的挑战和解决方案。2008 年,IBM 与来自北美、西欧和亚太地区 25 个国家、29 个不同行业的 400 位负责供应链战略和运营的主管进行了详细的交谈。"更快、更好、更经济"一直都是供应链主管们心有余而力不足之处。我们的调查发现,仅仅构建高效、需求驱动或透明的供应链已远远不够,未来的供应链应当更加先进、更加互连、更加智能。

如坐过山车——这或许是对当前全球市场的最佳描述。随着供应链的全球化和互连性的加剧,它们更容易遭受到冲击和破坏。供应链速度使这一问题更加严重,细微的错误或失误带来的巨大影响都会像病毒传播那样迅速波及整个供应链网络。

供应链主管们是如何应对这些挑战的?在最近开展的全球"首席供应链官调查报告"中,我们采访了北美、西欧和亚太地区 400 位负责企业供应链策略制定和运营的高级主管。通过深入的讨论,我们得出以下五个关键结论:

成本控制——持续的迅速变革使供应链的传统成本优势不再突出,供应链主管不得不全力应对。

可视性——充斥着比以往任何时候更多的信息量,供应链主管必须努力寻找正确的信息,并采取正确的行动。

风险管理——并非只有首席财务官们关注风险,风险管理已成为供应链管理的首要任务。

客户亲密度——尽管客户需求是企业发展的原动力,但是企业与供应商的联系远比客户更紧密。

全球化——事实证明全球化能够推动企业收入的增长,但不像预期那样为企业节省成本。

这些结论意味着供应链——以及管理供应链的主管们——都必须面对更严峻的形势。随着法规要求的提高、供应商和信息量的增加,供应链变得更复杂、更脆弱、更昂贵,供应链主管们发现,如果按照传统的供应链策略和设计方法,应对上述挑战变得愈加困难。

这并非意味着企业忽视了这些问题。调查显示,许多企业都进行了供应链改进项目。研究发现,仅仅构建高效、需求驱动或透明的供应链已远远不够,它们还必须更加智能。我们认为未来的供应链应该更加:

先进

先前由人工填写的信息将逐步由机器生成——信息来自传感器、RFID 标签、仪表、执行器、GPS 等自动化设备,库存可以自动盘点;集装箱可以自行检测内部货物;如果托盘被送错地方,会自动报错。

互连

整个供应链将连为一体——不仅仅是客户、供应商和 IT 系统,还包括各个部件、产品和其他用于监控供应链的智能工具。这样的紧密相连能使全球的供应链网络协同规划和决策。

智能

供应链决策也将变得更加智能化。先进的分析和建模技术能够有助于决策制定者更好地分析复杂多变的风险和制约因素,以评估各种备选方案。更加智能化的系统甚至可以自动制定决策——既提高了响应速度,又减少了人工干预。

构建这种供应链是战略性的工作,对供应链主管而言意味着不同的角色和职责,他们必须成为战略决策者、协作者和协调人,来优化复杂的全球网络。首席供应链官们肩上的担子越来越重,他们有义务——如今也有能力——创建更加智能的未来供应链。

供应链面临的五大挑战

过去 10 年来,企业和供应链的全球化程度越来越高。1995 年到 2007 年,跨国公司的数量翻了一番多,从 3.8 万家增加到 7.9 万家,而国外子公司的数量几乎增加了 3 倍,从 26.5 万家发展到 79 万家。[1]

除地域性的扩张外,更多的企业被纳入到供应链网络中。约 80% 的主管表示他们期望与更多的第三方公司建立合作关系。[2] 业务外包的范围越来越广泛:2007 年到 2010 年间,研发外包预计增长 65%,工程服务和产品设计项目外包将增加 80%。[3]

供应链必须应对迅速扩张和收缩的产品组合。以消费品行业为例,2006 年新产品增长了 17%——是 2005 年增长速度的两倍[4];产品组合合理化正在快速消除最小存货单位(SKU),这些转变都为供应链管理带来很多潜在问题。

在日益复杂的局势下,供应链主管们总结出他们面临的五大挑战,如图 6-1 所示。每一个问题都不容忽视,且必须同时解决——它们构成了所谓首席供应链官的议程。

百分比表明该挑战对供应链有着重大或关键影响。

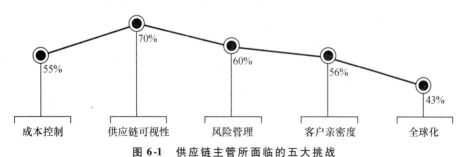

图 6-1 供应链主管所面临的五大挑战

成本控制

供应链无法与成本波动保持同步

供应链主管们将成本控制列为头等任务——其重要性远远超过企业发展和产品服务的创新。对于成本控制的密切关注也体现在他们具体的工作和项目上；排名前三的工作中有两个围绕"提高效率"的目标（见图6-2），而这是主管们过去最擅长的领域。

> "供应链最终将通过产生的结果来衡量，如息税前利润（EBIT）和服务成本。然而，随着投入成本的大幅增加，仅依赖于这些衡量指标可能会掩盖供应链的性能。"
>
> Mark Sutton, International Paper 全球供应链高级副总裁

系统化的持续改进过程已被颠覆。总成本受到的冲击和影响越来越常见，例如原先低成本劳动力市场中工资的飞涨、日用品价格的上扬或突如其来的信用冻结……

供应链主管们发现他们必须应对日常的各种成本问题，当燃料价格上涨时，主管们重新评估分销策略，更多地采用第三方物流，甚至与竞争对手拼货；当燃料价格下跌时，分销和运输办法则变得宽松，公司更加注重服务，而非成本。他们开始重新采用小批量、发货频率更高且速度更快的方法。

成本和其他运营基础要素的变化如此迅速，以至于传统的供应链策略和设计技术赶不上形势，新的设计还没来得及实施就已经过时了。

百分比表示工作和计划非常重要或至关重要。

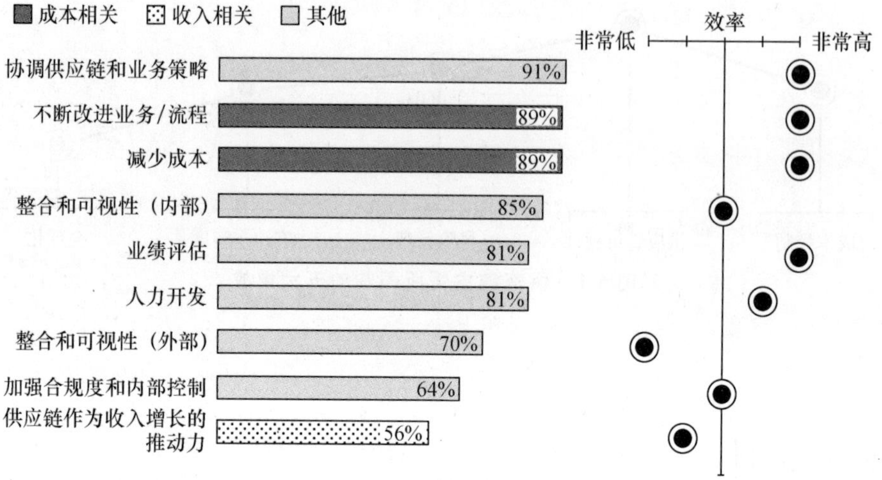

■ 成本相关　▨ 收入相关　□ 其他

项目	百分比
协调供应链和业务策略	91%
不断改进业务/流程	89%
减少成本	89%
整合和可视性（内部）	85%
业绩评估	81%
人力开发	81%
整合和可视性（外部）	70%
加强合规度和内部控制	64%
供应链作为收入增长的推动力	56%

效率：非常低 ←→ 非常高

图 6-2　成本控制和效率规划远比发展计划更重要

一流的供应链强调灵活度

谈到控制成本,具备领先供应链的企业(2008 年 AMR 领先供应链调查中受到认可的企业)更能够高瞻远瞩地做出规划。[5] 它们率先开始采用更加敏捷的供应链以快速应对不断变化的市场环境和成本结构(请参阅图 6-3)。灵活性是对抗成本变化无常的法宝。

采用敏捷供应链的企业所占的百分比。

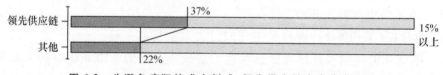

领先供应链　37%　15%以上
其他　22%

图 6-3　为避免疯狂的成本削减,领先供应链应当非常灵活

可视性

是最大的挑战,但非首要任务

尽管当前可用的信息比以往更充足,供应链主管们仍将可视性列为最大的管理挑战。事实上,能够有效地收集、管理、分析并将信息提供给所需

人群的比例仍然很低。

可视性以及通过协同来获取信息和共同决策被列为首要的管理难题,却没有在企业的项目和工作中受到足够重视。供应链主管更多地关注战略调整、流程的持续改进和成本控制。企业内部信息的整合和可视性在优先列表中排名第四,外部可视性的排名更低——处于第七位(如图6-2所示)。更糟糕的是,大部分负责改善外部信息可视性的工作人员都认为他们的工作是低效的,使得外部可视性项目在所有企业项目中效率最低。

> "我们谈论供应链的可视性时,并不仅仅指自身企业的供应链和货运中的可视性。它还包括合作伙伴的可视性,这样才能针对客户需求进行协同决策。这既是一种科学(如管理技术),也是一种艺术(如使用信息和指标来获取竞争优势)。"
>
> Bob Stoffel, United Parcel Service of America 工程战略和供应链高级副总裁

将可视性差及缺少协同归咎于缺乏合适的IT系统看上去似乎合情合理,但供应链主管们却有其他想法(请参阅图6-4)——组织鸿沟才是最大的障碍。令我们震惊的是,大部分主管表示,他们因为太忙而未能共享信息,或者是没有认识到协同决策的重要性。

百分比表示认为该障碍的影响为适度、明显或非常明显。

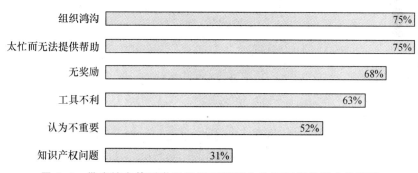

图6-4 供应链主管列举阻碍实现所需合作和可视性的文化障碍

领先供应链通过更多协作来提高可视性

半数以上的供应链主管曾经采取一些举措来提高可视性,例如,与客户共同管理库存、持续补货等。但是只有不到20%的企业进行广泛的实施推广。

与之形成对比的是,领先供应链的主管更关注于提高可视性(见图6-5)。实施"供应商协同计划与供应商管理库存"(VMI)的企业数量比其他企

业多一倍。60%以上的领先供应链曾经采用过本次访谈中提及的所有方法。

实施这些最佳做法的供应链管理者所占的百分比

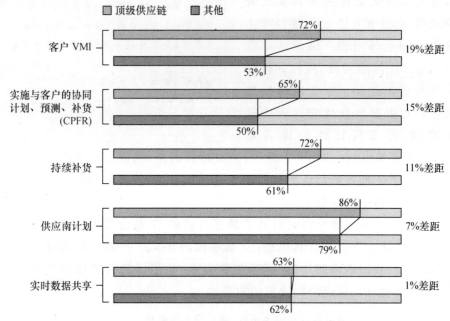

图 6-5　顶级供应链的最大优势在于客户协作领域

风险管理

管理者一致认同风险管理的重要性，但是在方法上存在异议

通常只有首席财务官才会考虑风险管理，但是本次调查显示，风险管理已经成为供应链管理者必须面临的第二大重要任务。与挑剔的客户要求和成本不断攀升

> "风险管理是所有供应链战略的基本组成部分。"
>
> Greg McKenna, Venture Production plc 供应链经理

两大难题相比，日益增加的供应链风险更让供应链领导者头痛。

风险管理日益受到人们的关注，这并非因为我们当前的经济环境。[6] 这一反应来源于新闻中一次次对供应链风险的报道以及日趋明朗化的现

实——全球化及供应链互相依存的事实不仅加大了风险,而且使风险管理变得更加棘手。

在受访企业中,69%的企业对风险进行监控,而仅有31%的企业对业绩和风险进行管理。管理者普遍认为,阻碍他们有效进行风险管理的主要因素有:缺乏标准化的流程、数据不充分和缺乏先进的支持技术。

领先供应链在风险管理方面的领先优势

2/3以上的供应链管理者都有监控合规性的程序,但是领先供应链在风险管理方面做得更多(见图6-6),他们将风险管理融合到整个计划中,并利用IT来监控和评估异常事件。

领先供应链与样本中的其他供应链在当前实施和预定实施上的差距。

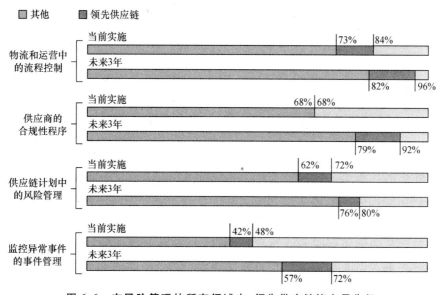

图6-6 在风险管理的所有领域中,领先供应链皆占尽先机

客户亲密度

企业与供应商的沟通远比与客户的沟通多

不断扩大的客户需求已经成为供应链管理的第三大难题,目前有2/3

的企业为准确判断客户需求而努力。尽管迫切需要与客户进行沟通,但很多企业还是倾向于将工作重心放在和供应商的沟通上,而不是和客户的沟通上。80%的企业与供应商合作完成产品设计,只有68%的企业是与客户合作完成的。在制订供应链计划时,尽管需求驱动的理念已得到广泛宣传,但只有53%的企业会听取客户的意见,而63%的企业邀请供应商参与供应链计划(见图6-7)。

> "我们必须将供应链管理与客户关系管理整合起来……让供应链上的工作人员站在商业客户的角度思考问题。将客户的需求融入供应链管理的方方面面,将使供应链朝着更卓越的方向发展。"
> 某消费品公司供应链部副总裁

与客户一起规划(对比:与供应商一起规划,自己独立规划)的企业所占的百分比(分中等程度、较大程度和重大程度)。

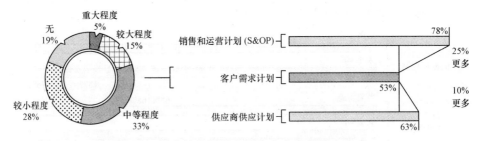

图6-7 供应链规划仍主要由企业内部独立完成

先进的技术使企业接受客户意见变得更加可行,但是与客户共同协作规划供应链的企业仍属少见。至少有1/5的企业在制订需求计划时完全忽略了客户的意见。

与客户沟通不仅成本高而且很耗时,一些企业因为怕麻烦就忽略了客户意见。在企业不断提高利润的压力下,供应链将无法承担因为与客户沟通不够而带来的库存堆积、销售量下滑和创新机会的丢失。

领先供应链采用更先进的计划同步

领先供应链充分抓住各种机会在企业内部(领先其他样本量15%)以及与供应链合作伙伴(领先10%)保持计划的同步。值得关注的是,相比其他低效供应链,他们在计划过程中更好地接受了客户意见(见图6-8)。

与客户协作完成规划的企业所占的百分比(分中等程度、较大程度和重大程度)。

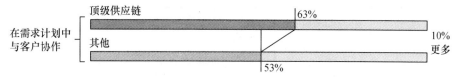

图 6-8 顶级供应链更广泛地与客户协作完成规划

全球化

管理者们认为成本在上升,而非下降

随着全球经济相互依赖程度的不断提高,全球化已经成为供应链管理的挑战之一。很多企业都面临全球外包的难题,包括交货不稳定(65%)、交货期延长(61%)和产品质量下降(61%),此外14%的被调查者预测未来三年内这些问题将继续存在。

> "过去的万能型供应链模型已经不再适应多条业务线并行运作的业务组合。"
> Rohit Anand,飞利浦电子有限公司亚太地区供应链总监

目前,市场及运营的全球化为企业带来的财务优势远远超过各种弊端。大约40%的供应链管理者表示全球化的确增加了企业利润,但并不一定意味着成本下降。1/3以上的管理者表示全球化增加了他们的成本,这主要是由各种全球外包难题导致的。调查中43%的管理者认为,企业利润的提高主要来源于销售量的上升;全球化对企业收入增长的贡献远远超过对供应链效率提升的贡献。

领先供应链认为全球化极大地提高了其利润

尽管成本上升对领先供应链和低效供应链都会有影响,但是在领先供应链中这一影响并不普遍(见图6-9)。越来越多的领导者表示他们的销售量和业绩都有所改善。

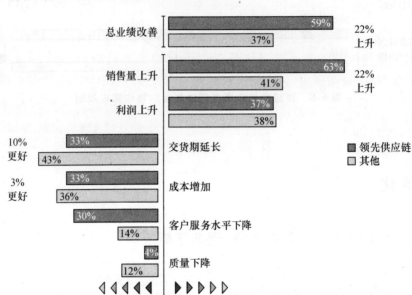

图 6-9 领先供应链表示过去三年内全球化帮助他们降低了成本且提高了利润

智慧的未来供应链

全球的数字和物理架构正在逐渐融合。由于传感器技术的价格下降和可靠性的提高,我们几乎可以测量任何活动或过程。各物体之间可以直接通信和协作,无须

> "总之,我们必须有意识地将商业智能融入我们的决策过程和管理系统中,而不仅仅局限于提高流程的速度和扩大产能。"
> ——彭明盛,IBM 公司总裁兼 CEO[7]

人为干预。整个系统都是互连的,不仅是供应链之间的互联,还可以与运输系统、金融市场、电网甚至与自然系统(如河流和气候)建立连接。

从智能物体的世界中分析得出的每一条见解都能转化为行动,并创造更多的价值。拥有了嵌入式的智能技术,供应链管理可以从决策支持发展为决策授权,最终转变为一种预测能力。世界的工作方式正在改变,全新的供应链脱颖而出——智慧的供应链具有三个关键特性:

先进

以前由人工创建的供应链信息将逐步由传感器、RFID 标签、仪表、执行器、GPS 和其他设备和系统来生成。就可视性而言,供应链不仅可以"预测"更多事件,还能见证事件发生的过程。像集装箱、货车、产品和部件等物体都能够自行报告,供应链不再像过去那样完全依赖人工来跟踪和监控。设备上的仪表板(也许尚未研发出来)将显示计划、承诺交付量、供应源、预计库存和消费者需求等实时状态信息。

互连

智慧的供应链将实现前所未有的交互能力,不仅能与客户、供应商和 IT 系统实现交互,还可以与监控的对象,甚至是供应链中流动的对象实现交互。除了创建更全面的供应链视图外,这种广泛的互连性还能促进大规模的协作,利用全球的供应链网络共同规划和决策。

智能

为协助管理者进行交易评估,智能系统将衡量各种约束和选择条件,协助决策者模拟各种行动过程。智慧的供应链可以自主学习,自主决策。例如,当异常事件发生时它能够重新配置供应链网络;它能够通过虚拟交换获得权限,根据需求使用生产设备、配送设施、运输船队等有形资产。这种智能技术不仅有助于实时决策,还可以预测未来的情况。完善的建模和模拟技术使智慧的供应链从过去的"感应—响应"模式转变为"预测—执行"模式。

显然供应链可以变得更加智能,然而实现这一目标绝非易事。我们必须竭尽全力,作为"首席供应链官",我们面临的挑战要求我们必须这么做。

灵活性可以弥补成本波动带来的风险

智慧的供应链具有天生的灵活性,它由一个互连的网络组成,连接了供应商、签约制造商和服务提供商。它可以随条件变化做出适当的调整。为实现资源的最佳配置,未来的供应链将具备智能建模功能。通过模拟仿真功能,供应链管理者能够了解并选择不同方式所带来的成本、服务级别、所用时间和质量等因素。

例如,在一项广告促销活动中,根据预先设置的业务规则和阀值,零售商系统通过分析供应商的库存、产量和发货信息来确定活动期间是否会发生断货情况。如果预测出现断货情况,系统会通知协调人员并自动处理供应链的相应环节;若预测出推迟交货,系统会向其他的物流服务供应商提出发货请求;若数量有差异,系统会自动向其他供应商发出重新订购的请求,从而避免严重的缺货或销售量下滑。

您准备好了吗?

- 您当前的应急计划能力是否足以应对经常性的成本大幅振荡?
- 您的供应链设计是否足够灵活,可以根据收入目标来计划成本?
- 您的合作伙伴是否已通过网络互连来提高效率?
- 您是否采取了可持续性战略和措施对不断波动的能源成本进行管理?

更智能的成本控制

先进

- 基于传感器的解决方案,通过提高可视性来降低库存成本;
- 生产和分销过程监测器,可监控能源利用和废物排放情况;
- 使用效率提升的智能化设备来监控物理运输、分销和设备资产的管理情况。

互连

- 由供应商、合同制造商、服务提供商和其他(金融和法规)组织连接构成的灵活的随需应变的网络;
- 外包无差异化的职能,通过全球网络分担风险;
- 按市场需求调节的可变成本结构;
- 与合作伙伴共同制定采购决策(本地、地区性、全球性采购策略);
- 整合的、网络化的资产利用和管理。

智能

- 通过事件模拟实现网络和分销战略的分析与建模;
- 基于不同场景分析运营状况;

- 使用仿真模型和分析工具,通过与库存同步的方法来评估影响灵活性的因素(如服务级别、成本、所用时间和质量等);
- 利用可持续性模型来分析和监控供应链对外部环境的影响(碳排放、能源、水和废弃物等);
- 通过先进的决策支持技术实现供需的整合管理。

案例分析　　美国陆军与空军交易服务站点:加强协作以降低客户成本

美国陆军与空军交易服务站点(AAFES)是美国一家军事机构,主营业务是以颇具吸引力的价格向现役军人、保安人员、预备队成员、退伍军人及其家属销售军用商品并提供各种服务。它将收入的2/3用于提高军队士气并支持福利和退休计划。

由于所赚的每一分钱都用于提高军队成员和家属的生活质量,它一直在寻找创新的方法以降低运营成本。2007年,它发现与同行组织Family and Morale, Welfare and Recreation Command(FMWRC)共享服务模型可以实现协同和双赢,因为这两家机构拥有相同的客户群,产品分类也很相似。

从欧洲战区开始,两家机构组建了一支联合团队,调查总运输成本,并寻找采购、分销和运输等环节中的合作机会。从前,AAFES首先将货物送达FMWRC的仓库,所有货物都卸载并存储在仓库中,然后再分别运往各FMWRC场所。现在,这些货物直接被运往各个FMWRC场所,省去了运往仓库的环节。在类似这样的协作中,两家机构通过提高运输量降低了单位交货成本,无须承担230万美元的库存成本,人力成本也降低了80万美元。

可视性至关重要

管理者们希望了解其供应链的各个环节,包括即将离港的每件货物、签约制造商组装线上生产的每个部件、销售中心或客户库房中卸载的每个货盘。事实上,这种无所不在的可视性并不需要供应链合作伙伴付出额外的努力,有了这种可视性,共享会变得更容易。

在智慧的供应链中，物体（而不是人）将承担更多的信息报告和共享工作。关键数据来源于供应链中的货车、码头、货架、部件及产品。这种可视性不仅有助于更好地规划，还从根本上达到了实时执行。

这种可视性还可以扩展到供应链运营的多个领域。智慧的供应链能够跟踪土壤情况和降雨量，优化灌溉，监控交通情况，调整运货路线或交货方式，追踪金融市场和经济指标来预测劳动力、能源和消费者购买力的变化。

可视性面临的问题不是信息太少，而是信息太多。然而智慧的供应链能够通过智能建模、分析和模拟功能来获知一切。

您准备好了吗？

- 如果拥有更高的可视性，您将如何运用？
- 大部分的可视性信息是通过人工还是通过"智能"设备和对象生成的？
- 是否已准备好应对迅猛增长的海量信息？

更智能的可视性

先进

- 货架补货；
- 基于极值和公差的事件导向型监控和报警检测；
- 利用可视的智能设备和传感器（RFID）捕获实时信息，包括预测/订单、排程/承诺、预计库存和交货周期状态；
- "感应—响应"模式下供求信号的通知。

互连

- "ERP—ERP—ERP"集成；
- 面向供应商、客户和服务提供商的多合作伙伴协作平台，具有数据合成和决策支持功能；
- 集成的预测、订单和销售终端；
- 通过"需求导向"和"实时补货"实现动态供求平衡；
- 集成绩效管理。

智能

- 库存预测和分析；

- 具有库存优化功能的服务级别分析；
- 优化的采购建议；
- 价格保护分析；
- 先进的决策支持分析和优化功能，自动激活并执行供应链事务；
- 具有预测功能的"购买—出售"决策支持。

案例分析　空中客车：高可视性如同晴空一般万里无云

空中客车（Airbus）是世界上最大的商务客机制造商之一，它负责生产全球一半以上的大型新客机（超过100个座位）。[8] 随着供应商在地理分布上的日益分散，空中客车发现越来越难以追踪各个部件、组件和资产从供应商的仓库运送到18个制造基地的供应链情况。

为提高总体可视性，空中客车创建了一个智能的感应解决方案，用于检测入站货物何时离开预设路线。部件从供应商的仓库运抵组装线的过程中，会途经一个智能集装箱，这种集装箱盛放保存重要信息的RFID标签。在每个重要的接合点，读卡机都会审查RFID标签。如果货物到达错误的位置或者没有包含正确的部件，系统会向操作人员发送警报，督促其尽早解决问题。

空中客车的解决方案是该行业中规模最大的供应链解决方案，它极大地缩小了部件交货错误的影响范围，也降低了纠正错误的相关成本。通过精确供应链中零部件的位置，空中客车将集装箱的数量降低了8%，省了一笔数额不小的运输费用，而且还提高了部件流动的总体效率。借助于先进的供应链，空中客车能够更好地应对已知和未知的成本与竞争挑战。

必须系统地管理风险

风险的形式千变万化。近十年来，预警信号接踵而至：有毒的食物和玩具、随时可能出现的恐怖袭击以及最近席卷全球的经济危机。随着供应链变得更加复杂和互连，风险管理应该全面展开并扩展到企业控制的范围之外。

智慧的供应链将风险视为一个系统问题，其风险规避策略是利用数百万个智能对象来报告诸如温度波动、偷窃或篡改等威胁信息。它还可以在共同的风险规避战略和战术中与供应链伙伴进行协作。若有问题发生，它在扩展的供应链中通过实时连接做出快速响应。毋庸置疑，智慧的供应链的最大优势在于它能够对整个网络的风险进行建模和模拟。

这种智能技术有助于建设可持续发展的供应链，以合理的方式使用自然资源并给所在的社区团体带来正面影响。例如，智慧的供应链通过引入智能系统提高效率和可靠性、节约能源和资源。这种供应链的连通性可能会引起社会学家和环境学家对企业浪费资源现象的指责，但重要的是，它能够检测供应链潜在的问题、支持风险控制的协作，并展示用户与供应链合作伙伴应对需求时的高度透明性。精密的分析工具能够帮助管理者评估一整套社会与环境影响因素。

您准备好了吗？

- 如何在制定运营决策和应急计划时将风险因素考虑在内？
- RFID标签和传感器等智能工具如何帮助您在可能的异常事件发生之前就检测到它们？
- 即使在经济不稳定时期，如何依照长期目标（如可持续性）促进企业进一步的发展？

更智能的风险管理

先进

- 监控器和传感器用于追踪从产品零部件到最终用户使用的状态；
- 传感器解决方案用于监控整个供应链的产品状态，以确保产品质量；
- 天气智能系统和传感器用于预先分析供应计划、运输路线和货物调配情况。

互连

- 具有战略高度的灵活的供应链网络设计；
- 网络集成具备可变的应急计划和策略；
- 财务和运营分析集成；

- 面向供应商、服务提供商和合同制造商的合规性战略及策略；
- 用于整个产品生命周期（从设计到使用，再到后期处理）的网络可持续性策略。

智能
- 基于概率的风险评估和预测分析，包括对主要风险因素的可能性、严重性和检测难度的分析，并考虑风险规避策略和措施；
- 基于风险的财务影响分析：决策树、敏感度分析；
- 基于风险调整的库存优化；
- 灾难应对模拟模型；
- 贝叶斯供应链风险分析和规避模型。

案例分析　思科公司：规避一份风险，带来十倍收获

思科公司的硬件、软件和服务产品是组建互联网解决方案的基石。为提高整体灵活性并预防可能的灾难发生，思科创建了供应链风险管理体系，包括灵活的指标索引和一组与事件和危机恢复有关的阈值。思科供应链中的每个"节点"（供应商、制造商合作伙伴和物流中心）都能够追踪和报告它的"恢复时间"，并确保在实际灾难发生前所有的恢复计划和能力准备到位。

思科的解决方案是该行业中的首个供应链解决方案，方案的雏形来源于一次供应链最佳实践讨论的论坛。最初的设想是建设流程和最佳实践的"开源信息库"，所有参与的企业都能够借鉴"信息库"的内容来评估可能的风险并制订弹性计划，如备用货源、备用场所条件和风险规避方案。这个想法起源于"业务应急计划"，该计划能够深入了解整个供应链的脆弱性和弹性。2008年中国发生了严重的地震，思科通过前瞻性的业务应急流程确定可能的威胁，并在异常事件发生之前及时启动风险规避计划。思科能够确定供应链网络中哪些节点受到侵袭，并评估事件发生前后几小时内可能带来的影响。通过这种影响评估，思科能够与其供应商和制造伙伴共同协作，避免任何供应链环节出现异常情况。

客户提供的资料应涵盖整个供应链

大多数供应链在已知信息的前提下能够做到满足客户需求,关键是如何理解客户的真正需求?

普通供应链主要为客户提供及时、准确的交付品,而智慧的供应链在整个产品生命周期(从产品研发、日常使用到产品寿命结束)都与客户紧密联系。通过这种紧密的联系,智慧的供应链可以从源头获取需求信息,例如,从货架上抬起的货物、从仓库里运出的产品或显露磨损迹象的关键部件,每次信息互动都是一次与客户合作的机会。

智慧的供应链还能使用智能技术获取与众不同的信息。通过深入分析,它们可以进行详细的客户分类,并为客户量身定做产品。

您准备好了吗?

- 您的客户关系和供应商关系一样牢固吗?
- 供应链的哪些部分缺少客户参与?
- 绩效评测系统是否以客户目标达成为核心?

更智能的客户互动

先进

- 感应器解决方案通过信号传递零售货架需求;
- 现场服务,如基于感应器的自动检查;
- 通过客户手机进行产品认证和客户忠诚度专项调查;
- 针对自动化产品缺陷和服务警报的嵌入式软件与分析。

互连

- 全球、各区域与各地战略和策略对比;
- 具有优化预测与买卖决策支持的网络化销售与运营规划;
- 兼顾可持续发展、"绿色"及品牌美誉度:
  △ 产品设计与包装
  △ 针对客户的品牌推广

△ 合规项目
　　△ 在整个供应链过程中与客户开展合作

智能
- 产品/服务组合的客户分类，包括利润、地理位置/市场、产品/服务组合等指标；
- 对客户行为、购买模式、市场渗透率的模拟模型，用于制订计划和评估交易量；
- 根据客户分类制订的优化库存计划与严格执行；
- 从成本到服务的经营模式及智能分析。

案例分析　Nuance公司：不断优化库存以更好地服务当前客户

　　Nuance公司是全球顶级机场零售商之一，业务范围遍及五大洲。[9]在Nuance的产品线中，可能只有一次销售的机会，保持适量的库存至关重要。

　　从前，该公司位于澳大利亚的免税商店常常遇到某些商品不够而其他商品库存冗余的问题。为了更好地服务客户并实现更大规模的增长，Nuance公司决定将手工库存跟踪和定购系统更换为更加智能的预测和库存优化系统。该解决方案能够分析实际销售数据，并结合销售趋势、客户购买偏好、促销计划和预计航线客运量等信息，计算和提交补货订单。

　　2007年10月，Nuance公司在悉尼机场设立了最大的免税商店，如今该公司在澳大利亚的其他商店也装上了新系统。该解决方案从根本上缩减了补充库存所需的时间，并支持更准确的需求预测，使库存降低了10%—15%，同时增加了销售量。

全球供应链需要整合和优化

　　全球化给企业带来了更高的利润，目前主要归因于营业额的快速增长。随着供应链变得更加智能化，公司同样可以解决效率问题。例如，高度自动化和紧密互连的供应链的可视性正在逐步改善，这将有助于企业识别并解决全球交付的瓶颈与质量问题。

　　此外，对生产位置和供应商的选择不再由单个成本元素（如劳动力）决定。智慧的供应链具有分析能力，不仅可以根据供应、制造和分销情况评估各种替代供应链，而且可以根据情况的变化重新灵活配置网络。这样主管们可以根据可能的突发事件制订计划，并在经济和政治动荡的情况下执行，而不用回归到保护主义或反全球化的状态。

您准备好了吗？

- 如何应对日益扩大的全球采购所造成的负面影响？
- 经济波动愈发严重，您是否能够分析并决定供应链的全球优化配置？
- 是否可以在需要时无缝切换到其他制造商、供应商或物流合作伙伴？

更智能的全球整合

先进

- 点到点供应链活动中的"感知—响应"的事件管理方法；
- 感应器与执行器：制造、物流和流程控制；
- 与感应器实时互联，检测全球范围的产品和装运地点；
- 感应器解决方案用以连接日益扩大的全球贸易合作伙伴的基础设施，可提高供应链的可视性。

互连

- 用以交付和性能全球"精益中心"；
- 合理采购的全球物流网络；
- 基于 SOA 的异构系统整合；
- 嵌入绩效管理系统的协同工具；
- 点到点供应链协同工具和方法。

智能

- 受业务规则驱动，整合了 KPI 和事件报警的管理仪表盘；
- 制订需求、供应和分销网络计划并执行；
- 用于制订计划的模拟模型和基于场景的策略；
- 优化运营活动各个阶段的库存；
- 整合风险管理与解决方案；
- 制订经过整合的生产计划并执行。

案例分析　高仪公司：供应链实现全球整合

高仪（Grohe AG）公司是全球领先的卫生设备配件制造商和供应商，约占全球市场份额的10%，拥有5 200名员工、6家生产工厂、20家销售分公司，业务范围遍及全球130个国家，是一家全球化企业。

2005年，由于市场发展成熟、全球竞争日益激烈、产品多样性加强，高仪公司遭遇了发展瓶颈。要解决这些问题非常困难，因为公司的供应链未得到很好的整合，高额的固定成本使这一过程雪上加霜。

为摆脱困境并从优化的全球整合中获得高效率，高仪在全公司范围内发起了一项名为"创建世界级的高仪"的改革计划。此项计划包括将供应链策略与业务策略结合、供应链整合与协调、减少零部件的快速增长、制造或并购策略、物流网络优化、制造基地的全球化以及日益扩大的全球采购。

高仪的改革创造了巨大价值，它改善了现金流、效率、速度，优化了过程并提升了产品质量。通过这项全面计划，高仪有望成为行业内为数不多的、受需求驱动的企业之一。

构建智慧的供应链

主管们详细讨论了供应链未来的发展方向，并制定了具体目标：他们必须将供应链策略与不断变化的业务策略相结合，并严格执行；他们必须改革提升供应链的自动化、智能化和互连性，使它更加灵活、反应更加迅速并具有可持续性。向智慧供应链的转型必须是无缝的，不能出现运营的中断或业绩滑坡等情况。它是一个策略平衡的过程，需要企业各个主管领导的参与。

首席供应链官日益重要

首席供应链官作为跨行业的职位已经出现，他们直接向CEO汇报（见图6-10），这表明供应链主管对企业的发展起到重要作用。供应链变得越来越智能，这对主管们来说意味着什么呢？需要哪些能力呢？

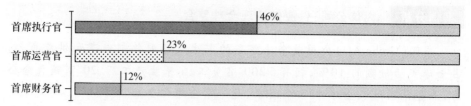

图 6-10 供应链主管向谁汇报？

目前，大多数供应链领导者关注供应链的传统功能，如分销和物流（77%）、需求和供应计划的制订（72%），以及采购（63%）。但是有些领导者已经在策略开发

> "这个角色继续在组织中起到重要作用。它非常关键，需要具有丰富经验和专业技术的人才担任。"
> Gary MacDonald，海希公司供应链与物流部高级副总裁

（38%）和风险管理（26%）领域发挥重要作用。我们认为首席供应链官在策略层面的参与将越来越多。智慧的未来供应链将为企业其他职能和决策提供深刻的洞察信息，首席供应链官将负责供应链的战略定位并实现供应链对企业发展的重要价值。

供应链网络在大多数情况下不是单个实体或决策制定者的责任，因此首席供应链官还是"首席协作者"。他必须善于集中利益相关者的意见（即使这些利益相关者不在扩展的供应链网络中，如监管者、激进组织或政府），并协调计划的联合制订和风险控制。也就是说，除了市场知识和供应链专业知识，首席供应链官还需要掌握谈判技能和利益相关者的管理技能。

由于智慧的供应链给决策者提供更多的选择、更高精确度的控制和协调信息，首席供应链官还必须是勤奋的优化专家，在多项选择中找到最优方案。供应链领导者应该有能力优化全球的资产和人才网络，包括企业的、合作伙伴与客户的资产与人才网络。首席供应链官的职责还将扩展到环境保护领域，即维持地球自然资源的平衡。比起其他管理层主管的角色，供应链主管必须全面理解业务、广泛了解外部风险，并能够进行全盘管理以实现最优化的结果。

为什么要立即构建智慧的供应链？

为什么我们坚信供应链将变得更智能？支持智能供应链的技术早已研发出来，为什么现在要进行这种彻底的变革，特别是在当前面临诸多不确定因素的经济环境下？

这就是问题所在。供应链的全球化和互连性加剧了供应链的动荡及脆

弱性,波动难以平息,不确定性已经成为常态。这种新的环境需要新的供应链形式,即更加智能的供应链。

有了如此明确的变革需求,供应链主管就可以重新评估组织的策略和发展方向(见图6-11):哪些投资会加快进程或提高效率？哪些行动使供应链更智能、可灵活地应对各种不稳定性和风险？

哪种能力对您的组织最为重要？

供应链管理能力领域				
	战略	计划	生命周期管理	寻源和采购
先进	可视性和绩效管理 供应链优化和透明度 客户需求数据的传递和仿真	实时需求管理与库存优化库存实时的可视性 早期预警检测,供求的同步性	预测分析与仿真设计技术 嵌入式系统 用于预防性维护的传感器	风险与合规性传感器及规模 主动和实时的供应网络事件监控 全球寻源与进口物流KPI及检测
互连	与合作伙伴的业务和供应链战略协同 整合的可持续性战略 随市场需求波动的可变成本结构	制订合作计划并执行 财务和运营分析的整合 整合G&OP与外部指标	与客户和合作伙伴进行合作 开发和工程设计 通过客户的意见推动品牌知名度 知识共享以达到持续的改进	多级供应的实时可视性,合同管理与战略采购 利用全球网络进行外包,以实现风险共检,并创造多元结构
智能	从成本到服务的分类分析 经过深入分析持续地降低供应链成本 风险影响分析	G&OE (销售与运营执行) 根据风险调整库存并进行优化 具有优化决策支持的网络化S&OP	新产品开发创新和分析 整个生命周期始终考虑可持续性和"绿色" 模型驱动的系统工程	预测性购销分析 可持续的采购活动 智能化支出分析

图6-11 未来供应链的"智慧地图"

当一种显著的变革被认为即将到来之时,关于其成功与否的争论甚嚣尘上。但是我们不能以一种非黑即白的眼光看待这种变革,未来是美好的、光明的。企业的主管正在努力使供应链变得更加智能。与全球400位主管的访谈显示,他们了解供应链对企业成功的重要性,他们对重大变革的机会饶有兴趣,他们决心将供应链打造为企业战略实施的推动者。

关于智慧的供应链的各种意见、建议和可能的业务机会层出不穷,我们期望与您就智慧的未来供应链进行深入探讨,也期望与您共同构建企业智慧的供应链。

致谢

我们衷心感谢全球的高级供应链主管在百忙之中抽出时间分享他们的

经验和知识。他们构建企业卓越的供应链的决心令人振奋。特别感谢那些允许在报告中援引谈话内容的主管们。

我们还要感谢参与本次调查的各位 IBM 员工:Karen Butner(全球项目主管)、Robert Frear、Angie Casey、Kamal Sundaram、Christine Kinser、Barbara Meyer 以及全球数百位亲自参与面对面访谈的 IBM 主管们。

参考资料与注释

[1] "World Investment Report 1996: Investment, Trade and International Policy Agreements." United Nations. August 1996; "World Investment Report 2008: Transnational Corporations, and the Infrastructure Challenge." United Nations. July 2008.

[2] "Companies without borders: Collaborating to compete." Economist Intelligence Unit. 2006.

[3] Lewin, Arie Y. and Vinay Couto. "Next Generation Offshoring: The Globalization of Innovation." Offshoring Research Network. March 2007. https://offshoring.fuqua.duke.edu/ORNreport_exec_summary.pdf

[4] "Record 182,000 New Products Flood Global CPG Shelves." Metrics 2.0. February 19, 2007. http://www.met-ics2.com/blog/2007/02/19/record_182000_new_products_flood_global_cpg_shelve.html

[5] 整篇报告中,当我们提到"顶尖"或者"领先"的供应链时,我们引用了在如下报告中精选的一部分调查对象:Friscia, Tony, Kevin O'Marah, Debra Hofman and Joe Souza. "The AMR Research Supply Chain Top 25 for 2008." AMR Research. 2008.

[6] 我们认为风险管理应该被考虑进来是因为对供应链管理者的大多数访谈都是在 2008 年 9 月之前完成的。

[7] Palmisano, Samuel J. "A Smarter Planet: The Next Leadership Agenda." Speech given at The Council on Foreign Relations. November 6, 2008.

[8] "Airbus's cost effectiveness gets a lift with greater supply chain visibility and automation." IBM Corporation. October 2008.

[9] "About us: The world's top airport retailer." The Nuance Group. 2007. http://www.thenuancegroup.com/aboutus/

术语表

ERP　企业资源计划系统
GPS　全球定位系统
KPI　关键绩效指标
MES　制造执行系统
RFID　无线射频识别
S&OP　销售与运营计划

第7章
抓住有利条件

何时及如何创新您的业务模式

Edward Giesen, Eric Riddleberger, Richard Christner, Ragna Bell

---

面对瞬息万变的商业环境,业务模式创新对于企业的发展至关重要,但是很少人能够准确判断何时进行变革,以及如何执行变革。我们对参与2008年IBM全球CEO调查的企业进行了追踪研究,并深入分析了28家成功进行业务模式创新的企业,在"何时创新"和"如何实现业务模式创新"领域得出了分析结论。[1][2] 企业通过评估经济环境、行业趋势和组织内部因素,如产品和服务创新的程度以及可用的财务资源等因素,最终确定适当的变革时机。为了提高成功几率,企业必须培养一套能力,我们称之为3A能力,即企业需要与客户价值保持一致(Aligned),利用差异化的智能技术,通过分析(Analytical)把握市场洞察,并且通过有适应能力的(Adaptable)运营模式而实现创新。

2008年IBM全球CEO调查显示，CEO预计未来将发生更多重大变革。但是，很少人能够预见到2008年下半年开始的这场经济危机，它影响程度之深，影响范围之大，改变了全球的经济格局。我们对CEO的调查分析表明，在财务方面表现优秀的企业能够充分利用变革，主动击败竞争对手，重新塑造行业格局并赢得市场份额。

企业如何利用变革创造机会？受访的CEO认为，业务模式创新是最重要的企业战略之一。事实上，70%的企业正在进行大范围的业务模式创新，高达98%的企业正在从某种程度上调整业务模式。[3]

> 越来越多的企业达成共识，业务模式由以下四个要素构成[4]：
> - 向客户提供什么样的价值：客户细分、价值主张、销售什么、如何销售；
> - 如何产生收入：定价模式和货币化形式；
> - 企业在行业中如何定位：企业在整个价值链中的角色；
> - 如何提供价值：企业内部关键资源和流程，以及外部合作伙伴关系。

变革势不可挡，业务模式创新正在普及，在新经济环境的背景下，企业成功实现战略和转型需要考虑两个问题：
- 企业何时进行业务模式创新？
- 成功实现业务模式转型需要哪些能力？

基于IBM全球CEO调查中丰富的数据和信息，我们深入研究了"业务模式创新"的议题。希望通过实用的指导建议，帮助企业制定业务模式转型的战略议程。

何时进行业务模式创新

大多数人认为，经济危机来临时，企业保持按兵不动，就能走出困境。这个观点可能是错的。经济动荡和过渡时期可能为企业创造更多优势和机遇。研究表明，业务模式创新是抓住机遇的有效方式之一。[5] 成功实现业务模式创新的时机取决于经济环境、市场与行业形势,以及一系列组织内部因素。

经济环境

成功变革的企业利用以下三种业务模式创新的方法,在新经济环境中抓住机遇,获取竞争优势:

- 许多企业在经济危机时期重新审阅企业业务模式,通过新的合作模式以及资产组合的重新配置来降低成本;
- 经济实力雄厚的行业领导者通过改变行业运营模式来击败竞争对手,实现行业转型;
- 许多企业重新调整收入模式和价值主张,应对客户行为和市场需求的变化。

任何一种业务模式创新都可能取得成功,但财务表现优秀的企业更多地采取行业模式和企业模式创新,而非收入模式创新(见图7-1)。在严峻的经济形势下,企业模式创新带来的获益是显著的。

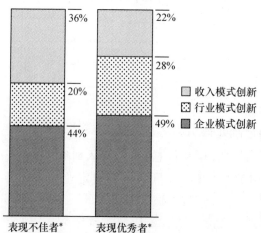

业务模式创新的类型

收入模式创新

通过改变价值主张(产品/服务/价值组合)和定价模式而创造收益。

行业模式创新

重塑现有行业格局,进入新的行业或者创造一个全新行业。

企业模式创新

企业运营模式的创新需要重新思考组织的边界范围:哪些在内部运营,哪些通过合作伙伴运营?

图7-1 财务表现优秀的企业更有可能成为行业和企业模式创新者

*绩效根据调查样本的绝对利润中的行业对比结果而确定(2003年和2006年的平均值);n(表现不佳者)=120,n(表现优秀者)=109。

资料来源:2008年IBM全球CEO调查。

行业模式创新虽然不多见,但拥有雄厚财政实力和地位的行业领导者更愿意大胆开拓行业模式创新,以深化领先优势。收入模式创新是最容易实现的一种方式,但是它的收效不容易保持,也不容易防守,与其他两种创新方式带来的财务收益无法媲美。

重新审视企业模式:在经济危机时期,企业模式创新带来的获益是显著的,因为企业要通过新的方式获取成本和灵活性的优势(见图 7-2)。企业模式创新者注重他们现有的优势领域,并通过广泛的合作拓展其他业务领域。

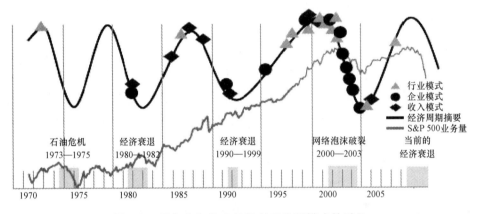

图 7-2 领先业务模式创新者实施新模式的时机

注:领先创造者的特定业务模式创新表现。

资料来源:经济分析局、USA Today、S&P 500、IBM 商业价值研究院分析。

图 7-2 显示了历史上经济周期中的企业案例,表现出在经济危机期间,组织如何通过企业模式创新降低成本并提高灵活性。自 2008 年下半年开始经济危机以来,我们再次看到了这种现象。

大型跨国企业热衷于将非核心职能和 IT 职能外包到印度和中国,当地政府也正在利用外包和技术转移显著降低成本。制药和生物科技等行业的协作程度正在不断提高,资本和资源获取机会的减少促使企业寻找更多的资金来源和新的合作伙伴关系。

利丰集团是企业模式创新的典型案例。利丰是最大的时装生产商之一,与其他竞争对手不同,它的核心竞争力既不是纺织也不是设计,而将业务重心放在组织并协调复杂的价值链厂商网络上,不投资任何设计、制造和经销服装所需要的固定资产。目前,利丰正在利用新经济形势进行全球收购,继续推广其合作模式。[6]

持续推动行业转型：如图 7-2 所示，长期的经济快速发展使得企业更容易获取资本并愿意承担更多风险，此时进行行业模式的创新将带来显著的收益。那些在经济繁荣时期表现良好、经济实力雄厚的企业，如果在经济不景气时期开拓行业模式的创新，与没有财力支撑或不关注业务模式创新的企业相比，将更有机会大幅度提高利润。

IBM 与卡耐基梅隆大学 Tepper 商学院开展联合研究，对参与全球 CEO 调查的业务模式创新企业在 2007 年、2008 两年的财务表现进行了分析。研究显示，在经济低迷时期依靠强有力的财务手段并利用资源推动行业模式创新的企业取得了最佳的利润表现。[7]

以金融服务行业为例，金融危机和新的法规监管环境使行业结构发生了剧烈变化，两个行业巨头——高盛和 JP 摩根大通，在金融和经济动荡时期发挥了自身的优势，并最终克服了重重挑战再次成为行业的领导者。[8]

在瞬息万变的通信行业，印度移动通信服务商巴帝电信凭借财务优势开拓行业模式的创新。巴帝电信由于采用了比较激进的合作业务模式，一直被视为是企业模式创新的实践者。现在，巴帝电信挖掘了新的行业机遇，如进入成熟的媒体和娱乐行业，以及为数百万"未享受银行服务"的印度人提供健康服务和银行服务。[9]

开发新的价值主张和定价模式以满足客户偏好：收入模式创新可能不像行业或企业模式创新那样能带来持续收益。但是在经济危机时期，客户偏好和支出模式的变化将有力地推动定价模式和价值主张的调整。

以汽车行业为例，2008 年经济危机来临，正当美国大多数汽车制造商纷纷降价之时，韩国汽车制造商现代公司推出了新的定价模式和价值主张，并取得了初步的成功。消费者有权在第一年内退货并免除贷款余额。现代公司的定价策略相比降价策略而言，消除了消费者对未来不确定性的恐惧。[10]

随着资本获取越来越难、传统产品收入逐渐减缓，收入模式创新势在必行，这就考验了企业实现价值的能力，特别是在短时间内快速实现价值。例如媒体行业，需要重新评估那些主要依靠广告收入的业务，应该更加关注订阅、消费者支付等业务模式。

行业转型

在行业发展稳定时期,企业可以在较长时间内逐步调整业务模式,实现现有业务模式的经济效益。在行业发生巨大变革之时,企业必须选择重塑行业格局的业务模式——利用颠覆性的技术,寻找新的客户细分,击退竞争对手——否则将被市场淘汰(见图7-3)。

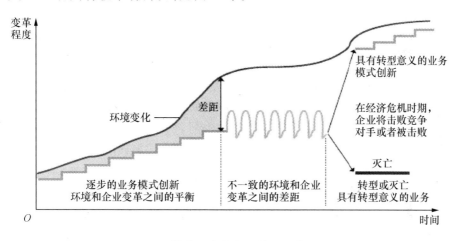

图7-3 环境全面变革期间的业务模式创新

资料来源:改编自 Gerry Inhnson、Kevan Scholes、Richard Whittinaton 的 *Evnlorina Cornorate Stratem* 7th Edition。

例如,在快速发展的录像租赁和录像订阅业务中,技术改革和内容数字化改变了行业格局,催生出一系列新的业务模式。传统服务商 Blockbuster 已经受到在线竞争对手的挑战,他们采用 Netflix 等颠覆传统的业务模式。过去三年间,Blockbuster 逐步调整业务模式来应对竞争,例如通过租赁店或者电子邮件以"全方位接入"包的形式接收 DVD、宣布与 CinemaNow 结成合作伙伴关系,并根据消费者的需求通过互联网播放电影。[11] 然而,循序渐进的方法已经无法跟上行业转型的步伐。于是,Blockbuster 开始根本性的变革和重组,关闭了近 1 000 家录像租赁店。[12]

组织内部因素

内部因素推动的变革,如产品或服务创新,也推动了业务模式的创新。在产品或服务推向市场时,许多问题需要解决。新产品或新服务将在多大程度上改变业务模式特别是改变客户价值主张?现有的定价模式是否需要调整?技术、技能和资源以及企业运营模式是否需要调整?

产品和服务创新是业务模式创新的关键推动因素。例如,雀巢公司开发的高端速溶咖啡技术催生出一种新的业务模式,20世纪80年代,雀巢专门成立了Nespresso公司,针对高端消费者生产单杯咖啡产品(参见案例分析"Nespresso:通过组织内部的一致性调整取得成功")。

财务实力和掌控关键资源是业务模式创新的动因和必要条件。以科技服务行业为例,经济危机时期,IBM坚持在研发和业务模式创新领域大力投资人力、物力和财力,20世纪30年代的大萧条时期,IBM持续的研发投资为经济复苏时刻做好了准备。[14]今天,IBM正在不遗余力地研发"智慧的地球",IBM认为每个流程、系统和体系结构都能够实现智能的互联,这为新的业务模式与合作模式带来了新的市场机遇。[15]

现在是业务模式创新的最佳时机吗?

无论是在行业内寻找新的机会,还是应对竞争威胁或技术威胁,每个企业都需要认真考虑改变业务模式的最佳时机。我们提出了一系列结构严谨的问题,旨在帮助您了解企业何时需要进行业务模式创新。如果这些因素在很大程度上适用于组织和组织所处的行业,现在就是业务模式创新的最佳时机(见表7-1)。

表 7-1　推动业务模式创新需求的因素

外部因素与行业转型	
价值链	价值链中是否发生了变化,例如引入"直营"模式,或者在价值链中实现价值转移?
新进入者	新进入者引入的业务模式是否将重塑行业格局?
竞争对手	竞争对手是否采用了创新的价值主张或业务模式,并影响到您的现有业务?
客户偏好	客户对货物、服务或渠道的偏好是否发生了变化?
客户细分	是否发现了新的客户细分,他们要求不同的产品、服务或交付模式?
技术	是否有颠覆性的新技术出现?
法规/法律	您所处的政策或监管环境(包括行业或地区政策监管环境)是否发生了变化,并影响您当前的业务模式?
环境	当前的社会和环境持续发展因素是否影响了您的业务模式?
内部因素	
产品/服务创新	是否向市场推出了要求新技能、能力或工艺流程的新产品或新服务,致使新的价值主张和定价战略的出现?
财务表现	与行业平均水平相比,您是否处在增长减缓或者负增长时期?
资源可用性	在实现经济效益的同时,您是否获取大量财务资源以支持更多大胆的战略举措?是否能充分善用人才?

资料来源:IBM商业价值研究院。

实现业务模式创新的 3A

　　如果时机已经成熟,企业如何成功地实现业务模式创新?成熟运营的企业必须解决组织的过渡问题,如果忽略了这些问题,将使新企业或新进入者有机可乘,并获取巨大价值。我们的研究表明,无论哪个行业、哪个地区、经营历史的长短,创新的业务模式的确能够取得成功。

　　我们考察了28家社会公认的创新企业,并调查了那些尝试开展业务模式创新却遭遇失败的企业。[16]通过对比分析,我们确定出一组优秀的业务模式创新者的共同特征(见表 7-2)。

　　这些特征,即3A,对于成功地设计与执行业务模式创新至关重要:

　　一致(Aligned)——无论组织内部、外部,充分利用核心能力并在业务

模式的所有层面实现统一,始终与客户价值保持一致;

分析(Amalytical)——通过分析制定战略远景规划,确定行动的优先级并进行考核和追踪,执行一旦出现偏差快速修正;

适应(Adaptable)——将创新的领导力与灵活改变运营模式的能力相结合。

表 7-2　业务模式创新的 3A 模型

	行业模式	收入模式	企业模式
一致	客户价值 • 行业、收入(包括价值主张)和企业模式的内部一致性 • 外部一致性或者"开放"业务模式 • 有能力利用现有资产和能力		
分析	商业智能与洞察力 • 战略愿景 • 金融业务模型 • 有效的衡量		
适应	领导力与变革 • 富有远见的、创新的领导力 • 支持"突破性"创新的有效决策 • 动态的调整执行路径	运营模式 • 精益和透明的流程 • 灵活且可扩展的技术 • 全球优化的运营 • 资产与成本灵活性	

3A 的每个特征对于业务模式创新的成功与可持续性都很重要。优秀的业务模式创新者通常将三个特征结合在一起,并实现协同的价值。在从 1 到 3 的分值中,成功的业务模式创新者在"一致"特征上的平均得分是 2.6,而未成功实现业务模式创新的企业的平均得分仅为 1.3(见图 7-4)。

一致:实现组织内部与外部的一致性

越来越多的企业认为,构成业务模式创新的要素必须保持一致。[17] 从企业内部看,统一各个组织要素,包括客户价值主张、获取收入的方式和提供价值的方式。从企业外部看,通过开放的合作模式创建并协调客户、合作伙伴和供应商网络。许多成功的业务模式创新者都以独特的方式重新整合现有资产和能力,发挥更大价值。

通过组织内部的一致性提供客户价值:构成业务模式的每个要素都很重要,但是业务模式创新的成功取决于各个要素之间的相互协调。企业若想调整或改变业务模式,必须了解这些要素如何关联在一起、如何创造价

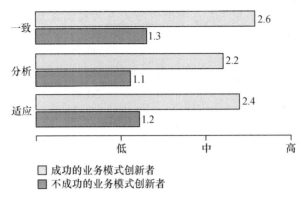

图 7-4 优秀的业务模式创新者证明了 3A 能力

注：成功的业务模式创新者，$n=28$；不成功的业务模式创新者，$n=11$。
资料来源：IBM 商业价值研究院分析。

值。在对比业务模式创新的成功和失败案例之后，我们深刻理解了一致性的重要性。

以航空业为例，美国西南航空和 Ryanair 等航空公司通过创新的价值主张实现了低端用户市场的变革，该价值主张包括低成本、点到点的空运以及优秀的客户服务。为了实现这一模式，Ryanair 统一了组织和运营的各个要素以实现低成本，如通过标准化的飞机最大限度地降低维修和维护成本、提高与供应商议价的能力、选择机场费用较低的二线机场、细分定价模式等。

与之相反，多家历史悠久的航空公司推出了低成本航线，尝试在高成本运营模式下提供低成本的价值主张，包括运营、流程、系统与人员的低成本。这种模式基本上在运作后几年后以失败告终。[18]

通过"开放"业务模式与外部合作伙伴保持一致： 通过开放、协作的业务模式与外部合作伙伴、供应商和客户保持一致是业务模式创新成功的重要特征。2008 年全球 CEO 调查表明，70% 的 CEO 在追求业务模式创新的过程中注重协作与合作。[19] 许多开放的业务模式在很大程度上基于广泛的合作而创建，例如利丰集团的全球生产模式、礼来公司的"Inno-Centive"模式、Linux 操作系统。研究表明，几乎每个成功的业务模式都表现出外部一致性以及协调大量合作伙伴的能力。

案例分析　　Nespresso：通过组织内部的一致性调整取得成功

　　组织内部各个要素与价值主张保持一致，对企业的成功至关重要。雀巢公司的 Nespresso，即单杯高端咖啡业务，就是一个典型的案例。雀巢公司最初研发了单杯咖啡系统 Nespresso，并于 20 世纪 80 年代实现了商业化。雀巢公司曾试图开拓饭店和办公等细分市场却遭遇失败。Nespresso 于 1986 年作为雀巢全资子公司成立，它的目标是：向高收入家庭提供优质的咖啡体验。

　　由于 Nespresso 咖啡和其他雀巢咖啡品牌（如雀巢速溶咖啡）不同，必须采用与雀巢公司截然不同的业务模式。Nespresso 的成功与创建独立的、内部一致且拥有独立领先优势的独特业务模式密不可分：服务独特的客户细分市场（高端家庭，而非传统大众市场）、开拓新的经销渠道（邮件和互联网订单以及奢侈品商店，而非传统的大众零售）；截然不同的品牌定位（高端奢侈品牌，而非传统大众市场品牌）、新的对外合作方式，包括独立经销并保留利润的咖啡机制造商。

　　实践证明，Nespresso 的业务模式是成功的且具有防御能力。Nespresso 在过去 10 年间实现了 35% 的年增长率，即使在经济危机最严重的 2008 年，公司仍实现了 30% 的年收入增长率。[13]

　　利用现有资产和能力：成功的业务模式创新需要利用企业现有的资产和能力，包括独特的技能、人才、流程或技术等。例如，苹果公司在设计开发 iPod 时，有效地利用了用户体验设计的丰富经验，将它应用于音乐行业并取得了成功。

您是否做到了一致性？

- 企业如何确保客户价值主张与组织内部各个要素的一致性，包括定价模式、运营模式、行业中扮演的角色？
- 企业是否将优化外部协作视为业务模式的一部分？
- 企业在设计和执行新业务模式时是否利用了现有的独特资产和能力？

案例分析 塔塔汽车:与合作伙伴协作共同推出 Nano 汽车

塔塔汽车公司推广的新款 Nano 汽车,其理念是成为"印度每个家庭都能买得起的汽车"。为了实现这个价值主张,达到历史最低价位 2 500 美元,塔塔汽车公司必须协调企业、供应链和渠道保持一致的目标。它重新配置汽车设计、制造和经销的业务模式,调整了供应商战略,将高达 85% 的 Nano 配件外包生产。塔塔汽车公司使用的供应商数量比平均水平减少了近 60%,以降低交易成本。它还让关键供应商及早参与到汽车设计阶段,并让这些供应商与企业合作共同降低成本。[20]

分析:利用商业智能获取深入洞察

成功的业务模式创新者能够准确了解客户需求,通过新的交付机制或者业务模式创新的新产品、新服务为细分客户提供价值。了解客户、市场、渠道和竞争对手越来越依靠对信息的把握,只有这样才能以创新的、独特的方式建立竞争优势。成功的创新者善于使用企业内部和外部的大量数据:

- 为设计未来的业务模式制定战略规划;
- 理解潜在的经济影响;
- 持续地衡量并提升业务绩效水平。

战略规划: 当企业需要了解新的市场机会、新技术、新的客户细分、新的产品或服务能力带来的影响时,制定战略规划是至关重要的。例如,保险公司 Progressive 将先进的客户和风险分析能力融入业务模式中,使公司为高风险客户群体服务的同时获取利润。利丰集团在战略流程中融入分析能力和远景规划。按照利丰公司的说法就是,通过战略规划实现"变革流程的制度化"。[21]

今天,企业必须在复杂的、瞬息万变的环境中运营并决策,因此需要更准确地理解未来形势,并知道如何通过新的业务模式获利,掌握这种能力比以往任何时候都更加重要。

金融业务模型: 使用金融业务模型,企业能够在特定业务模式创新的条件下,模拟不同外部场景和内部挑战带来的影响。例如,录像租赁企业 Netflix 利用先进的分析建模方法支持定价和采购决策(参见 Netflix 案例)。

有效性衡量:精心设计的衡量指标有助于企业了解哪方面做得好、哪方面做得不好,并快速应对变化的业务形势。对企业内部与外部市场的感知与应变能力非常重要。在企业内部,需要整合分散的数据,快速采取行动,通过更好地提取和分析数据支持业务决策。在企业外部,必须能够整合大量合作伙伴、供应商和客户的数据,从而快速做出业务决策。

案例分析 Netflix:利用分析能力获取商业智能和市场洞察

录像租赁企业 Netflix 将先进的分析能力融入业务模式中,持续地利用洞察和分析能力创造收益。例如,"Netflix 推荐引擎"是消费者做出租赁决策的有利工具。Netflix 还通过分析消费者的租赁历史和影片用户评级等信息预测他们喜欢的影片。如今,超过一半的消费者的录像租赁清单通过先进的分析算法产生。根据"推荐引擎",Netflix 还能够推动所谓的"长尾"录像租赁,使 30% 的影片租费来自新发行的影片,而 Blockbuster 的这个比例为 70%。

Netflix 还使用数据挖掘和分析系统帮助制片厂制定冷门影片的定价策略。[22] 自从 1999 年推出在线邮件订购的视频租赁业务以来,Netflix 用户的年增长率达到 64%,截止到 2008 年年底,用户数达到 940 万。[23]

您的业务模式是否利用分析能力获取商业智能和市场洞察?
- 是否根据行业内新的颠覆性的业务模式定期评估企业的战略机遇?
- 客户、供应商和合作伙伴信息是否详细而准确?
- 是否深入地理解了客户需求,以及客户如何看待企业当前提供的产品或服务?
- 企业是否了解不同业务模式的选择对财务和业务的影响?
- 能否实时评估企业内部和外部信息,实现动态修正执行路径?

适应:将灵活性融入业务模式

新经济环境的不确定性使业务模式的适应能力日益重要。我们发现,成功的业务模式创新者不仅能够达到新兴企业的速度、灵活性和理念(新兴企业在最激进的业务模式创新者中占相当大的比例),而且还能整合现有的能力、资源和资产。通过对新兴企业和成熟的企业的分析,我们发现业务模式的适应能力是业内领导力和变革能力的有效结合,其运营模式能够实现快速执行和执行路径的动态修正(参见巴帝电信案例)。

领导力与变革。成功的业务模式创新者在保证现有业务的持续运营的前提下,有能力并且愿意挖掘新的机会和业务模式。他们通常被称为"双脑",能够发掘、试验并且利用新的业务模式,但不会使现有业务模式的绩效遭受风险。[24]

新的业务模式可能要求独立的组织结构,如雀巢公司的 Nespresso 业务,也可能像苹果公司的 iPod 产品一样,要求组织的统一性,利用现有业务模式支持并巩固优势。企业的领导者需要具备以下特征:

- **创新的领导力**——创新的领导力和打破现状的意愿是开拓业务模式创新的关键,这意味着领导具备"挑战现有业务、探索突破性创新"的强烈意愿。强大的领导力和持之以恒有助于克服固有的组织惯性。

- **确保突破性创新的实现**——除了创新的领导力之外,突破性的创新还需要创新文化和创业精神。著名的创新企业,如 Google 和苹果公司,不断地向组织注入创业精神。在创业初期,苹果公司在总部的顶楼上悬挂海盗旗,作为一种"反叛精神"的标志。

- **执行路径的动态修正**——市场迅速发展,新业务模式需要及时的动态修正。业务模式可以在"图画板"上设计,但只有在市场上应用并测试才能了解它是否成功以及如何取得成功。这要求企业灵活快速地应对外部市场和经济形势,并与合作伙伴保持协调一致。企业需要持续地考察哪些业务运营成功、存在哪些不足,并相应地调整业务模式,特别是针对媒体等快速发展的行业。例如,Netflix 公司根据新技术变化不断调整业务模式,比如根据流媒体技术和客户偏好的变化在订购模式中增加了在线视频功能。

运营模式的灵活性。灵活的运营模式包括四个要素:

- **精益且透明的流程**——在复杂的市场环境中,提高企业的灵活性和变革能力需要流程优化和端到端的流程透明性。例如,精益的六西格玛理念将持续改进融入运营流程中,使企业能够根据新的业务模式改变或调整运营模式。

- **灵活且可扩展的技术**——技术创新通常催生出新的业务模式,但底层基础设施中的灵活性也至关重要,它为企业调整业务模式、快速增长和扩展提供了一个平台。

- **全球优化的运营**——要求流程在不同地区可复制、可重复,资产是核心还是非核心有明确区分，具备端到端的流程管理能力和广泛的合作伙伴网络。[25]最重要的是，全球整合使企业能够在正确的时间、以正确的成本获得正确的技能，这保障了业务模式创新的有效执行。

- **资产与成本灵活性**——从固定向可变资产转变有助于更快地应对市场形势的变化。这要求企业明确并专注于核心活动，将非核心活动合作运营。

案例分析 巴帝电信将适应能力融入业务模式

巴帝电信是印度最大的电信服务提供商之一，但是它并不拥有网络。公司曾经提出这样一个问题："客户真正看重什么？"答案是：快速地提供多种创新和优质的服务。巴帝电信依据这种价值理念运营业务，从网络和支持性基础设施的投资与管理中解放出来，从而超越了竞争对手。

巴帝电信采用全球合作模式将网络管理、IT基础设施和批发业务外包，这使它有机会集合全球专业人才，快速抓住市场机遇，控制资本支出，并降低运营成本。同时，巴帝电信明确了五个核心领域：客户管理、品牌管理、人员管理和激励、融资与管控。[26]

2009年，巴帝电信的用户数超过1亿。[27]即使在2008年的经济危机时期，巴帝电信的收入仍然增长了37%，净收入增长了26%。[28]现在，它利用财务优势向新市场拓展，如媒体和娱乐、金融服务和医疗等行业。

您的业务模式是否具备适应能力？
- 企业是否具备领导力和变革模式，使您在关注现有业务的同时，能够挖掘新的业务机会？
- 运营模式是否足够灵活，能够快速应对新的客户和市场机遇变化？

结束语

新经济环境的来临促使许多企业重新审视业务模式。每个企业都需要认真考虑潜在的收益和面临的障碍。如果企业认为业务模式创新的条件已经具备，成功则取决于时机的选择、业务模式的设计与执行力。有效地执行业务模式创新，企业必须具备3A能力：将业务模式的各个要素与客户价值保持协调一致，通过分析掌握差异化的业务智能和市场洞察，通过有适应能力的运营模式实现创新。

并非每个企业都选择这个时刻开拓业务模式创新。企业如果未雨绸缪，即刻开始培养3A能力，未来更有可能获得竞争优势、实现最佳绩效水平、成为行业领先企业和业务模式创新的典范。

本章作者简介

Edward Giesen 是 IBM 全球企业咨询服务部的合伙人，负责欧洲、中东和非洲地区的业务战略事务。他领导比利时、卢森堡和荷兰的 IBM 战略与变革事务，是 IBM 组件化业务模型全球社区负责人。Edward 在战略咨询领域拥有超过 15 年的丰富经验，并发表了大量关于业务模式创新的文章。Edward 的联系方式：edward.giesen@nl.ibm.com。

Eric Riddleberger 是 IBM 全球企业咨询服务部的合伙人，负责全球业务战略事务，以及通信领域的战略与转型事务。他在 IBM、Booz Allen Hamilton、UBS Capital 和 AT&T 等企业积累了长达 25 年的丰富经验，提供咨询服务的领域包括企业转型、市场分析、战略规划、并购与业务拓展等。Eric 的联系方式：eriddle@us.ibm.com。

Richard Christner 是 IBM 全球企业咨询服务部负责内部战略与转型事务的合伙人。他在 IBM、Dean & Company 和 Oliver Wyman / Mercer Management Consulting 等公司积累了超过 15 年的战略咨询经验。Richard 帮助多个行业的客户制定了创新的业务模式，包括科技、交通、消费品、零售和工业产品等行业。Richard 的联系方式：christnr@us.ibm.com。

Ragna Bell 是 IBM 全球企业咨询服务部 IBM 商业价值研究院的战略与变革主管。她拥有超过 10 年的咨询服务经验，她的核心业务领域包括并购、客户细分、市场分析和企业转型，并发表了关于业务模式创新的文章，她担任 2010 年 IBM 全球 CEO 调查的全球计划总监。Ragna 的联系方式：ragna.bell@us.ibm.com。

执行发起人

Saul Berman，IBM 全球企业咨询服务部全球战略与变革领导人；
Sara Longworth，IBM 全球企业咨询服务部东北欧战略与变革领导人。

致谢

感谢 IBM 战略与变革团队的巨大贡献，特别是负责案例研究制定与分析的 Kathleen Scheirle，以及提供行业信息和指导的 Andreas Lindermeier、Giuseppe Bruni、Marc Faeh 和 Daniel Aronson。Sankalp Kumar 和 Akash Singla 也为本章提供了案例研究和调查支持。感谢卡耐基梅隆大学 Tepper 商学院与我们的合作研究，特别是运营管理教授 Sunder Kekre 为我们提供的详细的研究指导，同时对协助调查统计分析的 Tat Koon Koh、Abhay Mishra 和 Eric Walden 一并表示感谢。

参考文献与注释

[1] IBM Corporation. "The Enterprise of the Future: IBMGlobal CEO Study." May 2008. http://www-935.ibm.com/services/us/gbs/bus/html/gbs-ceo-s tudy-implications.html. 在 IBM 全球 CEO 调查的后续研究中，一个由卡耐基·梅隆大学 Tepper 商学院和 IBM 组成的联合研究小组分析了 194 家之前参与调查的业务模式创新企业在 2007—2008 年的财务表现（收入增长和运营利润变化）。

[2] 我们依据两个关键文献来选择 28 个最佳实践案例，我们重访了《商业周刊》评选的在 2008 年经济危机背景下最具创新性的企业，"The World's Most Innovative Companies." BusinessWeek. April 24, 2006. http://www.businessweek.com/magazine/con tent/o6_i 7^3 981401.htm。我们后来又增加了在 2008—2009 年经济衰退时期表现最佳的业务模式创新企业。参见 Berman, Saul, Steven Davidson, Sara Longworth and Amy Blitz. "Succeeding in the new economic environment: Focus on value, opportunity and speed." IBM Corporation. 2009。

[3] IBM Corporation. "The Enterprise of the Future: IBM Global CEO Study 2008." May 2008. http://www-935.ibm.com/services/us/gbs/bus/html/gbs-ceo-study-implications.html

[4] 关于业务模式创新的文献在其定义和核心维度上日趋一致，例如 Osterwalder A. and Y. Pigneur. Business Model Generation. 2009; Johnson, Mark, Clayton M. Christensen and Henning Kagerman. "Reinventing Your Business Model." Harvard Business Review. December 2008。

[5] Berman, Saul, Steven Davidson, Sara Longworth and Amy Blitz. "Succeeding in the new economic environment: Focus on value, opportunity and speed." IBM Corporation. 2009.

[6] 在经济衰退期利丰公司购并的公司包括美国的 Wear Me Apparel 和德国的 Miles Fashion Group. Inman, Daniel. "Li & Fung Buys Wear Me

Apparel for up to $402 million." FinanceAsia. com. October 21, 2009. http://www.financeasia.com/article.aspx?CIaNID=115106。

[7] IBM Corporation. "The Enterprise of the Future: IBM Global CEO Study 2008." IBM Corporation. May 2008. http://www-935.ibm.com/services/us/gbs/bus/html/gbs-ceo-study-implications.html. 见脚注1。

[8] Bowly, Graham. "Two Giants Emerge from Wall Street Ruins." New York Times. July 16, 2009. http://www.nytimes.com/2oo9/o7/i7/business/global/i7bank.html?_r=i

[9] "Bharti Airtel plans health services on mobile phones," The Hindu Business Line. September 1, 2009. http://www.thehindubusinessline.com/2009/09/01/stories/2009090151500400.htm

[10] Colvin, Geoff. The Upside of the Downturn: Ten Management Strategies to Prevail in the Recession and Thrive in the Aftermath. Portfolio, 2009. 现代汽车同时也引入了一个五年的"保修模型",并在其他很多美国汽车厂商继续挣扎的时候,于2009年8月取得了比上一年增加47%的销售量。

[11] De la Merced, Michael J. "Blockbuster Hires Help to Restructure its Debt." *The New York Times*. March 3, 2009. http://www.nytimes.com/2009/03/04/business/media/o4blockbuster.html

[12] CBS News. "Blockbuster Will Close up to 960 Stores." September 15, 2009. http://www.cbsnews.com/stories/2009/09/15/business/main531343 8.shtml

[13] Saltmarsh, Matthew. "The Sweet Smell of Success at Nestlé." The New York Times. February 19, 2009. http://www.nytimes.com/2oo9/o2/i9/business/worldbusiness/i9iht-nestle.4.20317285.html. Nestlé does not publish Nespresso profit separately, but provides revenue and revenue growth information: Nestlé press information, "The Avenches Milestone in the Nespresso Success Story." http://www.nestle.com/Resource.axd?Id=CF489C89-6oD4-4A6E-8590-091D6D5E0672.

[14] "IBM Archives: 1930s." http://www-03.ibm.com/ibm/hist0ry/history/decade_i930.html

[15] 对于业务模式创新者的选择,见脚注2。对于"反双"的一组,我们分析了追求业务模式创新但取得有限成功的公司,并将其与颠覆创新者进行比较。

[16] 关于业务模式创新的文献在其定义和核心维度上日趋一致,例如：Osterwalder A. and Y. Pigneur. Business Model Generation. 2009; Johnson, Mark, Clayton M. Christensen and Henning Kagerman. "Reinventing Your Business Model." Harvard Business Review. December 2008。

[17] The literature on business model innovation is increasingly aligned on definitions and core dimensions. See, for example: Osterwalder A. and Y. Pigneur. Business Model Generation. 2009; Johnson, Mark, Clayton M. Christensen and Henning Kagerman. "Reinventing Your Business Model." Harvard Business Review. December 2008.

[18] Maynard, Micheline. "More Cuts as United Grounds Its Low-Cost Carrier." *The New York Times*. June 5, 2008. http://www.nytimes.com/2008/06/05/business/05air.html

[19] Saltmarsh, Matthew. "The Sweet Smell of Success at Nestlé." The New York Times. February 19, 2009. http://www.nytimes.com/2oo9/o2/i9/business/worldbusiness/i9iht-nestle.4.20317285.html. 雀巢公司并没有单独披露 Nespresso 的利润,但提供了其总收入及收入增长的信息：Nestlé press information, "The Avenches Milestone in the Nespresso Success Story." http://www.nestle.com/Resource.axd? Id = CF489C89-6oD4-4A6E-8590-091D6D5E0672

[20] Johnson, Mark, Clayton M. Christensen and Henning Kagerman. "Reinventing Your Business Model." *Harvard Business Review*. December 2008.

[21] Interview with Dr William K. Fung, Group Managing Director, Li & Fung Ltd. IBM and 50 Lessons. 2009. http://wwwpreview20-935.events.ibm.com/services/us/gbs/bus/html/gbs-built-for-change.html

[22] Mullaney, Timothy. "Netflix—The Mail-order Movie House that Clobbered Blockbuster." *Business Week*. May 25, 2006. http://www.businessweek.eom/smallbiz/content/may2oo6/s b20060525_268860.htm

[23] Netflix 网站：http://ir.netflix.com/

[24] O'Reilly, Charles, and Michael Tushman. "Ambidexterity as a Dynamic Capability: Resolving the Innovator's Dilemma." Research in *Organizational Behavior*, Volume 28 (2008): pp. 185—206. (Also Harvard Business School Working Paper, No. 07-088, 2007.)

[25] Lubowe, Dave, Judith Cipollari, Patrick An toine and Amy Blitz. "The ROI of globally integrated operations: Strategies for enabling global integration." IBM Corporation. 2009.

[26] Interviewwith Manoj Kohli, Chief Executive Officer and Managing Director, Bharti Airtel Limited. IBM and 50 Lessons. 2009. http://wwwpreview20-935. events. ibm. com/ services/us/gbs/bus/html/gbs-built-for-change. html

[27] Leahy, Joe. "Bharti Boosts Rural Indian Subscriber Base." *Financial Times*. July 23, 2009. http://www. ft. com/cms/s/o/78de7afc-77ac-11 de-9713-00144feabdc0. html

[28] Bharti Web site. http://www. bharti. eom/i36. html? &tx_ ttnews% 5Btt_news% 50 = 317&tx_ttnews% 5BbackPid% 5D

洞察:通过业务模式创新获取竞争优势

> 全球超过1000位CEO与IBM展开的讨论揭示了"未来的企业"的特征。在由世界著名的多媒体资源公司智拓(50 Lessons)对该CEO研究所进行的一系列跟进视频访谈及其先前所进行的访谈中,全球一些顶尖企业高管对调查的重要议题发表了他们的见解。

巴帝电信CEO兼董事总经理Manoj Kohli:业务模式创新

我们在1995年成立时就知道电信行业需要大量的资金投入,动辄就是十多亿美元。我们还深刻了解印度消费者的需求,他们非常看重实惠的服务价格。一方面,我们需要数十亿美元的投资;另一方面,我们需要低廉的价格。显然,我们必须找到可行的商业计划。

如何才能处理好这个问题?我们很清楚,如果想在电信行业取得成功,就必须开拓新的业务模式。2002年12月6日,我们在印度斋浦尔举行的会议决定,如果巴帝必须提供全世界最低的价格,就必须拥有世界最低的成本,除此以外别无选择。因此,我们必须根据客户需求对业务模式进行调整。该怎么做呢?我们实施了规模庞大的外包战略,包括以下五个领域:

第一，我们将网络运营外包给爱立信和诺基亚。向它们购买网络容量时，不是以"黑盒子"的形式

> "如果想在电信行业取得成功，我们就必须开拓新的业务模式。"

整体购买，而是按流量计费，即只在应用网络容量时向它们付款。这是一种全新的做法，我们用了6—8个月时间说服了爱立信和诺基亚的管理高层，特别是其首席财务官。众所周知，与它们的首席财务官谈判不是一件容易事。今天，巴帝电信的网络容量每天高达15亿分钟，处于全球领先地位。这种创新的网络运营外包取得了成功。

第二，我们将IT职能外包。IT不是我们擅长的领域，因此我们将IT系统外包给了世界上最大的IT公司IBM。IBM为我们部署硬件、软件、服务和人员，与我们进行收入分成。

第三，将呼叫中心外包。我们拥有8 200万客户，如果有一半客户每个月打一个电话，我们每个月就要接4 100个电话。我们该如何处理？我们不是呼叫中心领域的专家，需要世界最佳呼叫中心的帮助。我们最终将呼叫中心职能外包给印度一家专业的业务流程外包公司。

第四，将通信塔外包。我们投资了庞大的基础设施建设，在全印度有80 000—85 000座通信基栈，将来还要建设更多。为什么让每个运营商单独建设、投资钢筋水泥而不共享这些基础设施呢？为什么不让三个运营商共用一座塔来分担成本？因此，我们将通信塔公司分离出去，并拥有世界上最大的两个通信塔公司。我们与印度的Vodafone、Idea和其他许多运营商共用通信塔设施。

第五，将分销业务外包。我们无力在印度建立分销网络，例如，现在业务覆盖5 000个城镇和400 000个村庄，我们不可能在每个城镇和村庄都建设展厅和商店。因此，我们外包给了解消费者需求、有创业精神的当地企业。这项工作非常成功。目前我们有900个专用的巴帝展厅和100万个非专用零售商店，这些商店销售香皂、香波和其他产品，也销售巴帝的电信产品与服务。

总之，我们的业务模式创新是将一些企业职能外包给更专业的公司，我们只专注于核心能力，包括客户管理、品牌、员工管理、财务和法规管理。这五个方面是我们的核心能力，我们必须亲自去做，其他方面全部交给战略合作伙伴，那是它们的强项所在。目前，巴帝电信的业务模式在全球电信行业被视为最具特色和最可行的业务模式，对新兴市场很有示范意义。

力拓公司（Rio Tinto）前主席 Paul Skinner：关注商业环境以提前预知变化

对任何企业来说，保持对外部商业环境的关注、思考可能发生的变化并制订可执行的应对计划都是非常重要的。

记得上世纪 80 年代中期，我负责管理壳牌公司在新西兰的业务。当时新西兰正在进行重大经济变革与重组。多年来新西兰一直是一个监管严格、实行关税保护的经济体，有许多内部规则、条例和补助规定。债台高筑无以维持，新组建的政府决定实施重大经济调整计划，迅速解除各种管制，这就改变了新西兰的整个商业环境。

当时我负责新西兰壳牌的炼油业务和市场营销工作。从前，这个行业备受管制，包括各个业务阶段的回报率和利润率都规定得非常严格，我们甚至不能建立自己的零售商店，所有允许经营的业务被严格界定。随着新西兰政府开始放松管制，一切都发生了改变。我们现在能够建立自己的零售商店、自行制定价格，并可以在任何地方投资和改造我们的零售网络。

我们对这个问题考虑了很久。我们一直关注新西兰各政党对石油、石化行业的看法和意见，并且

> "您最好保持对商业环境的关注。一旦机会来临，迅速调整业务模式并抓住机遇。"

不断设想可能发生的变化。我们制订了应急计划，一旦政策发生转变，就立刻激活该计划并加强壳牌公司的市场地位。事实上，当新西兰政府开始放松管制之时，我们迅速执行一整套计划，包括事先与欧洲股东商定了合适的融资金额。

在商业环境发生变化时，我们比大多数竞争对手更迅速地采取行动。我的经验是：最好保持对商业环境的关注。一旦机会来临，迅速调整业务模式并严格执行。之所以能够做到这一点，是因为我们一直在持续评估商业环境可能发生的变化。

Paul Skinner 在 2003 年至 2009 年 4 月期间担任力拓公司的主席。力拓公司是在英国和澳大利亚上市的全球矿业公司，主要业务是开采铁矿、铜矿、铀矿、工业矿产、金矿及金刚石矿，同时还生产铝制品。

塔塔汽车执行副主席兼前董事总经理 Ravi Kant：颠覆性的业务创新

印度人全家外出时常常是这一样一幅画面：一辆自行车，丈夫驾驶，前面站一个孩子，妻子坐在后面，膝上抱一个孩子。我相信您也会认为这是一种非常不安全、不舒适的交通方式。我们的主席 Ratan Tata 先生看到许

多印度家庭使用自行车作为交通工具的诸多不便之处,就想到为印度家庭开发一款 Nano 汽车。

当时大多数印度人没有汽车,印度每年自行车的销量约为 800 万—900 万辆。主席先生看到了为大量人群提供舒适安全的经济型汽车的市场机会。

不久后,在日内瓦的一场新闻会议上,一位记者向 Tata 先生问起这款车的售价。当时自行车的售价约为 40 000 卢比,最便宜的汽车的售价为 200 000 卢比。Tata 先生回答说只要 100 000 卢比。从此,我们一直坚持这个价格。Nano 车的 100 000 卢比的售价相当于 2 500 美元。当我们在 2008 年 6 月推出这款车型时,其价格使所有消费者震撼,没有人想到竟会这样便宜。

Nano 车非常具有吸引力,舒适、驾驶性能好且燃油效率极高(每加仑 50 英里),满足了客户的期望,市场出现巨大需求。印度约有 4 亿中产阶级,他们从未想到自己能拥有汽车,但 Nano 车的突然出现使他们发现这个梦想能够实现,引起了他们的浓厚兴趣和高涨需求。

我想与大家分享的重要经验是:你需要有一个梦想作为事业的出发点,不要认为有些事不可能发生。在这个案例中,我们并未尝试对自行车升级或者简化改装轿车。我们从头做:"好吧,如果价格是这个水平,那么这款车的总投资成本就是相应的那个水平。"然后,我们将这些成本拆分,并开始与供应商商讨此事。当时,许多供应商并不看好这一价格,但他们考虑了整个概念并提出了极富创新的解决办法。正是所有因素的结合使得 Nano 车的开发成为可能。

＊　＊　＊　＊　＊　＊

这些洞察源自哈佛商学院出版社出版的有关"为变革而建"(Built for Change)的访谈,这些访谈是哈佛商学院"经验教训"(Lessons Learned)系列商业评论的特别版以及 IBM 与智拓(50 Lessons)在内容合作方面的成果。

第8章
向服务业务模式转型

中国企业的可持续发展之路

甘绮翠、丘琪铮、李志、姜一炜

2008年以来的全球金融危机引发了一系列的实体经济动荡,然而,伴随着国际制造企业的式微,这也将成为中国制造型企业在全球开疆拓土的新机遇。对于广大的中国制造型企业来说,在这个冬天,比缩减成本更重要的,是实现向服务业务模式的转型,从而走出一条通向差异化和持续发展的新路。这需要企业根据客户需求去发掘服务机会,重建与服务业务相适应的业务模式以及组织、运营模式,并实现人才和文化的转型。

面对产品同质化、利润率不断下降,以及消费者需求日益严苛等难题,中国制造企业重生产轻服务的模式将难以维持。世界金融危机和出口紧缩加剧了这种紧迫性,中国世界工厂的地位正在受到前所未有的挑战,国内制造企业亟须寻求新的可持续发展之路。

纵观制造业发展史,世界发达国家的企业大都经历了从纯粹的产品生产向服务业务模式转型的长期演化历程,纯制造业企业大幅减少,服务业务的比重不断增加。刚经历了 30 年改革路途的中国企业也势必融入这一发展趋势,开展服务业务还有非常大的发展空间。成功向服务转型的企业将能更好地体现差异化竞争,创造利润并锁定顾客,并在新一轮的竞争中脱颖而出。

中国制造企业向服务转型的过程将是渐进的。制造企业从聚焦产品的初始阶段出发,可以选择两条转型路径:提供基于产品的增值服务,从总体上提升客户的产品拥有体验;或是提供脱离产品的专业服务,利用企业在研发、供应链、销售等运营能力上的优势,为其他企业提供专业服务。前一种路径可以在相当程度上保留企业原有的制造优势,并只需要微调业务模式,可以减少变革风险,因此对大多数中国企业来说更为切实可行。

企业在探寻增值服务机会时,应站在客户的角度去思考,分析在企业价值链的每个环节上,客户会有哪些问题要寻求外部协助,这些需求就是潜在的服务机会。在开展服务项目的过程中,企业需要不断挖掘客户需求,增加服务的差异化水平并提高服务的响应度、效率和质量,通过为客户带来更多价值来增强竞争力。

中国企业如能获取更多的经验和专业技能,就将跨进服务转型的成熟阶段,这时企业已成为解决方案提供商——向客户提供解决关键业务问题的方案。成熟的解决方案不仅更着力挖掘和洞察客户的潜在需求,还能利用强大的服务体系帮助客户解决相应的盘根错节、复杂艰巨的问题,交付给客户的是问题解决后的成果,客户不必再操心问题解决的具体细节和方案内部各产品服务组件的配合问题。通过这种高价值的服务,制造企业可摆脱"商品化产品提供商"的薄利、低附加价值角色,并在未来的竞争格局中抢占先机。

向服务转型不仅仅意味着开展和深化服务业务,企业更需勤练内功,即通过业务模式、运营模式、组织中人才乃至文化的变革来从根本上推动服务转型,以适应新业务的需求。

首先,转型成功的关键要素是选择业务创新模式。选择适合企业自身定位的业务模式,不仅有助于培育差异化的服务业务,还能定位核心的企业能力,利于汇集企业有限的资源,引导企业的运营能力、组织文化和人才培养配合业务战略的突破。其次,业务模式的执行需要各运营能力要素相互协调,包括流程、治理结构、绩效管理和系统,以便将服务战略落地。最后,人才和文化转型同样重要,它们为企业提供了服务竞争的软实力。

中国的制造企业在改革开放30年中风雨兼程,如今又走到了历史的十字路口。后退、畏缩或犹豫是没有出路的,内在的结构性矛盾并不会因此稍减。化挑战为机遇,把面临的市场压力变成向服务转型的动力,勇于变革的企业将开创更美好的未来。

开创差异化竞争与可持续发展的新路

自上个世纪90年代起,中国的制造型企业取得了飞速的发展。到21世纪的今天,中国正逐渐成为名副其实的"世界工厂"和"制造中心",然而,各大制造企业在不断扩大生产规模的同时,也正在受到产品同质化、利润率不断下降,以及消费者需求日益严苛的挑战。与此同时,继2008年以来席卷全球的金融危机引发了一系列的全球实体经济危机,制造企业亟须走出一条通向差异化和可持续发展的新路。

利润率不断下降

经过数年来严峻行业竞争的洗礼,多数中国制造企业已进入了微利时代。2006年中国500强企业中,制造业企业的平均利润率不足5%,远远低于房地产、通信、银行等服务行业的平均利润率。[1]而2008年的世界经济危机又导致出口市场需求疲软,制造企业已难以依赖薄利多销生存。例如中国纺织行业协会近期的调研表明,中国17个省49.2%的纺织企业正在考虑关门,44.4%的纺织企业正在把本来以出口为主的产品转销国内市场。[2]

消费者需求日益严苛

以产品为导向的传统制造企业在锁定消费者方面遇到了前所未有的挑战。新兴消费者越来越多地体现出对个性化产品、增值服务及完整解决方案的需求。2007年消费电子类产品消费者调研显示,82%的消费者将服务列为极其重要的购买考虑因素,这标志着服务已取代价格和品牌,成为第二重要的购买考虑因素。[3]

同时,日益见多识广的消费者试图寻找更加个性化、符合个人身份及性格特征、更能满足个人"独特"需求的产品。他们对服务的需求也不再局限于传统意义上的送货和售后服务,而是贯穿于整个产品生命周期的可以带来更便捷、舒适、灵活的购买体验的服务。苹果公司iPhone产品的热卖正是由于其最大限度地满足了消费者的这种需求。不同于传统意义上的手机厂商,苹果公司借助海量的游戏和多媒体应用软件下载服务可为消费者提供无穷的娱乐体验。

另外,快节奏的生活让消费者越来越厌烦于逐一选购产品,转而青睐于一站式的服务和完整的解决方案。比如说在家居方面,消费者已实现了从需要一个"房子"到需要一个"家"的转变,更加期盼一体化的涵盖设计、装修、家具和家电的整体服务。

产品同质化

随着科技的进步,企业研发的技术门槛正在不断降低,通过研发创新实现突破性变革也变得越来越困难,因而产品正日益同质化。企业更加难以通过产品和价值的独特性来锁定消费者,单独依靠技术竞争力的策略难以奏效,转而只能求助于价格战来增加产品的销量,从而陷入利润率不断下滑的恶性循环。

基于以上原因,早在上个世纪90年代,面对日益严峻的行业竞争,领先的跨国企业已纷纷开始了从以产品为中心到服务导向的转型。

通用电气的服务转型

面对不断增长的挑战,通用电气公司于上世纪80年代后期开始在整个公司推行从以产品为中心到服务导向的转型,为客户提供金融、信息和产品等方面的增值服务和服务导向的解决方案。

例如,通用电气飞机发动机公司(GEAE)开发了"按小时支付"的商业模式,客户不再根据发动机本身付款,而是根据对发动机的实际使用情况付款。它降低了客户必须在前期精确确定购买多少发动机的压力。对于那些愿意自己持有发动机的客户,GEAE还提供了"零部件"保险,保证在24小时之内将更换的部件交付给任何一个机场。通过这种方法,GEAE获得了大量发动机服务合同,实现了其盈利模式从产品销售的一次性收益到产品生命周期长期收益的转变,为客户创造了真正的价值,从而进一步巩固了其在客户价值链中的地位。

转型同时为通用电气公司带来了巨大的经济效益:其业绩达到了标准普尔平均业绩的两倍,到2005年,其服务业务对总利润的贡献已从转型前的50%增长到了70%。

由于可以带来新的价值机会、更好地满足客户需求和利用差异化锁定客户,制造业向服务转型已形成全球浪潮。纯制造业企业正在减少,服务比重正在不断增加。

> "我们对下个世纪通用电气的定位是一个全球性的服务公司,同时出售高品质的产品。"
>
> 杰克·韦尔奇,通用电气公司董事长兼CEO,1996[4]

在一些欧美主要发达国家的制造业中,兼有服务和制造业务的企业已达20%以上,其中,美国制造业中服务比重高达58%,英国的服务比重已占制造业的30%,然而中国制造业的服务比重不足5%,97.8%的制造型企业仍停留在产品生产加工阶段(见图8-1)。[5]由此应该看到,中国制造企业必须开始考虑向服务转型的机会,服务业务还有非常大的发展空间。

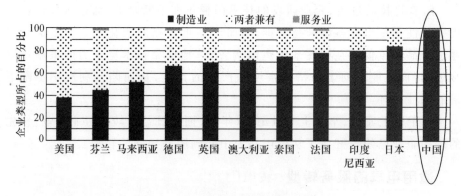

图8-1　各国制造业企业的业务重点

资料来源:IBV分析。

向服务转型的路线图

对于制造企业来说,向服务转型意味着重新思考如何为客户创造价值,并触发变革行动。这将是一场从"卖产品"到"卖服务"的变革,也是一场盈利模式从"短线"(一次性销售收益)到"长线"(贯穿整个产品生命周期且长期而持续的服务式盈利模式)的变革。这还将是一场顾客关系管理从"片面"到"全面",从"有限互动"到"充分沟通"的革命。要在新的竞争环境中脱颖而出,企业不仅需要在产品的价格、功能和质量上下工夫,还需要提高服务的质量和创新性。成功转型的企业将能更好地体现差异化竞争,创造利润并锁定顾客(见表 8-1)。

表 8-1 中国企业向服务转型时需要在客户价值呈现方面实现基础性变革

以产品为中心	以服务为中心
• 以产品销售为主	• 提供基于产品的增值服务,或更全面的解决方案
• 少量和无差异化的附加服务	• 创新和差异化的增值服务
• 依赖一次性产品交易盈利的模式	• 长期持续的服务盈利模式
• 价格、产品性能和品牌的竞争	• 服务质量和创新的竞争
• 片面地了解顾客的需求	• 全面地了解顾客需求
• 与消费者的交流互动极为有限	• 在整个产品周期中与消费者持续交流与互动

资料来源:IBV 分析。

制造企业向服务转型的路径选择

制造企业向服务转型的过程是渐进的。根据向客户提供服务的价值大小和业务模式的转变程度,制造企业从聚焦产品的初始阶段出发,可以选择两种转型模式:提供基于产品的增值服务和脱离产品的专业服务。如果企业致力于以服务为核心竞争力,将最终过渡到提供服务导向解决方案的成熟阶段(见图 8-2)。

聚焦产品的初始阶段(转型前)

企业角色仍是传统意义上的制造商,产品收入占据企业总收入的绝大部分,没有服务项目或只提供最基本的产品服务,如售后维修服务。企业也缺乏足够的服务专才和差异化的服务项目来提高竞争力。

基于产品的增值服务模式

企业提供并管理基于自身产品的差异化服务,从总体上提升客户的产品拥有体验。服务项目既可以面向消费者,也可以面向企业客户。增值服务不再单纯是惯常所见的产品保障服务,而是能提高产品差异化的服务,

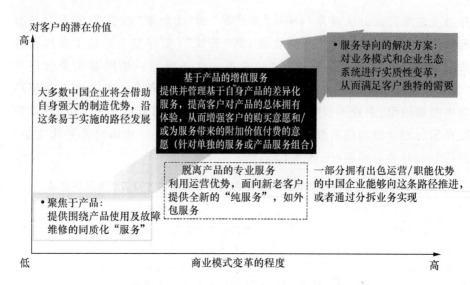

图 8-2 向服务转型的演进路径，其中短期内最可行的
是选择提供基于产品的增值服务

资料来源：IBV 分析。

以此来牢固地锁定客户。企业的盈利也可以不再仅依靠产品一次性的销售收入，而是通过服务获得持续的现金流。

研究表明，根据产品生命周期的不同，服务带来的销售收入是产品收入的数倍，对于一些如飞机引擎等长生命周期的产品，服务可实现多达 10 倍于产品价格的利益（见图 8-3）。

脱离产品的专业服务模式

与增值服务不同，这一阶段的服务模式不再与自身原有产品绑定，而是将制造企业领先于市场的研发、供应链、销售等运营能力向外延展为服务，提供给其他企业。这种"纯粹"的服务表现为企业服务团队的项目实施，其价值包括提供独特的运营能力，如高新技术转让服务；或提升客户企业的运营效率及降低运营成本，如各种外包服务。该模式的收入来源于服务的项目佣金而非产品销售所得。

提供服务导向解决方案的成熟阶段

企业已不再是产品提供商而成为解决方案提供商，以服务为公司的核心竞争力。企业着力于挖掘和洞察客户的潜在需求，利用强大的服务体系帮助客户解决盘根错节、复杂艰巨的问题，交付给客户"一揽子"、"一站式"

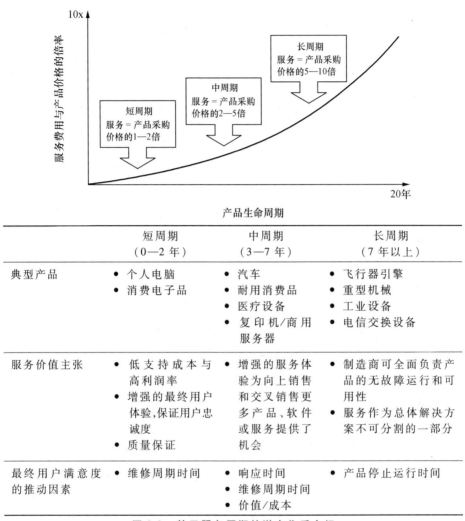

图 8-3 基于服务周期的潜在售后市场

的解决办法和实施成果,从而为客户创造更多的价值。企业为实现更好的服务而优化面向客户的解决方案,具备将其他公司的产品或服务融入自身解决方案的能力,服务的内容、质量和声誉是企业差异化的最大体现。

基于产品的增值服务——提升客户的产品拥有体验

增值服务这个概念对很多企业来说并不陌生,逐渐开放的中国企业已开始意识到提供各种增值服务对锁定消费者和企业顾客的重要意义,相继推出了各种增值服务,比如延长保修期,集设计、产品提供、施工于一体的

"交钥匙"工程等。然而,如何打破现有的服务格局,创造出更多人无我有的创新服务,发现更多的服务机会?我们认为,在探寻增值服务机会时一个重要的思路就是:站在客户的角度去思考,去寻找客户需要的服务。

制造企业的运营过程一般都是由不同的价值创造活动组成的,如研发、供应链、销售/售后和业务支持等,这些活动的串联构成了价值链。制造企业可以分析在价值链的每个环节上,客户会有哪些问题要寻求外部协助,这些需求就是潜在的服务机会。

与产品相关的增值服务机会蕴藏在将产品传递给客户的交互过程中,如流通、售前、销售和售后环节。在这些过程中,制造企业不应只满足于提高产品的质量或增加产品功能,而需要了解驱动客户购买的实际动机是什么,然后通过哪些服务来满足客户的实际需要(见图8-4)。

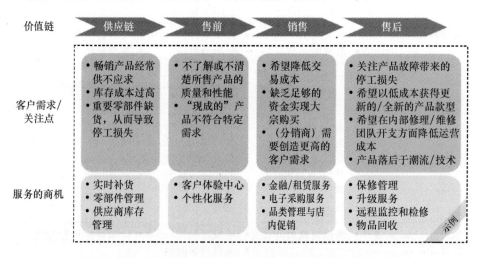

图8-4 企业可以通过了解客户在产品生命周期的主要关注点,
发掘基于产品的增值服务的商机

资料来源:IBV分析。

供应链领域

拥有高效供应链的制造企业拥有一项潜在优势,即可将这种为自身生产服务的能力向外延展,为下游合作伙伴服务。服务项目可以覆盖整个交易过程,如产品的库存管理、实时补货、物品回收等。这种双赢的服务模式一方面通过开辟服务项目增加了企业的收入,另一方面也通过优化的业务运营提高了合作伙伴的效益。

实时补货:通过销售信息共享实现缺货产品的实时供货,帮助下游企业

(如零售商)提升货品的充足度,从而提升其销售业绩。

零部件管理:零件制造商通过自动化的零部件订购、实时的供货服务、信息共享等服务,帮助下游制造商的售后服务部门提供响应速度更快、成本更低的维修服务。

供应商库存管理:为下游企业管理原材料和零部件库存,减少库存成本,减少零部件下单和递送时间,从而缩短生产周期。

| 案例分析 | 长安汽车集团为合作伙伴提供优化的供应链服务 |

中国汽车企业的物流成本占据了相当大的比重。欧美汽车制造企业的物流成本占销售额的比例是8%左右,日本汽车厂商只有5%,而中国汽车生产企业的这一数字普遍在15%以上。[6]在竞争加剧、利润不断下滑的国内汽车市场,长安汽车集团通过高效的服务降低了自身和合作伙伴的供应链成本。长安汽车集团通过其下属的长安民生物流公司(CAML),为客户提供包括订单资源管理、停车场、库存管理、运输服务等上门服务和可视化的远程在途监控服务。[7]同时综合利用条形码、全球定位系统和电子数据交换(EDI)等先进技术优化提车流程,并通过手中掌握的铁路、公路和水运能力优化运输路线,帮助经销商更快地提前预订车辆,灵活应对市场的需求变化,并集中精力提升销售业绩。

售前和销售领域

中国企业向来重视销售部门,但往往局限于传统的销售渠道和营销策略,在电子采购服务、品类管理、个性化服务和融资服务等方面还有发展空间。这些服务可以帮助客户获得多样化的价值收益,包括通过个性化服务满足个人体验,利用电子采购服务降低交易成本等。

客户体验中心:为客户提供感受产品、反馈意见的平台,提升客户的产品拥有体验和品牌的影响力,并且通过分析客户的反馈提升企业运营流程、产品和服务的质量。

个性化服务:通过沟通与互动,设计师为客户提出量身定制的咨询方案,并制订满足客户个性化需求的方案,有助于锁定那些品位独特并乐于为个性化体验付费的高端客户。

案例分析 **Sovital 公司的定制服务满足了客户需求，增强了产品差异化水平并增加了企业收入**

　　Sovital公司是一家生产维生素等保健品的德国企业。在激烈的竞争中，Sovital公司注意到一种新趋势，即高端客户已经厌倦了每天都要服用许多种通用型维生素药片，转而寻找更个性化的保健方案。作为回应，这家公司推出了名为"MyMix"的新服务。顾客只需通过互联网填写调查问卷或接受面对面的诊疗咨询服务，就可以获得该公司为个人定制生产的维生素和矿物质复合药片，其中所配比的营养成分都是根据顾客的健康状况和饮食习惯特制的。顾客不仅可以通过个人诊疗咨询服务获得更为有效的健康保护，还避免了每天服用多种药片的麻烦。而通过定位客户的个性化保健需求，Sovital公司也打击了竞争对手，并通过锁定高端市场获取了更多的利润。[8]

　　金融/租赁服务：利用融资方案、分期购买计划或租赁服务等金融杠杆，帮助客户解决购买大件产品时资金不足的问题，满足客户扩大再生产的发展需求，同时企业自身也能获得稳定持久的顾客收入流。

　　电子采购服务：通过为个别客户定制的网络交易门户等技术为企业客户提供在线服务，包括查看产品清单、跟踪订单进度、保存交易记录、跟踪产品交付流程等，以更有效地帮助客户进行采购管理，并降低交易成本。

案例分析 **惠而浦公司通过B2B贸易门户为销售商提供高质量的服务并显著降低交易成本**

　　作为世界领先的家用电器厂商，惠而浦拥有大量中等规模的贸易伙伴——约占其贸易伙伴总数的25%。这些销售商每年为公司带来10%左右的收入，但由于其规模不够大而无法与惠而浦进行专用的系统对系统连接，因此他们一般只能通过电话或传真提交订单，导致效率低下且浪费开销。为了使这种处理过程更有效，惠而浦求助于电子商务，它开发了一个企业对企业（B2B）贸易伙伴门户，使销售商们可以在网上订货。通过该网站，贸易伙伴从实时更新的产品目录中提交订单，跟踪订单的执行状态和物流状态，检查账单并查询赊欠状态，并且所有这些服务都是7×24小时可用的。对贸易伙伴来说，惠而浦提供的在线服务提高了下单和货物递送的效率,也更容易保存交易记录以便复核;而惠而浦公司则通过差异化服务锁定了大量的中等规模贸易伙伴资源,并在三个月之内通过在线渠道创造了100万美元的收入,同时每张订单的费用降低到5美元以下——节约了至少80%的交易费用。[9]

品类管理:制造企业与分销商合作,基于消费者的购物情况提供各种促进销售的服务,如制定商品组合、优化定价、开发新产品、开展促销活动、调整货架摆放等。该服务有助于打破以往分销商和制造企业各自为政的局面,共同提高销售业绩。

售后领域

许多中国企业将售后服务部门看成维持客户满意度的成本中心,而忽视了其为客户创造价值和增加企业收入渠道的潜力。领先的国际企业已经开展了多样化的付费售后服务,并得到了客户的认可。

保修管理:通过适当的收费来延长质保期,为客户的业务运营提供更可靠的保障。借助于保修管理,制造企业不仅能延长产品生命周期以锁定顾客,还可以拓展新的收入来源。

升级服务:通过升级产品,提供新的产品附件和应用软件等服务为客户带来不断更新的产品体验,满足客户的时尚需求,并以此延长客户生命周期。

远程监控和检修:利用远程监控技术和诊断服务能力,提升产品的可靠性和减少客户因设备故障造成的停工损失。

案例分析 沃尔沃汽车公司通过各种保障服务提升产品的安全形象

越来越多的驾驶者注重汽车的安全品质,不仅要求更多的产品安全特性,还期望汽车制造商在行驶过程中提供主动式的安全服务。为赢得这些注重安全感的客户,瑞典的沃尔沃汽车公司提供了多种创新的安全服务,如SOS报警服务,可以在发生车祸时自动启动,向沃尔沃的服务中心及时报告故障信息,同时紧急道路救援服务24小时待命,并在汽车被盗时提供定位跟踪服务。这些服务已经超越了产品本身的安全性功能,覆盖了汽车发生故障和事故过程的全程安全保护。通过这些独一无二的举措,沃尔沃在强手如林的世界汽车市场成功树立了安全的品牌形象,从而锁定了对安全需求敏感的高端客户。

物品回收：通过以旧换新、二手物品回收、拍卖、环保地处理废旧产品等服务，在整个产品生命周期中提供客户关怀和增加产品保值度，从而总体上提升客户的满意度。

脱离产品的专业服务——加强客户企业的运营和业务支持能力

制造企业还可以利用其在价值链上的运营优势，提供不依托产品的专业服务。这些服务主要是替客户打理企业的各种运营职能，帮助其提高竞争力、运转效率或降低成本。例如，爱立信公司为电信运营商提供多种运营外包服务，服务团队负责管理客户的整个电信网络而不只是爱立信公司的设备，收入也来源于服务的人工费用。这种增值服务机会同样存在于价值链的各环节（见图8-5）。

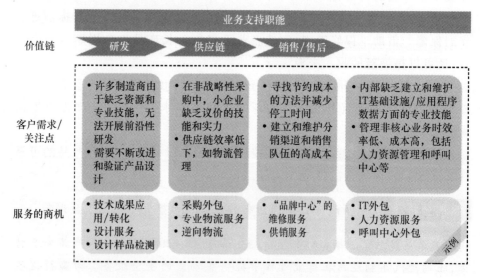

图8-5 一些中国制造企业利用其在价值链和商业管理职能上的运营优势，提供脱离产品的专业服务

资料来源：IBV分析。

鉴于"非产品相关服务"的机会分布在价值链的各环节，下面将仅以供应链和业务支持这两个领域为例，示范潜在的服务机会。

供应链领域

目前,中国供应链外包服务的潜力相当巨大,到2010年,物流外包服务的增加值预计将达25%[10],其中主要的服务商机包括:

采购服务。利用企业成熟的供应商网络和供应商管理经验为其他企业提供采购服务,包括供应商评估、供应商选定、下单、供应商管理等服务。

专业物流服务。利用企业成熟的物流配送网及物流管理经验,为其他企业提供专业物流配送和物流管理等服务,包括物流战略优化、物流流程再造、物流规划、仓储管理、仓储代管、配送、运输、海运、清关等。

逆向物流服务。帮助其他企业提供逆向物流服务来降低其运营成本,包括退货管理、货物回收、再加工和废旧货物处理等服务。

> **案例分析** 海尔物流
>
> 伴随着海尔业务的不断扩大,海尔逐渐建立起了遍布全国的物流网络。然而,庞大的物流开支令人难以承受,而将物流服务外包又面临缺少成熟的规模较大的物流服务提供商的困难。在此情况下,海尔于1999年成立了单独的海尔物流公司,为其他企业提供第三方物流服务。服务内容包括运输服务、仓储管理、库龄控制、库存分析、装配包装、订单管理、VMI管理、海运代理、清关服务、国际货贷、物流方案、供应链咨询等。服务客户包括汽车、快速消费品、家电、零售等行业。如今,海尔物流位列"中国十大物流企业"之一,并吸引了包括通用电气、上汽五菱、宜家、陶氏、富士康、伊利、张裕等重要国内外企业客户。[11]

业务支持领域

业务支持活动是指那些辅助生产、销售、物流等企业基本运营领域的价值创造活动,如人力资源、信息管理等,往往因其"后勤"角色而容易被忽视。但许多企业已意识到,高效、低成本的辅助性业务活动也是企业整体竞争实力的重要组成——业务支持服务由此应运而生。服务商可为这些企业管理和运营业务支持活动,包括协助管理企业的现有资产和人员。而客户可以通过服务获得多方面的收益,包括规模经济效益带来的低成本,无须投资于专业人才、设备、培训和管理体系带来的节约,以及通过外包加强业务的可伸缩性。越来越多的中国企业也将像国际领先企业那样,逐步将非核心业务外包出去。

IT 外包：替客户开发、管理和维护 IT 项目，包括 IT 基础设施及应用外包、数据中心管理、IT 战略及实施咨询等，减少支出并提高 IT 服务水平和投资回报。

呼叫中心：为客户提供呼叫中心业务，包括主外拨电话服务、通信设施和技术设备的购置和维护、销售培训和管理、法律事务等，减少客户的管理负担和资金、精力投入。

人力资源外包：提供后台业务，如发放工资和津贴、报税、风险管理、招聘和培训，帮助客户精简机构，并高效率地完成各类事务性工作。

中国制造企业向服务转型的模式选择

在迈向成熟服务型制造企业的过程中，面对两种服务模式——基于产品的增值服务和脱离产品的专业服务，企业该如何取舍呢？

作为一种简便易行的模式，增值服务将会成为多数中国企业的转型选择。推出基于产品的增值服务，是为了提升客户的产品拥有体验，这种在产品上构筑服务的模式决定了其依赖于企业的产品制造能力。对以生产能力见长的大多数中国制造企业来说，选择朝该方向发展可以在相当程度上保留原有的制造优势，并在短时间里赢得竞争优势。

| 案例分析 | 启明公司从一汽集团的内部支持部门成长为中国领先的第三方信息服务提供商 |

成立于 2000 年 10 月的启明公司，原先只是一汽集团内部的 IT 支持部门，现在已成长为国内汽车行业知名的软件及 IT 服务提供商。在服务内部客户的过程中，该公司认识到快速成长的中国汽车制造市场对信息服务的迫切需要，并相应逐步发展出了独具特色的服务系列。除了常见的信息技术服务，如信息管理咨询、信息系统外包及技术培训，启明公司还为需要监控物流运输状态的 150 多家企业客户提供基于全球定位系统的实时监控服务，以及为 6 000 多家供货商和客户提供第三方的在线采购平台。[12] 启明公司的行业经验和专业服务为客户取得数字化和信息化的竞争优势作出了贡献。作为回报，启明公司在 2007 年度创造了 4 600 多万元的利润，其中

65%来自于外部客户。[13]在汽车行业取得不菲业绩的同时,这家公司正试图在更广阔的装备制造业获得认可。[14]

相对而言,只有少数卓越的制造企业才具备提供脱离产品的专业服务的实力。为提供这一服务模式,制造企业首先需要具备领先业界的运营能力或业务单元,才能将其外化为市场上有竞争力的服务。企业还需要改变组织架构,将服务部门从产品系统中剥离出来以便推向市场。另外,企业还要考虑市场对专业服务的接受程度,不少行业的客户还习惯于事事亲为而非借助于外部服务。以上这些挑战都增加了企业向专业服务转型的难度。

尽管转型的难度不同,以上两种模式并不是互斥的。那些具备良好服务能力的企业,可以同时开展多项增值服务和专业服务,并把它们有机地结合起来,帮助客户解决更关键的业务问题并提供更多的价值。如果企业能够做到这一点,也就意味着其已进入了服务转型的成熟阶段。

提供服务导向的解决方案——通过加强业务模式变革和企业整合最大化客户价值

企业向服务转型的成熟标志是提供"服务导向的解决方案",即企业已不再是产品提供商而成为解决方案提供商——向客户提供解决关键业务问题的方案。

只有那些洞察客户需求的企业才能达此境界。客户需求具有多层次结构:表面是被感知的需求,即客户表达的要购买某产品或服务的意愿;下层是实际需求,也就是客户购买产品的实际原因;最底层为隐蔽需求,是连客户自己也没意识到的问题的根本原因和真正驱动力。

有鉴于此,服务导向的解决方案致力于发掘客户内在驱动力和隐藏于深层的关联需求,这些需求客户或者没认识到,或者自己尝试拼装不同供应商的产品和服务来解决,而没有想到去寻求外部更专业的服务。

例如,某公司声称要采购一批高性能的信息存储设备,并向多家供应商发出了招标意向。存储设备生产商认为客户需求明确,因而直接推销其产品。服务导向解决方案提供商则经过调研客户的IT部门后发现,客户采购设备的实际原因是需要可靠、安全的方式存储企业的海量业务数据,因此,服务提供商会建议为客户组建一个数据中心,并为客户运营该中心提供高效的数据中心管理服务。进一步,服务提供商可以更深入地了解客户的业务模式和经营战略,还可能发现客户的根本问题并不在于数据存储的硬件问题,而是由于各部门信息内容无法整合,造成企业决策层无法利用统一的业务信息进行经营分析和管理决策,故只有企业信息整合服务能真正帮助其实现市场驱动的业务战略。

由此可以看出,服务导向的解决方案不仅应该能够定位客户潜在的隐蔽需求,还需要具备解决这些盘根错节、复杂艰巨问题的强大能力,以此为客户提供最大化的价值。

对客户而言,服务导向的解决方案将带来显著的利益。产品的拥有权将不再重要,关键是客户能够更容易找到和应用所需的能力。客户无须再从不同供应商那里寻找、拼装和管理产品和服务组件,而把工作交由服务承包商处理,以此来减轻自身的负担和风险,借由后者的专业服务挑选更优化的服务和产品组合,并将它们无缝地整合起来。服务商交付给客户的是"一揽子"、"一站式"的解决办法和实施成果,客户可以直接利用这些成果来解决问题,不必再操心问题解决的具体细节和方案内部各产品服务组件的配合问题。

对于服务提供商而言,服务导向的解决方案则可能需要业务和运营模式基础性的变革,包括新的定价模型、业务流程、项目管理方式及整合外部服务和产品资源的能力——由于服务范围和复杂性的递增,企业自身的产品和服务能力有可能无法完全满足服务合约的要求,需要将多家业务伙伴的产品及服务包嵌入整个方案。作为转型的回报,服务收入将日益增长并占据企业总收入的主要部分。

由于提供服务导向的解决方案引入了更换业务模式的风险性,中国企业将需要在不断增强运营能力和经验的同时,测试客户对于新服务模式的接受度,然后逐步过渡到成熟阶段。这些基础性的改变绝不是一蹴而就的,例如IBM公司的转型之路就体现了企业向成熟服务阶段迁徙的艰巨性。

案例分析 IBM 的转型之路

作为从制造业向服务转型的代表性企业,IBM 走过了漫长曲折的变革之路。这家曾以各类电脑主机为主要产品的企业在 20 世纪 90 年代初期遭遇多重危机。一方面,IBM 面临着内部管理问题。对客户需求的认知不足、组织僵化、成本中心的业务模式缺乏灵活性,导致其服务组合不能反映市场需求,同时服务合约的收入和利润不能满足预期。另一方面,市场迹象显示客户不再满足于传统的软硬件产品,导致核心市场的利润下滑,同时硬件及相关服务日趋商品化,市场份额遭到新竞争对手的不断蚕食。因此 IBM 遭遇了连续三年的亏损,总额高达160亿美元,并面临被拆分的危险。[15]

此时临危受命的CEO郭士纳先生敏锐地发现了一个契机,即面对市场上涌现的大量产品提供商,客户更期望整合——需要有人来帮助他们把单一功能的、分离的系统连接起来。IBM的转型之路由此切入,转型的目标是:扩展服务组合方案,深入客户关系管理;通过网络驱动的交易和电子交付产品减少客户支持成本;深化服务合作伙伴关系;部署新的客户关系模式和自动化技术以加深对客户需求的理解,减少客户支持成本,提升产品和服务的可用性,最终为客户提供整合式、随需应变的解决方案,为客户带来更多的价值。

IBM本来的供给组合多为单点式或捆绑式方案,将自身的软硬件产品和服务单独或捆绑起来销售,面对的客户主要是部门经理和终端用户;在提出"随需应变"的战略方向后,IBM更致力于帮助CEO、CIO等高层客户解决那些能影响业务价值的问题,如增加收入和利润、减少人工成本、管理资金及固定资产投资等(见表8-2)。

表8-2 转型的关键要素是提供整体解决方案,为客户创造高价值

解决方案定义	面向客户	关键客户需求	IBM提供的价值
服务导向的解决方案	首席执行官、运营官、财务官(CEO、COO、CFO)业务总经理	解决直接影响业务增值的问题 • 盈利增长、利润减少、人工成本削减、资本支出管理等 • 通过应用、架构外包和托管服务加强对核心业务的关注,推动创新,提高效率等	商业价值
基于产品的增值服务/脱离产品的专业服务	采购/财务	提供与解决方案相关的信息,使客户的现有流程能够轻松完成整合,提供融资租赁服务等	基础设施价值
	IT管理	解决具体的技术问题,如网络管理服务、与IT相关的安全、功能点/运行绩效、业务连续与灾难恢复服务、构建面向服务的体系架构等	
聚焦产品	终端用户	解决与个人生产率相关的具体问题,如桌面管理服务	组件价值

资料来源:IBV分析。

为达到这一目标，IBM 开展了全方位的变革：
- 引聘和提拔具有丰富服务管理经验的高级管理人员；
- 退出应用软件市场，并将其他应用软件厂商吸纳为整体解决方案的合作伙伴；
- 渐进地完善服务供应链，包括业务咨询及系统整合、业务托管服务、基础架构及技术服务；
- 在服务部门成熟之前承担长期亏损；
- 调整组织架构以避免服务部门和其他部门的业务冲突；
- 标准化销售流程，增强服务和产品部门之间的协调能力，从而保证对客户的整体关注；
- 改进已有的绩效评估系统，将员工的个人绩效与客户满意度和其他与客户服务相关的职责联系起来；
- 建立管理服务实施的完善系统；
- 构筑知识共享系统以积累和重用服务经验。

通过长期不懈的努力，IBM 赢得了许多战略型服务合同，如服务于宝洁公司的为期 10 年、价值 4 亿美元的全球协议。根据合同，IBM 为近 80 个国家的近 9.8 万名宝洁雇员提供整体性的员工管理服务，包括工资管理、津贴管理、补偿计划、移居国外和相关的安置服务、差旅和相关费用的管理以及人力资源数据管理，还为宝洁的人力资源系统提供应用开发和管理服务，帮助其专注于其核心业务。[16] 没有转型的艰苦努力，IBM 将无法提供如此大规模和高质量的整体解决方案。

转型也给 IBM 带来了丰厚的回报。2008 年 IBM 的税前利润达到了创纪录的 167 亿美元，成为全球最赚钱的公司之一。而通过十多年的转型，服务已成为 IBM 业务的关键部分，收入额所占比重从 1994 年的 26% 增长到 2008 年的 56%。

对于 IBM 的转型之路，前任总裁郭士纳总结道："我在服务和产品公司都工作过。毋庸置疑，服务业务更难管理……管理服务流程所需的技巧是很不同的……业务模型不同，整个经济情况也很不同。这是一种你无法轻易获得的能力。你需要在时间和资金上面投入多年的赌注，然后才能获取通往成功之路的经验和规律。"

IBM 将服务转型的成功经验归结于以下几个方面：
- 企业管理层的高度重视；
- 聆听消费者的需求；

- 建立新的以服务为导向的业务模式以及组织管理体系；
- 建立服务业务所需的内部、外部资源和能力。

中国制造型企业向服务转型需要业务模式、运营模式、人才与文化的协同变革

在与企业沟通的过程中，我们发现许多CEO已经开始思考向服务转型的可能性，然而令他们困惑的常常是伴随服务转型的实现而来的一系列问题，比如，旧的业务模式、运营模式与人才能否与新的服务业务相适应？怎样才能更好地推动服务业务的发展？我们认为，服务转型不是孤立的，而需要从业务模式、运营模式、组织中人才乃至文化的转型来从根本上推动服务转型（见图8-6）。

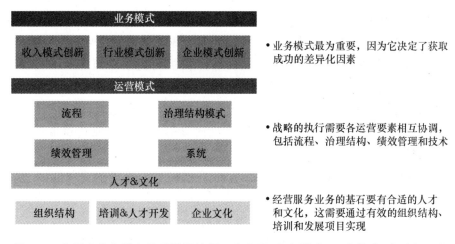

图8-6 中国企业向服务转型需要协调三个方面：业务模式、运营模式、人才与文化

创新且符合整体服务战略的业务模式

一些制造企业虽然推出了新的服务业务，却并没有从全局出发，从业务模式创新的高度重新定义服务业务的价值主张，导致新的服务业务与竞争对手没有显著差别而陷入"同质化"竞争，或是服务业务不能与公司的整体业务目标吻合而缺少发展的动力。

因此在服务转型过程中，企业首先要做的就是寻求差异化的业务模式，并结合自身特色进行创新。选择适合企业自身定位的业务模式，不仅有助于培育差异化的服务业务，还能定位核心的企业能力，利于汇集企业有限

的资源,引导企业的运营能力、组织文化和人才培养配合业务战略的突破。

IBM 通过对全球 35 个最佳案例和其他数十个案例的研究,将业务模式创新归纳为三种主要类型:行业模式创新、收入模式创新和企业模式创新(关于业务模式创新的具体介绍请参见 IBM 商业价值研究院的白皮书《成功的途径——创新业务模式的三种方法》)。[17] 这三种业务模式创新不仅可以帮助企业增强竞争优势,提高市场响应能力,提升运营效率和盈利能力,对企业向服务转型也有重要的借鉴作用。在每种业务创新模式的框架中,企业可以选择多项具体的举措来指导服务转型。

行业模式创新:通过向新行业转移、重新定义现有行业价值链或创建全新的价值链,实现"行业价值链"创新。

- **资产转移**:将企业积累的差异化专业技能、经验或资产(如卓越的运营能力和技术)应用于新行业或新客户。该举措能帮助企业最大限度地重复利用原有优势,从而保障新业务的顺利起步。要达到这一目标,需要企业加强内部的部门协作,并协调相关团队和专家资源支持新业务。
- **直面客户**:取消中间商,直接为客户提供更高效的服务。与传统的产品销售不同,服务的销售及实施更为复杂。压缩中间环节,有利于降低总体成本,并保障高质量、反应快速的服务水平。采取这一举措的前提是企业拥有精干的客户服务团队,激活并巩固直销渠道。企业还可能不断发掘更贴近终端消费者的新的销售渠道,如网络营销。

收入模式创新:通过重新配置产品(产品/服务/价值组合)和/或通过推出新的定价模型实现创收的创新方式。

- **绑定产品与服务**:将产品和服务捆绑销售。这种方式减少了客户从多家供应商处分别采购产品和服务的烦琐和整合风险,并帮助客户降低了总体拥有成本。制造企业需要综合考虑产品与服务的利润率、客户接受度来定制一个合适的、吸引顾客的"产品+服务"价格包来实现以服务驱动利润增长。
- **创新的定价模型**:利用订阅模式,或按使用率、创造价值收费的定价模型,取代免费服务或简单的一次性交易模式。灵活的付款方式和风险共担的业务承诺将有助于赢得客户的信任,企业也可以获得长期稳定的现金流。在采取复杂的定价模式时,企业需要精算利润率和评估潜在的现金流风险。

企业模式创新:通过专业化分工和价值链协作重新定义企业在价值链中的角色和组织边界。

- **整合企业**:整合关键的业务和流程并加强内部的沟通协作,为客户提供更好的服务。例如,授权客户关系代表担任各服务及产品线与客户的统一接口,有助于为客户解决跨部门的项目协调问题。整合的企业需要重组冗余的业务单元,并将分散的业务支持部门集中为统一的共享服务。

- **外部协作网络**:通过与上下游厂商建立合作伙伴关系或战略联盟,拓展研发、销售和服务实施能力。例如,企业可以组建销售联盟,利用合作伙伴的销售力量扩大覆盖度,并为满足客户复杂的业务需求绑定多家的产品和服务。

要形成良好的服务合作模式,企业需要管理和维护合作关系,如识别和选择领先的合作伙伴,解决双方的渠道冲突,明确与客户交互时的角色分工和权责关系,培训合作伙伴与自身服务战略配合的能力,并奖励高绩效的合作伙伴等。

当选择以上模式进行服务创新时,企业需要考虑自身的独特定位。只有那些适合企业自身特点的举措,才能发挥最佳的杠杆作用(见表8-3)。

表8-3 企业在为服务型战略选择恰当的战略举措时需要考虑自身的独特定位

举措	什么情况下可行?
资产转移	• 拥有强大的品牌优势、独特的技术、管理能力或出色的运营水平,并能将其向外转让
直面客户	• 原有的渠道合作伙伴没有能力或资源施行服务型战略 • 有能力应用互联网等新技术削减中间商
绑定产品与服务	• 能对同一客户提供多样化的产品/服务 • 更适合那些提供产品增值服务的公司
创新的定价模型	• 在确保服务质量的同时为客户提供付费方式的灵活性,提供多样化的使用模式 • 更多地配合客户的需求(如客户行为、时间等),通常提供服务导向的解决方案
企业整合	• 业务多元化,为同一客户提供多样化的产品或服务
外部合作网络	• 缺乏足够的资源(财务、销售或人力资源)更有效地为新老客户服务(销售或送货) • 需要与目标客户群建立和维护客户关系

资料来源:IBV分析。

这些模式和举措并不是互斥的,企业可以综合运用,加强服务战略的立体化和纵深化,从而带来复合收益。

| 案例分析 | 远大空调同时运用行业和收入模式创新,从而成功转型为服务提供商 |

远大空调是国内一家领先的中央空调制造商,通过多种技术先进的产品,如环保的非电空调,在市场上获得认可。为保证业务的持续发展,它逐步进入多种创新的业务模式。

在行业模式方面,远大意识到那些拥有大型住宅和商业建筑的客户不再愿意购买和自己维护空调设施。为此远大改变了销售方式,从卖空调机转变为销售"冷和热",这样客户可以将楼宇"冷和热"的需求外包给远大,无须再雇用和管理维修人员。

在收入模式方面,远大实现了定价模式的创新,按照客户享受冷热服务的使用面积收费,以这种更为合理的效用模式代替了过去定额的月度收费模式。由于新的服务合同一般持续五到十年,因此能保证远大获取长期且更稳定的现金流。

服务转型需要运营模式的转变

在传统的制造企业中,组织流程设计都是以产品和职能为核心的。随着企业逐渐转变成一个服务导向的公司,就越来越需要一个灵活的、以顾客为中心的运营模式来支撑服务业务的发展:企业的组织流程设计需要以客户为中心,需要建立一个以客户为中心点的矩阵式组织模型,由客户经理来牵头企业各部门以快捷优质地服务客户,同时以一对一的方式向客户提供涵盖产品和服务的整体解决方案。

在这一过程中,企业将获得对顾客全面深刻的理解,同时也在售前、售中和售后不断加强与客户的沟通和互动。与此同时,企业还需要建立新的业绩考核指标,更多地强调服务水平、服务质量以及客户满意度的重要性,从根本上保障服务转型的实现。

此外,在企业不断扩大市场规模的过程中,还应不断拓展服务实施的新模式,以在保障企业发展的同时保证服务的质量。

企业运营模式的转型关键是要实现以下四个方面的转型(见图8-7):

服务转型需要文化和人才的转变

IBM结合自身转型的经验以及与全球超过1 000位CEO的访谈,指明

- 确立核心领导层来领导服务变革，保障服务变革在高度透明度和合理管控下顺利进行
- 重新调整销售组织体系，解决产品部门与服务部门的各种冲突，如销售渠道、销售伙伴，实现组织内积极的合作
- 整合服务实施部门的组织架构，实现跨部门跨单位的矩阵式项目管理
- 确立新的恰当的绩效考核体系来鼓励服务业务的发展，例如服务占总收入的比重、客户满意度等
- 将切实可行的奖励系统与绩效挂钩，避免绩效管理流于形式

- 简化流程，建立灵活的流程来快速响应客户需求
- 建立新的流程体系鼓励跨部门的合作

- 跨部门建立整合的客户关系管理系统来全面反映顾客的意见和需求
- 建立完善的客户信息系统来获取客户信息，并实现跨部门的共享
- 建立完善的系统来实时管理服务实施，例如项目管理系统

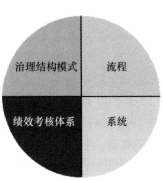

图 8-7　一个有效的服务型运营模式需要考虑执行战略所需的各种关键因素

了在企业转型中的困难和挑战，其中最大的挑战来自于人才和文化[18]，而这一问题在服务转型的过程中变得尤为尖锐。

对于传统的以产品为中心的制造企业而言，核心竞争力来自于产品的工艺、技术以及品牌效应，用以满足消费者的最重要的因素在于产品的质量以及性能。而当企业步入服务时代时，企业能否满足客户的苛刻需求，能否拥有核心竞争力都取决于人才。这些从事服务销售及实施的人才能否最大限度地理解客户需求，能否成功地实施服务，能否合理地管控服务项目保障服务质量，直接影响着企业的市场竞争力和生死存亡。可以毫不夸张地讲，进入服务时代，企业最重要的品牌就是企业的人才。

相应地，人力成本将取代产品生产成本成为企业最大的成本所在，企业的成本管理将不再是如何降低货品库存的成本而是管理一个新的"人才库"。这不仅需要企业具备项目规划的能力，还需要企业将服务的销售预测、人才库和项目进行统筹管理，既要保障人才库中有充分的资源和技能匹配的专家可以为新的项目所用，同时也要尽可能减少人员闲置率。

企业提高效能的方式也将有所改变，将不再依靠传统的改进设备、生产线和技术等提高效能的手段，而需要以各种手段提高服务实施的效率，比如服务实施经验分享、知识的传递以及在服务过程中不断完善的方法论。

企业的文化也将发生重大的改变，需要从围绕产品实现创新发展成围绕客户需求实现创新，需要企业文化更加快速、灵活而富有活力，以积极响应不断变化的客户需求。

开始行动

您所在的企业是否做好准备启动转型？这需要综合考虑企业的内外部因素，不但要明晰市场中的服务商机，还要评估企业的能力准备。不论企业是否已经启动转型进程，高级执行官们都需要思考这些关键问题，以确保服务战略的可行性和就绪状态，并监督和检验相应的变革行动是否能有效地支持这些战略。

第一步，评估服务型战略的潜在商机

目标1：确定服务转型战略的重要性

- 服务业务在多大程度上可以为公司的整体成功带来竞争优势？

目标2：评估服务型业务的商机大小

- 新的商机在多大程度上可以通过提供新的服务实质性影响到企业增长？
- 服务如何提升客户的价值主张并且/或者提高对产品的拥有体验？
- 竞争对手是否已提供了客户需要的服务？
- 如果服务型业务的市场已经存在，市场规模/潜在市场规模有多大，当前的竞争性如何？
- 客户是否愿意单独为服务花费高昂的或附加的费用？

第二步，评估现有业务模式是否已为转型做好准备

目标1：评估实施业务模式的能力

- 服务型价值主张如何与企业核心经营战略协调一致？
- 确立的服务型战略如何实现差异化，竞争力如何？
- 需在多大程度上考虑和管理改变定价模式的风险（如选择一次性收入模式还是长期的现金流）？
- 如果寻求合作伙伴，建立和管理合作伙伴关系需要具有什么样的经验和专业技能？

目标2：评估运营层面的就绪状态

- 现有的渠道（内部的或合作伙伴）能够提供满意的销售和实施服务吗？
- 如何对服务运营中的流程、数据、工具和管理进行整合？

- 现有的关键绩效指标可以很好地衡量绩效及服务带来的影响吗?

目标3:评估人才和企业文化的就绪状态
- 企业现有的员工在多大程度上具备了实施服务型战略的技能?
- 引进人才或对现有人才进行素质培训的计划是什么?
- 现行的激励机制在多大程度上能够提高服务业务的销售业绩?

本章作者简介

甘绮翠,IBM 中国商业价值研究院院长;
丘琪铮,IBM 中国商业价值研究院咨询经理;
李　志,IBM 中国商业价值研究院高级顾问;
姜一炜,IBM 中国商业价值研究院顾问。

合作者

Mary Keeling,IBM 爱尔兰商业价值研究院咨询经理;
骆怡,IBM 全球企业咨询服务部战略与变革顾问。

致谢

Steven Davidson,IBM 全球企业咨询服务部战略与变革高级合伙人,亚太区领导人;

徐永华,IBM 全球企业咨询服务部战略与变革合伙人,大中华区领导人;

Andrew Davidson,IBM 全球企业咨询服务部战略与变革北美咨询经理。

参考文献与注释

[1]中国企业联合会、中国企业家协会:中国企业500强;IBM 商业价值研究院分析。

[2]温州中小企业协会会长周德文在2009年1月中国中小企业投融资高峰论坛上的报告。

[3]IBM 商业价值研究院2007消费电子行业消费者调研,IBM 商业价值研究院分析。

[4]Dan Greenberg. "Product provider to customer value provider: Escaping the service maze." IBV Global, 2006.

[5] Neely. "The servitization of manufacturing: An analysis of global

trends." 2007.

［6］柴凤伟,"中国汽车物流:步入发展新阶段",《现代物流报》,2006。

［7］王长富、徐家强,"长安民生物流争行业第一",《文汇报》,2007。

［8］Prof. Dr.-Ing. habil. Hans-Jorg Bullinger, Dr.-Ing. Wolfgang Schweizer. "Mass Customization in Process Industries", 2007.

［9］IBM GBS.

［10］China 2008—2012, BPO market, IDC, 2006

［11］Chu Fanghong, Jiang hong. "Haier Logistics: keeps enhancing its core competency." Logistics and Material handling, July 2005.

［12］建兴,"打造汽车IT第一品牌——启明信息技术股份有限公司巡礼",《中国证券报》、中证网,2008。

［13］房霄洋,"启明双手赢天下",《城市晚报》,2007。

［14］现代制造服务业专题工作研讨会会议文集,科学技术部高新技术发展及产业化司,2008。

［15］Louis V. Gerstner Jr.. "Who says Elephants Can't Dance? Inside IBM's Historic Turnaround." 2003.

［16］Paul McDougall. "IBM To Provide HR To P&G." InformationWeek, Aug 2003.

［17］Edward Giesen, Saul Berman, Ragna Bell, Amy Blitz, "成功的途径——创新业务模式的三种方法",IBM商业价值研究院,2007。

［18］IBM全球市场变革研究,2008。

第9章

领导可持续发展的企业

利用洞察和信息采取行动

Eric Riddleberger, Jeffrey Hittner

为满足消费者和利益相关方的期望,各企业都提高了对企业可持续发展问题的重视。它们因此而面临一系列全新的战略决定。但它们大多没有所需的信息。根据业绩出众的企业以及企业社会责任领导者的经验,我们指出企业必须开拓新的运营、供应链和客户信息来源,以获得实现可持续发展战略目标所需的洞察。

如今的企业强调将环保及社会责任问题作为战略目标来看待。我们在2009年对224位企业领导者所做的调查显示,60%的企业领导者认为企业社会责任(以下简称CSR)问题的重要性在过去的一年有所提高(参见图9-1)[1],只有6%的企业领导者表示该问题的重要性有所下降。这些回答反驳了新经济环境将会使企业减弱对CSR问题的关注的观点。

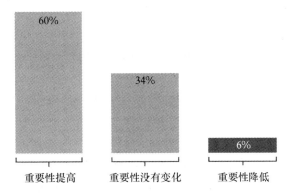

图9-1　CSR对战略目标的重要性在过去一年中的变化(回答百分比)

资料来源:IBM商业价值研究院2009年CSR调查。

当今世界是一个变化更迅速、更加扁平化和更加紧密联系在一起的世界。毫无疑问,这些条件要求企业不断改变其业务战略,同时提高对系统性风险及其后果的认识。同样是这些条件构成了要求企业采取可持续经营理念的重要理由,该理念认为企业的健康和长远发展必然系于社会和我们所生活的地球的安宁与和谐。

为确保可持续发展,各企业现在都制定了相对较新的目标,亦即对其业务进行优化,以最大限度地减轻对环境的影响和提高社会效益,同时实现经济效益最大化。

在我们的调查对象中,有超过2/3的企业将CSR视为其业务战略的有机组成部分,用以创造新的收入流和控制成本。它们因此而面临一系列全新的业务决策。能否在不提高产品价格的情况下减少废物产生?是否需要对分销渠道进行重组以减少碳排放和降低能源价格波动的影响?是否应当对产品与服务进行细分以符合消费者对可持续发展日渐关切的趋势?对这些以及更多同类问题的回答涉及一系列错综复杂的新考量。

企业经常评估其经营活动的当前及未来影响。它们引入了以可持续发展为特点的创新式采购、分销、产品开发与生产以及服务流程。在承担废物产生及处理的责任方面,它们对从产品开发到使用的各个方面都进行了重新评估。

正如所预料的那样,企业在这项工作上的进展各不相同。挑战无所不在,尤其是在获取所需的信息以实现这些新战略目标方面。从总体上看,在从可持续采购到劳动道德标准的各个领域,企业花费了很多心血来收集有关其经营的信息。但大多数企业仍然缺少实现其可持续运营目标所需的信息,而且缺口还很大。

事实证明,业绩出众的企业在向其业务生态系统广布信息收集网络方面做得比其他企业好得多。[2] 它们收集的信息更加有助于企业了解和应对可持续经营过程中面临的绩效挑战。

其他企业受到什么掣肘呢?确实存在一些非常现实的障碍。如同许多新企业面临的情况一样,困难在于确定需要什么信息。企业在对可持续发展方面进行改进时是否应当对大量的实时非结构化信息进行分析?如果要这样做,它们是否知道如何将该信息化为洞察和行动?它们应当与其他组织共享什么信息或者向其他组织要求什么信息?它们如何经济有效地管理这些新的信息需求?

根据一些行动较早的企业的经验,合作才是上上之策。领先的企业不是孤军奋战,而是与客户、行业群体和非政府机构交流信息,以扩大其知识来源和加强其基准分析能力。它们与合作伙伴、供应商甚至竞争对手交流领先实践并最终制定出针对可持续发展的共同标准。长期有效地实施 CSR 战略离不开标准的支持。

通过合作和利用最新信息与标准,如今的企业能够实现可持续发展方面的改进,同时提高运营效率与绩效。

新涌现的信息需求

如今的消费者、监管机构、非政府机构以及负责任的投资者对有关企业的社会与环境影响的信息的需求显著增加。面对全球变暖、管制加强、资源的日渐稀缺与昂贵以及人口爆炸的严峻现实,人们对环境、健康和社会问题的关注只会有增无减。

> 领先企业认识到以环境或社会利益为代价的利润最终都难以为继。

全球互联的现实也加重了企业要为其行动负责的利害关系。关于什么有害、什么无害以及什么构成了绩优的业务、出色的实践甚至是正确的判断的观点不胜枚举。由于互联网的兴起，非政府机构监督与普遍深入的新式消费者维权行动遥相呼应。

同时，可获得的信息的数量及细节水平也呈指数形式增加。由传感器、卫星图片、社交网络、聊天、视频和其他媒介所产生的实时数据流极大地增加了人们了解世界上任何时候、任何地方所发生事情的可能性。

今天，要确定一块木头、铜或矿石出自什么地方就像确定位于越南偏远地区某个工厂的员工的劳动权利一样可行。由于有如此多的信息可供利用，领先企业发现它们能够满足见多识广的新一代消费者的需求。

例如，鱼类消费者除了关心鱼肉是否新鲜以外还有很多其他关切。所谓的海产品是真的野生还是只是广告宣传？其获得合法吗（遵守总许可捕捞量规定而且不危及其他海洋物种）？其运输距离有多远，在哪个地方的工厂加工？

通过今天拥有的技术可以获得所有这些信息。对拖网渔船进行海洋捕捞的地点和时间可以使用全球定位系统技术进行跟踪。相关数据包含在电子标签中并被传输到销售点，所以，在挪威的消费者可以通过扫描条形码来查明其挑选的鱼产品的捕捞及加工包装时间与地点。[3]

超越传统的报告机制

我们在2009年的调查揭示，企业共享相关信息的一个主要目标是教育和通报利益相关方。令人感兴趣的是，利用信息来优化供应链、运输与物流、废物管理和产品生命周期远不是一个普遍目标。87%的被调查企业领导者表示他们将其CSR工作的重点放在创造新效益上，我们发现企业错过了将运营信息与这一重要CSR目标联系起来的机会。

但领先企业通过建立该联系收获了成本效益。中国航运与物流巨头中国远洋运输集团公司（COSCO）能够分析其"碳足迹"并制定替代物流策略来减小它。该公司在碳价格和消耗量、物流成本、承运商类型和本地能力、产品需求信息、客户服务等方面进行了仔细的考量。同时考察了替代运输模式、货运合并及运输网络配置策略。结果，该公司将其配送点从100个减少到了40个，使成本下降了23%，二氧化碳排放量减少了15%，相当于每年减少100 000吨。[4]

荷兰可贝可乳品集团（Friesland Coberco Dairy Foods）采取了另一种方

案来减少其运输负担,那就是转变其婴幼儿食品的生产方式。构成各种调味品的食物成分现在到了供应链的后续阶段才会添加到食品当中,这一改变可减少库存以及运输里程(估计每年127 000英里),同时也可减少相应的碳排放量。[5]

IBM又是一个例子。该公司在其一个工厂对通过安装在全厂的数百个传感器所获得的有关用水量和水质量的实时数据进行分析。

> 重要的是不仅要收集运营信息,而且要经常进行这项工作,从而使新的、准确的数据可以被用于保证企业的可持续运营。

基于该信息的流程改进使用水量减少了27%,同时使制造产量增加了30%以上。由此每年的节约高达300万美元。

通过在水、能源和废物等领域的管理改进获得的成本效益是明显和可实现的。但是,在获得和管理大量运营信息方面存在一些负担。例如,实施可持续发展战略要求正确理解质量与客户服务以及成本与环境影响等因素的对立统一关系。在许多情形中,必须评估这些因素对整个供应链及生命周期的影响,这就需要有关产品生产与消费方式的信息。

食品公司Truitt Bros与环境研究与教育协会(Institute for Environmental Research and Education)联合对其独有的耐贮存辣椒和豆类产品的环境影响进行了完整的从原产地到餐桌(Cradle-to-plate)的评估。它分析了与由食品运输和制造以及生产及处理中所用原材料而引起的气候变化、土壤流失和生态毒性有关的科学数据。调查者得出了与直觉相反的结论,那就是总体而言这些加工食品比消费者自制食品的环境影响更小。其制成品在分销过程或家中贮存期间不要求冷冻或冷藏,而且产生的食品废料更少。[6]

除了经营信息,企业还应当收集有关其合作伙伴的全面的业务生态系统信息。例如,一个公司的碳足迹就是与向其供应资源以及分销其产品的各方有关的所有碳足迹的总和。更进一步,在谈到CSR时,客户位于最重要的合作伙伴之列。因此,除了要了解他们如何使用和处理产品以外,企业还需要了解其客户对可持续性发展问题的具体关切,以实现其目标或者教导客户为什么企业认为其目标也是他们的目标。

优化的鸿沟

我们调查了与可持续发展有关的三个信息领域,即运营信息、供应链信息及客户信息领域的企业领导者。调查结果表明运营信息需要更加及时,供应链信息仍然过于孤立,而客户信息则需要更多一些。

运营信息:数量不断增加,但有时过于迟缓

接受调查的企业领导者中有40%的人表示他们在过去三年间增加了对运营信息的收集量,这涉及我们所调查的所有8个可持续发展的相关领域:能源管理、碳管理、水管理、废物管理、可持续采购、产品组成、劳动道德标准及产品生命周期。并不令人惊讶的是,所收集信息量增加最多的领域是能源管理,略少于2/3的回答者选择了这一选项(参见图9-2)。约有半数回答者选择了碳管理、水管理和废物管理、可持续采购、产品组成及劳动道德标准。

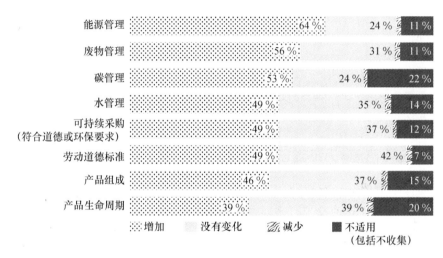

图 9-2 过去三年间信息收集方面的变化(回答百分比)
资料来源:IBM商业价值研究院2009年CSR调查。

新信息时代的重要特点之一是我们可以获得实时数据。然而常常会出现所收集的数据毫无用处的情况。近60%的企业不经常收集有关重要运营及可持续发展目标的信息。例如,即使在受到较高关注的碳管理领域,也有80%的被调查企业领导者的回答为否。他们有可能使用针对年度CSR报告的信息,但由于他们没有评估行动对其碳足迹的持续影响,因此不可能使用数据来改进他们的可持续运营(参见图9-3)。

在我们的调查中,业绩出众的企业在收集经营信息方面明显更加积极主动。对所有企业而言,来自同行的压力会促进信息收集频率的提高。被商业伙伴要求采用CSR标准的时间越长,它们收集数据的频率就越高。在我们所调查的8个领域均存在这一相关性,这表明随着时间的推移,新信息

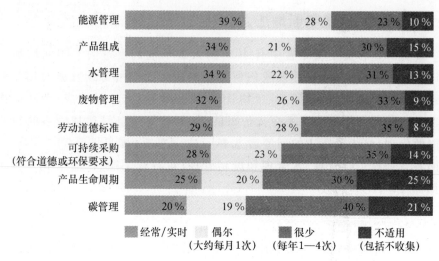

图 9-3 信息收集频率

资料来源：IBM 商业价值研究院 2009 年 CSR 调查。

的价值会凸显出来。

供应链信息：仍然过于孤立

超过半数的被调查企业领导者称他们把与利益相关方和商业伙伴之间的开放信息共享作为重要任务。但绝大多数人并未从其供应商处收集足够的信息来支持其 CSR 目标。与同类企业相比，业绩出众的企业从其供应商那里收集到更多的信息，包括在我们调查的所有 8 个领域。

30% 的被调查企业不要求供应商提供上述 8 个领域的任何信息。令人惊讶的是，在跨业务生态系统"足迹"变得更普遍的碳管理和水管理领域，约有 80% 的被调查企业不要求其供应商提供信息。而且，尽管劳动领域的丑闻有损于品牌形象是一个长久存在的事实，但还是有 60% 的被调查企业并不从其供应商处收集有关劳动标准的信息（参见图 9-4）。

客户信息：不断改进，但要走的路还很长

消费者的购买决策经常受到对企业承担社会和环保责任的认识的影响。为确定企业对这些认识的了解程度，我们在 2008 年和 2009 年的调查中向企业领导者询问他们对其客户的 CSR 关切有多大程度的了解。在 2009 年的调查中，共有 2/3 的企业领导者承认他们不太了解其客户的 CSR 关切。这比 2008 年的水平有 11% 的提高，表明企业在此方面进展迅速。

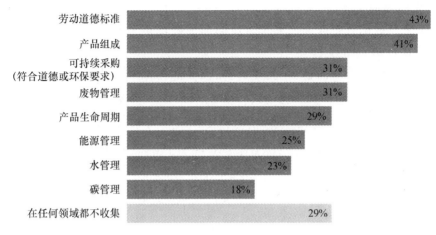

图 9-4 向供应商收集信息(回答百分比)

资料来源:IBM 商业价值研究院 2009 年 CSR 调查。

尽管如此,在我们 2009 年的调查中,近 40% 的企业表示它们尚未就该议题开展任何研究(参见图 9-5)。业绩出众的企业往往对客户需求具有更充分的了解(两倍于其他企业)。

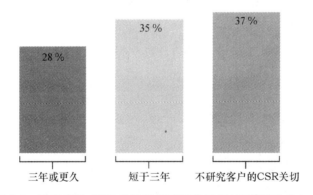

图 9-5 对客户的 CSR 关切开展研究的时间(回答百分比)

资料来源:IBM 商业价值研究院 2009 年 CSR 调查。

企业对客户的 CSR 关切的了解因地区的不同而存在很大差异。近半数西欧企业领导者表示其公司相当了解其客户的 CSR 期望。该数字在北美地区略低一些,而在亚太地区则低至 10% 左右。这并不令人惊讶,因为亚太地区半数以上的企业还没有就该问题开展任何研究。不过调查表明亚太地区的企业会有所行动。近四分之三的企业领导者表示他们对其客户的 CSR 期望有中等程度的了解,近五分之一的企业自 2008 年才开始研究客户对 CSR 问题的关注。

大多数被调查企业都需要从供应商那里收集更多 CSR 数据,并更好地了解其客户的 CSR 关切。

就调查样本整体而言,在收集运营、供应链和客户信息方面的不足揭示了一个优化的鸿沟(参见图 9-6)。此外,我们还发现业绩出众的企业在三个信息领域的表现均好于其他企业,那些在三年前就开始将 CSR 目标纳入整体业务战略来增加收入和提高效率的企业同样如此。这些企业的信息收集方案和所采取的行动表明这一差距将会随着时间的推移而减小。当前的挑战在于确定需要什么信息,然后收集和分析它们,使之为企业的效率和增长目标提供支持。

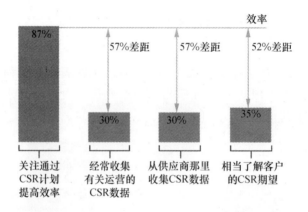

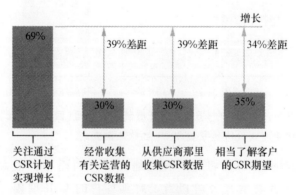

图 9-6　优化的鸿沟

资料来源:IBM 商业价值研究院 2009 年 CSR 调查。

洞察、互动和行动

如今的每个企业都是一个由众多系统组成的系统,更加受到复杂和相互依赖的各种力量的制约,不像过去的传统企业系统那样旗帜鲜明地以追逐利润为目标。

由于资源的日益有限,企业的原材料、水、能源以及其员工和客户的身体健康都依赖于和谐的自然生态系统。它们依赖繁荣发展的社区系统提供的劳动力、新的创新和客户来源。由于企业系统之间的相互联系,奉行可持续发展理念的企业会同时考虑它们所采取行动的当前及长远后果。

虽然这些依赖明显使得负责任的企业管理人员的工作更加复杂化,但可持续发展企业的领导者正在试着了解这些依赖据以采取行动。驾驭这一复杂性要求更强的洞察力、新的信息源和新形式的合作。因此,CSR方面的企业领导者都在发展商业伙伴、非政府机构和其他机构的联盟,以开始弥补从劳动标准到水标准等领域的信息差距。他们正在确定领先实践与技术,以更加广泛地通知和教导利益相关方,如客户和员工。

总之,大多数企业知道它们需要以某种方式与其利益相关方开展互动。但是,尽管通过合作可以获得好处,但主动与商业伙伴和非政府机构开展互动的企业比例仍然相当低,分别为55%和44%(参见图9-7)。

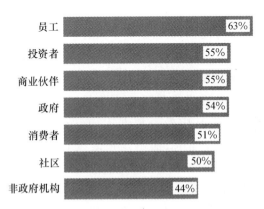

图9-7 主动与利益相关方团体开展互动(回答百分比)
资料来源:IBM商业价值研究院2009年CSR调查。

新的信息前景

信息的数量和细节水平正在呈指数形式增加。不断出现的新类型信息有助于解决一度难以克服的挑战。例如,Earthmine 公司正在开发一个三维城市空间地图系统(收集针对它们捕捉的每个像素的 GPS 数据)来帮助政策制定者和社区领导者管理公共安全和经济发展。[7] 另一家企业 Mobile Metrix 正在收集发展中国家超过 10 亿人口的个人工作技能、健康状况、教育水平等信息,这些信息在官方几乎无相关记录。[8]

还有一家企业 Lanworth 正在将数据分析技术运用于其巨大的卫星图像、野外样品及气象模型数据库,以更好地管理与土地使用和农作物收成有关的风险。[9] 有关气候、地形学和生产的历史信息可帮助所有利益相关方提出有关土地使用和自然资源采购的合理化建议。

新的工具和服务也正在快速发展用以帮助收集信息。数字化的感应器能够将真实世界的环境信息即刻收集和传送。例如,Pachube——一种网络服务——使得组织通过全球共享的感应装置网络自由地分享和监控实时的环境数据。[10] 其他的服务,比如 Efficiency 2.0,将能源审计软件和社交网络工具捆绑来帮助诸多公司接入细化到员工个人水平的能源使用情况数据,并据此产生改进的行动方案。[11]

打造领先的实践与标准

如今,尽管各种条例、标签方案和行为准则层出不穷,但针对可持续性的标准相对还不成熟。碳披露项目(Carbon Disclosure Project)最近进行的一项调查显示,《金融时报》500 强企业中间存在 34 种定义和测量碳排放的不同方法。[12]

目前,来自行业联盟的领先实践和基准分析比国际公认标准对 CSR 决策的促进作用更大。相信从这些活动中能够产生可长久存在的标准。今天,积极的行业参与作为其中的一种方式,有助于确保不断演进的新实践和新规则促进业务的持续运营,而不是使之变得更为繁杂。此外,行业联盟也是获取和共享更广泛的可持续发展信息的一个很好途径。这些团体还有助于通过提供建议帮助企业更好地利用其信息,例如利用信息来改变业务和进行创新以及把相关进展传达给利益相关方。

像碳管理一样,水管理也是一个很重要的问题,特别是在水资源缺乏的发展中国家。一些世界著名品牌通过切肤体验认识到,在一些政府管理比较薄弱的地区，地方社区可以代替政府的角色发挥管理职能。为此，包括可口可乐、帝亚吉欧（Diageo）、雀巢、百威英博（Anheuser-Busch InBev）和百事可乐在内的12家企业组成了一个饮料行业环境圆桌会议（Beverage Industry Environmental Roundtable）共同体，旨在收集和分享有关节约用水和资源保护的数据与领先实践。这些企业还一起建立了一个共同框架，用以交换有关水减少、重复利用和管理以及干旱准备的信息。[13]

在电子行业，亚洲和墨西哥的合同制造商可能会发现难以有效地遵守其原始设备制造商（OEM）客户所要求的各项行为准则。作为对这一行业挑战的响应，电子行业同业联盟（Electronics Industry Citizenship Coalition）建立了让企业交流有助于改进劳动实践的资源和计划的机制。来自供应链四个等级的联盟成员可以获得评估工具和培训资源以及审计结果。这种开放性加深了OEM、供应商和合作伙伴之间的关系，它们可以协调各自的方案以共建一个符合道德要求的供应链。

基准和领先实践是在制定目标时可供利用的重要指南。挑战在于使这些目标符合利益相关方

> 新的信息类型不断出现，用于收集、分析和利用数据的新工具的服务也不断出现。

自身的考虑与目标。这些利益相关方包括员工、消费者、商业伙伴、投资者、非政府机构、监管机构以及政府机构。许多贸易和行业组织正在开发相关框架体系和记分卡，用于帮助确定为了协调和实现各方的目标而调整的衡量标准和关键绩效指标。

沃尔玛百货公司建立了包装业可持续价值网络（Packaging Sustainable Value Network），这是一个由包装行业的200位领先企业或机构组成的团体，旨在创建包含九项具体衡量标准的包装业记分卡，以帮助供应商在包装材料、能源效率、环保标准等方面将自己与竞争对手进行比较。[14]经过调整的衡量标准使供应商有可能专注于最有影响力的特定创新和促进持续的变革。

客户：企业实现可持续发展目标的伙伴

大多数企业都理解外界对有关CSR计划的透明度的期望。我们调查的企业领导者中超过半数的人将信息共享当做非常重要的任务。但是直到最近，企业为了满足利益相关方的要求而被动地共享信息的情况才有所转变。那些希望通过CSR计划获得业务优势的企业想出了新的途径来通知和教导其利益相关方，包括客户、员工及合作伙伴。

许多企业都在对运输与物流业务进行重组和对一些取舍进行权衡。例如，客户满意度可能会因为当天交货的方便性而增加，但满载运输则可以降低能源成本。评估这些选项的一个方法是使客户参与到决定中来。这可能包括在客户做出购买决定时向其提供各种可选运输方案。有关交付选项的销售点信息可向他们提供减小其碳足迹的机会："如果你想使得这台电视机交付过程中的温室气体排放量减少80%，请点击此处，你的包裹将通过混合运输工具在下个星期抵达。"

英国零售商乐购(Tesco)使得教导成为一项共同的努力。其新试验项目允许顾客在购物时支持废物循环利用。顾客在把商品带回家之前可拆除他们不需要的产品包装，将其留在超市内。这样，他们就能方便地表示自己对废物循环利用的支持，但同样重要的是，他们的行为会向零售商提供有关哪些包装组成部分是实用的而哪些部分属于多余的有益信息。[15]

德国批发商麦德龙(Metro Cash & Carry)根据消费者对产品信息的需要建立了一种双向信息交流机制。其全资子公司 Star Farm 开发了一个解释其食品可追溯性体系以及通过使用商店内的终端跟踪机器扫描可追溯性条码来获取信息的程序。与 Star Farm 开展合作和销售产品的供应商已经由 Star Farm 使用国际质量标准对其进行了审计和指导。还有一项售后服务允许消费者在家中登录 Star Farm 的网站，并按照可追溯性条码搜索产品信息。在回答顾客问题的过程中，这些电子搜索系统还会记录购物者的查询，从而使麦德龙对顾客有关食品安全与质量的关切加深认识。

诸如此类的创新有助于营造一种使双向透明性成为可持续性计划的核心的企业文化。我们的调查结果显示，那些比较重视这种透明性的企业和在此方面已经达到一定成熟度的企业发现要做到这一点并不难。显而易见，一旦企业开始了提高透明度的努力，他们就会获得所需的经验以及对于在其组织内部与利益相关方共享信息的价值的信心。这些富有创造性的协作可以发挥更大的作用，而不仅仅是让客户了解企业在可持续方面所做的努力。企业的目标不只是共享信息，它们正在学习建立一种真正的交流，通过这种交流，利益相关方和企业都可获得有助于开展一些新工作的知识。

总结

在资源有限的现实条件约束之下，希望遵循可持续发展道路的企业面临一系列新的决策。同时，数量不断激增的信息也有待于企业将其转化为新商业智慧和新业务优势。

若想获得成功，你的企业应考虑采取以下行动：

识别信息差距和分析需求。你所收集的 CSR 信息是否对进行战略决定足够有用和及时？你是否从你的商业伙伴和供应商那里得到了所需的信息？你是否了解你的客户对 CSR 问题的关切以及你的业务生态系统中的其他重要利益相关方的关切？

协调企业的目标与利益相关方目标，然后确定相关任务的优先级。利益相关方要求企业提供许多信息，但其信息需求不可能是你的唯一工作重点。你是否会收集有助于实现你的业务目标的信息并将这些目标传达给所有利益相关方？

评估领先实践和基准。你是否确定了针对你的关键 CSR 活动的可持续性领先实践与基准？你是否参加了致力于开发领先实践和基准的行业或者以活动为中心的联盟。你是否有相应的框架体系和记分卡来衡量 CSR 活动对整体目标的影响？

对这些问题的回答可帮助你制定行动方针和确定任务的优先级。随着这些行动逐步推进你的 CSR 战略的实施，你将会处于更有利的地位，以收获运营效率提高和实现与各种社会及环境生态系统实现更佳平衡所带来的商业效益。

本章作者简介

Eric Riddleberger 是 IBM 全球企业咨询服务部合伙人并负责全球业务战略（Global Business Strategy）咨询以及通信行业战略与转型（Strategy and Transformation）业务。他在战略与技术领域拥有超过 25 年的工作经验，除了在 IBM 还在博思艾伦咨询公司（Booz Allen Hamilton）、瑞银资本（UBS Capital）及美国电话电报公司（AT&T）工作过。他向客户提供的咨询服务包括企业转型、市场分析、战略计划、合并与收购以及业务拓展。他的电子邮箱是 eriddle@us.ibm.com。

Jeffrey Hittner 是 IBM 全球企业咨询服务部的 CSR 业务负责人。他向众多行业的客户提供有关 CSR 和可持续发展方面的咨询，帮助客户将这两个目标纳入其核心业务战略。他以前的 IBM 出版物包括《精通碳管理》（*Mastering Carbon Management*）和《通过 CSR 计划实现可持续增长》（*Attaining Sustainable Growth Through Corporate Social Responsibility*）。他的电子邮箱是 jhittner@us.ibm.com。

参考资料与注释

［1］从 2008 年 12 月到 2009 年 1 月，IBM 商业价值研究院与经济学人信息部合作完成了对横跨欧洲、美洲和亚太地区的企业领导者的调查。

［2］受访者依据自身与同行业其他企业的比较，分别被称为"业绩出众者"、"业绩正常者"以及"业绩欠佳者"。

［3］"Tracing the Fish." Seafood from Norway. March 24, 2006. http://www.seafoodfromnorway.com/page?id=100&key=14373

［4］"Oh, The Climate Outside Is Frightening..." IBM Press Release. January 23, 2009. http://www-03.ibm.com/press/us/en/pressrelease/26522.wss

［5］"Mastering Carbon Management." IBM Institute for Business Value. 2008.

［6］"Oregon Food Processor First to Use a Life-Cycle Assessment to Evaluate Environmental Impact of Producing and Packaging a Food Product." CSRwire. May 12, 2009. http://www.csrwire.com/press/press_release/14170-Oregon-Food-Processor-First-to-Use-a-Life-Cycle-Assessment-to-Evaluate-the-Environmental-Impact-of-Producing-and-Packaging-a-Food-Product

［7］"Earthmine applications." Earthmine. http://www.earthmine.com

［8］Mobile Metrix 网站：http://www.mobilemetrix.org

［9］Lanworth 网站：http://lanworth.com

［10］Pachube 网站：http://www.pachube.com

［11］"Efficiency2.0: About." Efficiency2.0. http://efficiency20.com/about.html; "Efficiency2.0: Companies." Efficiency2.0. http://efficiency20.com/companies.html; "Efficiency2.0: Personal Energy Advisor." Efficiency2.0. http://efficiency20.com/software/energy_advisor.html

［12］"Report Analyzes Greenhouse Gas Reporting Methods." Greenbiz.com. July 6, 2008. http://www.greenbiz.com/news/2008/07/07/greenhouse-gas-reporting-methods

［13］"Water: A Global Innovation Outlook Report." IBM. 2009.

［14］"Wal-Mart Unveils 'Packaging Scorecard' to Suppliers." Wal-Mart Stores, Inc. http://walmartstores.com/FactsNews/NewsRoom/6039.aspx

［15］"Tesco Seeks Customers' Help in Identifying Excessive Packaging."

Triplepundit.com. April 7, 2009. http://www.triplepundit.com/pages/tesco-seeks-customers-help-in-identifyin.php

洞察：领导可持续发展的企业

> 全球超过1 000位CEO与IBM展开的讨论揭示了"未来的企业"的特征。在由世界著名的多媒体资源公司智拓(50 Lessons)对该CEO研究所进行的一系列跟进视频访谈及其先前所进行的访谈中，全球一些顶尖企业高管对调查的重要议题发表了他们的见解。

可口可乐公司前主席兼CEO Neville Isdell谈与地方社区的合作

当你考虑企业的全球化问题时，需要从两个方面来看，因为时代的要求对于像可口可乐这样已经实现全球化的企业和正在进行全球化并希望在将来获得成功的企业是不同的。过去，你只需要到处建立业务点就可以了，现在可能不会这么简单了。

我喜欢这样看这个问题：在当今世界，全球化不时受到质疑，经济上的民族保护主义也时有抬头，你的企业需要在思想上和行动上都成为你开展经营的每个社区的有机组成部分。特许经营制度是一种很好的制度设计，因为它使你能够开展经营，并且由于你是与本地公司和企业进行合作，因此你的企业得以实现本地化。

要想在全球化方面取得成功，你的企业必须以正确的方式适应和融入每个社会的文化。过去那种"空降"到一个国家或地区并认为你能够给它们带来优越的知识和专业经验的时代或许已经过去了。你需要使你的企业完全融入社会，与其成为一个整体。

一个我们认为非常重要的领域是水管理。作为一个饮料公司，水管理是我们业务的重要组成部分。现在，人们如何看待我们获得水资源的方式呢？在一些我们还没有取得你可能称之为社会许可的实例中，我们表面上只管取水和用水的事实可能让我们受到质疑。但我认为这种回答不是一种正确的解释，但这是现实，我是说至少一些人是这么看的。

> "要想在全球化方面取得成功，你的企业必须以正确的方式适应和融入每个社会的文化。"

这种情况下你会怎么办呢？

例如，肯尼亚的有些地区非常缺水。那么我们在肯尼亚的运营有什么大麻烦吗？没有。我们有一个向学校供水的大型项目，我们与非政府机构在该项目上开展合作。我们还在一些缺水地区对集水区进行考察和保护，设法让地下蓄水层得到恰当的补给。

当然，我们还努力减少我们自身的"水足迹"，也就是我们的用水量，以确保我们能够尽可能高效地运营。如果所采取的措施并不总是有效，那么你就要想办法改变这种情况。

我举的是一个与可口可乐公司的业务比较贴近的例子。而你需要始终关注与你自己的业务贴近的事情。否则你就不会严肃对待它，你的工作就不会做得很好，你的员工也就不会认同它。

E. Neville Isdell 在 2004—2008 年间担任可口可乐公司主席兼 CEO。可口可乐公司是世界顶尖的软饮料公司，在 200 多个国家或地区自行生产或授权其他公司生产 400 多种饮料。

宜家公司前集团总裁兼 CEO Anders Dahlvig 谈促进社会和环保议程

我们公司以前经历过与社会和环境问题有关的危机。例如，上世纪 90 年代，我们在巴基斯坦的供应商工厂曾被指责使用童工。上世纪 90 年代中期，德国媒体向公众曝光我们的家具甲醛含量超标。我们对这些事件采取了相当被动和防御性的态度，这表明我们公司内部没有针对 CSR 的全面议程。我在宜家的初期目标之一就是建立环境和社会问题方面的坚实基础和议程。

我们的零售人员非常赞同制定严格议程来要求我们的供应商，而供应商方面的员工则害怕采购价格将会因此而上升。因此，围绕

> "当然，你也可以将之称为道德问题，但如果你想在商业环境中获得成功，就必须有一种商业联系。"

我们是否应当在 CSR 方面向最高标准看齐和成为一个好榜样，我们应当进入主流还是只需要满足法律所要求的最低标准等问题，公司内部存在许多争论。要在我们如何进行品牌定位的问题上达成一致意见并非易事。

我们用了一年时间在企业内部对这个问题进行广泛深入的讨论，包括在董事会、零售和采购层面。现在回想起来，用这么长的时间进行讨论是一个好主意，因为这个问题是与其他任何问题都不一样。这是一个涉及感情的问题，可以讨论得很深，它关乎道德与伦理，而不只是一个商业问题。经过这一长时间的内部讨论，我们设法达成了宜家应当成为一个好榜样和

向最高标准看齐的一致意见。我们认为这对宜家的业务发展是有益的。

开始时我们的关注领域是那些我们曾经受到批评的领域。所以,我们首先在对供应商的要求方面采取了有力的举措。其次,木材是我们业务的一大组成部分,我们需要控制其来源以及我们的供应商对木材的使用方式。第三个领域是生产健康而安全的产品,当然,这对任何企业来说都是核心任务。

如今的宜家在社会与环境问题方面拥有非常好的信誉。这些问题在10年前是重要的,在今天就更加重要了。全社会对这些问题的重要性的认识都有很大程度的提高。

当然,你也可以将之称为道德问题,但如果你想在商业环境中获得成功,就必须有一种商业联系。人们需要从纯财务的观点看到解

> "使人感兴趣的是,这样做实际上对增加利润确有帮助,其益处不只是保持和增加信誉,还有成本降低。"

决这个问题的意义。你不可能只从道德方面推动对问题的解决。使人感兴趣的是,这样做实际上对增加利润确有帮助,其益处不只是保持和增加信誉,还有降低成本。最终,对环境的好处是大多数情况下所使用的原材料和资源更少了,而更少的资源消耗就意味着更低的成本。所以我认为在商业计划与环境议程之间可以取得很好的平衡。

Anders Dahlvig 担任国际领先的家具生产商宜家公司的集团总裁兼 CEO 长达 10 年时间,直至 2009 年 9 月离任。宜家公司生产和销售 12 000 多种家具产品,在 30 多个国家或地区拥有 300 个商店。从 1998 年至 2008 年,公司销售额从 63 亿欧元增加到超过 212 亿欧元。

❈ ❈ ❈ ❈ ❈ ❈ ❈ ❈ ❈

这些洞察源自哈佛商学院出版社出版的有关"为变革而建"(Built for Change)的访谈,这些访谈是哈佛商学院"经验教训"(Lessons Learned)系列商业评论的特别版以及 IBM 与智拓(50 Lessons)在内容合作方面的成果。

第10章
绿色及未来

以更智慧的方式保护环境

> 以更智慧的方式保护环境是21世纪企业的责任——除了采取环境保护、污染预防等措施之外,企业还需要实现全新的价值主张和收益。有远见的企业纷纷寻求各种方式降低成本,同时建立更高效的、可持续发展的业务运作点。它们不断增强自身品牌和美誉度,同时满足政府法规和其他合规标准。但更重要的是,这些企业都在以能够盈利的方式为新市场创建更绿色的产品和服务。

第 01 章

经由又未来

当今的世界变得更小、更平、更热——这是全球整合的社会带来的社会生态学结果。同时,严酷的经济环境要求企业在管理更少资源的同时完成更多工作——迫使企业提高效率,更有效地开展竞争,并且主动地进行能源保护、环境管理和实现持续运作。拥有更大权限的消费者,以及员工、相关利益人和业务伙伴,也要求企业的商业实践更负责任。随着企业制定企业环境战略并实施相关计划和举措,这些企业便能够克服运作局限,丰富自身品牌,提高法规遵从能力,增强客户的黏性,并且更有效地开展业务——无论是现在还是将来。

环境持续性的四个维度

企业的CEO越来越了解,其业务决策对我们的地球有何等的影响。据IBM CEO调查指出,在过去四年间,CEO对环境因素的重视程度提高了一倍。[1] 关于能源和环境政策、程序和实践的期望正不断发生变化:80%的CEO认为可持续发展会影响品牌价值。[2] McKinsey的一项全球调查表明,82%的高级主管期望五年内在公司所在国家颁布某种形式的气候变化法规,而60%的高级主管认为气候变化对其总体业务战略非常重要。[3] 新的压力在于,对多方面的相关利益人做出响应,并且构建更好、更可持续发展的业务。当前的企业领导人不会摒弃运作原则或业务洞察力,而是要在可持续发展的环境中将之实现。

> 对全球企业而言,实现环境持续性势在必行。

我们认为,环境可持续性包含四个维度(见图10-1)。这些因素包含企业制定的战略以及为管理所消耗的资源而采取的行动。这四个维度包括:

- 环境战略
- 绿色品牌
- 合规管理
- 高性价比的可持续发展

这些维度不是孤立存在的,企业必须视其为互相关联的企业责任。

环境战略

使组织的"绿色战略"与总体业务战略保持一致非常关键。这首先要明确了解总体的企业目标和优先级,之后精心制定出满足环境和相关利益人要求的计划、目标和任务。作为利益相关者,股东一般关注收入和利润,他们关心的是企业通过产品/服务创新而进入新市场的能力,这些创新不仅能够创造收入,而且要满足客户日益提高的环境要求,从而帮助减少或者循环利用包装材料,并提供对原材料和组件来源的追踪能力。当然,利益相关者还包括员工、供应商和有影响力的人物。最后,企业战略必须适应不断变化的领导能力和员工对可持续发展的态度——这种能力和态度在企业制定政策和变革计划时,能够起到支持并推动环境管理的作用。

图 10-1　环境可持续性的四个维度

资料来源:IBM 全球企业咨询服务部和 IBM 商业价值研究院的分析。

制订综合的可持续发展计划要求从多方面看待业务,考虑到资源消耗的多个维度,如能源、水、土地、空气质量和废料。由于需求增加、生产成本和供应减少等因素影响,水和能源的成本正在日益提高。来自全球协定和本地立法机构的法规压力可能将加剧。从投资人到市场分析人士,直到员工、消费者以及政府和非政府组织,要求企业对环境和经济负责的呼声越来越高。

为了识别并有效地管理对利益相关者和业务运作的潜在影响,建立强有力的全球环境管理系统(EMS)非常重要。企业 EMS 战略和政策一般涉及能源和其他资源的保护、环境保护、采购合规以及环保产品的制造。

绿色品牌

IBM 的调查报告《履行企业社会责任,实现持续增长》指出,许多高级主管正在制定绿色战略,以增强组织的竞争地位(见图10-2)。尽管63%的被调查者认为他们掌握了关于客户对产品和服务要求的充足信息,但有76%的人承认,他们不了解客户对企业社会责任的期望。[4]

可持续发展的、以客户为核心的企业在实现可持续发展时都会了解客户的期望,并依靠经验来满足这些期望。利用客户智能分析法有助于企业与客户针对产品和服务特性充分沟通。在产品生命周期内,企业有机会减轻对环境的影响,并且为关键市场和细分客户开发环境友好的产品。采用面向客户的运营可以增强绿色体验。这些做法的最终目标是保护并丰富品牌内涵,改进企业与客户的交流,并创造"更加绿色"的客户体验,包括从销售和营销沟通、产品和服务设计直到呼叫中心和渠道交互。

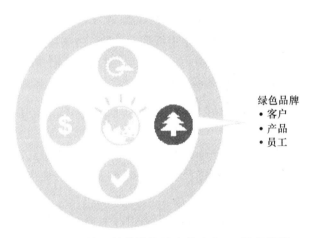

图 10-2 环境可持续性的四个维度之一:绿色品牌

尽管有效地向客户推出品牌产品和服务非常重要,但企业还必须确立其作为环境可持续发展的雇主这一自身品牌——这个核心方面大大有助于吸引和留住员工。

> 可持续发展的企业在可持续发展的情形下了解并满足客户的期望。

合规管理

通过碳排放降低计划、水和废料管理举措而改善空气质量的政府法规和合规标准,已经成为企业重要的业务要求。在上述的 IBM 调查报告《履行企业社会责任,实现持续增长》中,67%的被调查者表示,他们拥有成熟的战略和流程,依法报告绿色战略与举措。[5] 随着政府和非政府组织不断寻求关于碳排放监控和碳贸易举措的标准,合规报告预计将在许多国家得以推广应用。

越来越多的企业加入总量管制与排放交易志愿联盟,而且在未来几年内,法定的总量管制与排放交易模式可能在某些地区快速增多。这些举措将对各组织产生更繁重的合规压力,并强调利用财务和美誉度奖励措施推动企业降低排放量。这些战略(确切地说是对一个经济领域进行全面的排放量限制,并且要求各组织购买并淘汰补贴,以符合排放量要求)可以作为一种宝贵的工具,帮助各国实现全面的减排目标。

总量管制与排放交易模式有可能超出针对当前能源密集型组织的界限,使更多的组织面对合规和报告的挑战。例如,将于2010年4月在英国实施的碳减排承诺(CRC)计划。[6]该法令涵盖现有欧盟排放交易体系和英国气候变化协议范围,也包括非能源密集型领域的排放。该法令将触及大约5 000家组织,包括零售商和连锁饭店、地方和中央政府部门。CRC还将使用其他财务奖励措施和美誉度杠杆推动减排,根据组织的表现予以排名。此外,CRC还被用做财务奖惩的基础。[7]

企业还必须遵守水和废料管理标准,并出具新的报告。在IBM的可持续发展调查中,75%的高级

> 合规管理与依法报告是业务持续运作的关键要求。

主管表示,在过去三年中,支持收集并报告其行业、企业和/或产品信息的小组数量增加了很多。

75%的被调查者也指出,在过去三年内,他们必须提供的关于产品、服务和业务运作的采购、成分以及影响的信息大大增加。[8]从这一点可以判断出合规报告机构的透明度不断提高,并且需要预测客户对于采购、包装和产品的关注点。

在制定企业战略时,企业高级主管必须自问:需要什么样的新流程和技术来满足新的合规标准。对产品工程设计、制造和处置流程的检查有助于识别关于能源与环境要求的高风险点和差距。然后,企业根据风险及差距的优先级采取合规的对策,满足合规要求的企业就能获得竞争优势。

高性价比的可持续发展

制定高性价比的可持续发展战略说易行难。这需要平衡各种因素以优化效率。应全面地考虑和分析碳管理、能耗、水、废料管理和其他环境因素,同时应从其相互关系方面评估成本、服务和质量的全面绩效目标(见图10-3)。

高性价比的可持续发展
- 碳
- 水
- 能源
- 废料

图10-3 环境可持续性的四个维度之一：高性价比的可持续发展

全面的可持续发展战略和绩效标准可以帮助企业管理并降低碳排放、能源使用量，改善用水的低效率，并降低相关的成本。复杂的绩效监控与先进的建模技术相结合，可帮助企业提高效率和绩效，并且推动底线成本的下降。先进的分析技术可用于评估产品设计、包装、生产、配送、运输、设施、能源方案、库存政策、IT和不动产的影响及最终效率。

据《商业周刊》杂志称："21世纪，水将与油一样珍贵。"[9]石油和天然气的供应量不断下降正在改变着人们的生活方式，对稀缺水资源的竞争不断加剧，为全球各地的人和企业带来了巨大的困难和经济风险。

先进的水管理涉及使用传感器获取实时数据，以供分析和模拟显示预计的使用量。从网络角度监控水的需求可更好地平衡利用率，并支持管理水流波动的新政策和程序。制动器可用于自动控制或者"打开和关闭"整个系统的用水，例如灌溉系统。

同样，能源管理与监控可以获取关于电网和流量的重要使用数据。场景规划和建模可用于"测试"备用能源的使用，并了解相关电力和成本等式的差别。

制造和运输过程产生的碳排放量最高。碳排放量建模技术可用于评估各种运输方式、生产场景和交通流量模式之间的权衡关系，以获取、计算并评估减排政策和计划。智能建筑、数据中心和呼叫中心可以监控能源的使用情况，以实现显著的成本节约和更高的效率。

绿色商业智能的整体能力用于评测企业在能源消耗和温室气体（GHG）排放方面的绩效。它允许有效地报告，并且为管理层提供关键性能指标（KPI）仪表板，用于监控和报告绿色KPI，以及企业的标准运作和财务报告。当然，这样做的目的是更好地管理二氧化碳的排放、水和能源的消耗,确保对法规的遵从,并满足利益相关者对信息的需求。

发挥绿色的价值

智慧的企业有机会发挥绿色的价值(见图10-4)。这些企业也有潜力降低成本,同时克服运作障碍……在增强美誉度的同时,满足法规要求……并且推出能够满足客户需求和进入新市场的产品和服务。我们相信,这些"变革要求"有助于在企业内部以及与价值链中的合作伙伴一起实现智慧的可持续发展。

图10-4 智慧的企业有机会发挥绿色的价值
资料来源:IBM全球企业咨询服务部和IBM商业价值研究院的分析。

智慧的系统不断出现,这可能会改善我们的生活,并且对社会和地球面临的环境挑战产生深远的影响。我们能够更透彻地感应度量,现在,我们能够衡量、探测和了解几乎所有事物的确切状态,可以实时地根据获取的信息采取行动。我们可以更全面地互联互通,人员、系统和物体以全新的方式互相通信与交互。我们拥有更深入的智能洞察,可以快速而准确地应对变化,并且通过预测和更好地为未来事件做好准备而获得更好的结果。

我们坚信,重大的社会和经济变化将推动新型的、更加可持续发展的商机的出现,从而引领新的"绿色及未来"经济。

为实现智慧的可持续发展,并发现绿色的价值,我们必须做到:

可持续的运作效率

供应链管理:增加高效的碳、水和废料管理——从供应商、制造商、运输商到经销商等;

符合环境要求的设计:在生产产品时利用更少的资源,改善产品的环保属性,减少废料,并降低相关的处置成本;

员工:利用远程办公和协同战略减轻员工对环境的影响。

绿色建筑与基础设施

管理对建筑物和物理资产所产生的环境影响;

降低成本,并提高信息技术的效率;

做好遵从法规的准备。

智能生态系统

使用预测分析方法进行用水管理;

优化电厂的发电流程;

优化交通系统。

可持续的运作效率

可持续的运作是指利用分析方法优化业务流程,以帮助降低运作成本和对环境的影响。这意味着在供应链和配送、制造/生产、客户关系和员工生产力方面发现绿色化的价值。

供应链管理是最有可能通过减少能源、碳排放、用水低效和废料来获得价值的方面。然而,在 IBM 最近针对首席供应链官进行的"未来的智慧供应链"调查中[10],高级主管认为绿色战略的制定和实施是一项巨大的挑战。

智慧是
整合配送中心,使碳排放量降低15%,燃料成本降低25%。

COSCO:对产品开发、采购、生产、仓储和配送业务进行分析。公司最终将配送中心从100个整合为40个,每年减少碳排放量100 000吨。

智慧是
重新设计制造流程,减少水、能源和其他化学品的使用。

IBM Burlington FAB:重新设计了芯片制造工艺,将每年的用水量降低 2 000 万加仑,化学品使用量减少 15 000加仑,用电量减少超过150万千瓦时。

智慧是
降低差旅、不动产和办公成本,同时吸引优秀人才。

某一智慧的组织:可降低纸张消耗量80%,每年的不动产成本降低数千万美元。通过重新设计员工业务流程消除了20%的编程(软件)代码,并降低了相关的能源成本。

超过50%的被调查者指出,他们已经在产品/包装设计方面实施了绿色化措施,将碳排放管理包含在制造/配送目标中,并且拥有关于碳排放、用水、废料管理和能源使用的战略计划和举措。[11]在制造业领域,企业可借助先进的分析技术实施精益制造和六西格玛或绿色西格玛原则,建立持续的碳排放和用水管理实践,从而降低制造过程中所消耗的资源。绿色西格玛方法包括:

- 绩效:制定关键的绿色绩效衡量措施与目标;
- 计量与监控:设定能源使用、碳排放、运输和合规标准;
- 流程优化:利用统计工具和技术分析、改进并优化流程。

这种智慧的工业自动化的价值非常巨大:据The Climate Group最近的报告指出,一年可产生1 070亿美元的效益。[12]

优化模型可用于管理和降低碳排放量,改善用水低效现象,降低能源消耗和用水量,并且管理相

> 供应链管理是发挥绿色化价值的一个主要领域。

关的成本。一般情况下,优化模型用于评估客户服务等级、质量、成本和二氧化碳排放量之间的关系。分析领域包括包装选项、产品设计、备选的生产/运作流程、备选的配送实践、各种运输模式和流程、能源、库存政策、供应商合规计划以及采购政策。

针对碳排放管理、碳排放量降低、能源消耗以及用水和废料管理,对整合的供应链活动加以综合的诊断和分析,可显著节约成本,同时实现环境的绿色化。

可持续的采购活动包括可持续供应商选择(尤其是在新兴市场中)、供应商管理合规和风险管理,并将政府法规遵从报告包含在内。

产品设计和生命周期管理的过程更能体现真正的环境和成本经济效益。环境友好的设计包括绿色产品设计/包装设计、针对最佳运作效率的设计以及针对产品淘汰的设计(废弃、整修、回收利用)。在设计和交付高能效、环境影响小的产品和服务时,全球领先的实践都应用了全面的环保的产品生命周期管理。

有些企业以产品分析和流程模拟技术作为当前设计工具的补充,并利用此技术优化整个产品生命周期的流程,包括设计、使用和淘汰。有一个改进包装设计的实例是采用回收塑料制作磁盘驱动器和闪存磁盘的保护套。木材是有限的资源,相比而言,用回收材料(本来应掩埋)制成的磁盘不但重量轻,而且节约了相关的成本。

许多高级主管在试图降低公司在差旅和办公用品方面的成本,并且采用虚拟工作环境时,员工管理是他们日益关注的一个方面。包括 IBM 在内的许多企业都采用了虚拟工作环境。员工实际上位于全球各地,他们通过最新的连接和协作工具保持联系——这些政策有助于降低能源和不动产的使用成本。

差旅减少政策、碳排放减少效应、纸张减少策略以及虚拟培训课程等举措目前都在实施。

绿色建筑与基础设施

绿色基础设施拥有更透彻的感应度量、更全面的互联互通、更深入的智能洞察,旨在通过全面地了解能源消耗来减轻对环境的影响,并降低成本,包括:

- 优化建筑和物理资产的效率和合规性;
- 提高数据中心的运作效率;
- 智能地管理业务信息,降低应用的能源成本,同时满足合规标准。

绿色建筑包括公共设施、办公室、实验室、制造厂和仓库。可持续的设施管理采用实时数据分析方法评估多种因素对环境的影响,例如建筑的能耗、维护诊断和资产利用率。与公用设施(例如能源和水)供需相关的预测有助于经理们规划和监控使用量。

依靠资产管理软件与库存及其他企业系统连接的传感器网络可用于持续监控碳产量(电力使

> 可持续性的活动注重优化建筑和基础设施的效率。

用、热能、二氧化碳)、用水量以及废料产生量。仪表板能够以整合的方式监控能源消耗、资产状况、碳排放量和实体的安全管理。建筑物和资源数据(能源、碳排放、用水、废料和设备)的开放整合有助于增强物业和资产的管理,从而降低成本,并提高运作效率。

绿色数据中心的特征是主动的能源管理和设计,这包括高能效的硬件和分层存储能力。准确的热量和能源使用量评估也用于提高新设施和现有设施的设计灵活性。这样可以降低总体能源消耗,当然也可以延长数据中心和 IT 设备的使用期限。服务器虚拟化和整合将对能源效率(包括电力和冷却成本)以及减少碳排放量产生巨大的影响。据最新的 IBM 首席信息官调查报告《CIO 的新声音》指出,CIO 都同意将提高可持续性竞争优势作为首要任务。服务器虚拟化的比例高达 77%。[13]

信息管理也在其中扮演重要角色。志愿的和法定的法规遵从报告数量持续增多,这对企业的信息要求产生额外的压力。数据由大量业务伙伴收集,并且包括结构化和非结构化形式。为了使员工掌握基于大量数据来预测、预报并采取行动的工具,公司需要更精确的企业内容管理——以最需要的方式在最需要的时间和地点提供信息。

智能生态系统

智能生态系统收集、汇总并应用信息来改变所有行业和人群的运作方式。智慧的水资源管理通过利用监控和管理技术来实现——采用预测分析方法实现水资源管理。智慧的交通采用实时流量预测和动态收费来降低拥堵率以及连锁后果,同时对相关的系统产生积极的影响。智慧的能源监控从来源到电网和最终用户的能源使用量——分析客户的使用情况,并优化网络。

智慧是
建立绿色数据中心,支持企业品牌目标。

Kika/Leiner:设计并构建了新的高能效、可扩展的模块化数据中心——电力消耗降低40%。新的数据中心扩展了公司的环境战略,将其数据中心包含在内。

智慧是
主动满足信息增长和环境法规要求。

智慧的组织:可构建绿色基础设施,以预测和应对信息的增长,衡量和验证绩效,并实现高达80%的数据压缩率。

智慧是
可优化能源和财产管理的智能绿色建筑。

中国上海一家五星级酒店:实施了能源使用量的诊断和监控,并将客流情况考虑在内。结果:与其他五星级酒店相比,能源的成本/收入降低了40%。

智慧的水资源管理

水无处不在——存在于空气、土地、人体和全球经济中。我们用水加工原材料、制造产品、发电以及运送人和货物。我们每次用水时,都会改变其流向、化学特征、用途或者可用性,并产生大量废水。

在复杂的法规环境中,水是无替代品的日益稀缺的资源,水资源日益成为品牌、运作和地缘政治风险的关键影响因素。长期以来,由于信息难以获取、孤立且不一致,水资源管理难以实行。与此同时,了解、衡量和管理水资源的总体成本是了解水、能源和碳排放管理之间关系的基础所在。

目前的技术可以监控、测量和分析整个水生态系统——从河流和水库到水泵以及家中的水管。这种智能水平可为依靠不间断净水供应的政府、企业、社区和国家提供实时的、可靠的信息流,帮助它们管理水资源保护、用水效率、新的水处理技术、新的立法和人力挑战。

智慧的交通

全球各地的城市对充足基础设施的需求都很大,而且这些需求比以前更难以满足。以美国为例,从 1982 年到 2001 年,由于人口数量增加了近 20%,交通流量提高了 236%。[14] 显然,我们的交通基础设施和管理方法难以适应全球交通的现状。

尽管建设新道路通常难以实现,但在公路和汽车中加入智能化却完全可以做到,比如路边传感器、射频标签和全球定位系统。智能化的交通系统将城市的街道、桥梁、立交桥、路标、信号灯和收费站互连起来,变得更加智慧。智慧的收费系统、预测性拥堵管理和流量速度监控有助于降低拥堵,减少燃油使用量,并大大降低碳排放量。

智慧的能源

当前电网的结构现状是,当能源价格低廉时,环境影响并不是优先考虑的方面,消费者甚至不关心这一点。然而,目前超过一半的能源未被使用就被无谓消耗了,几乎没有任何信息可用来平衡或监控电力的流动,每年在传输过程中损失的电量惊人,损失的电量可为印度、德国和加拿大供电一整年。[15]

智慧是
通过影响整个城市的交通方式来降低拥堵和碳排放量。

智慧是
确切地了解何处发生断电,并及时派遣人员解决问题。

智慧是
利用独特的电力和天然气仪表,将"从读表到缴费"的成本降低50%。

瑞典斯德哥尔摩:实施了智能收费系统,该系统利用摄像头、传感器和中央服务器,根据驾车地点和时间来识别,并向司机收费——交通流量减少了20%,排放量降低了12%。

DONG Energy:安装了远程监控和控制设备,获得了前所未有的关于电网最新状态的大量信息,可将断电时间缩短25%—50%。

Oxxio Metering:利用独特的无线数据通信模块从"智能"电表中收集数据,并将数据直接传送到中央控制室。实施了独特的解决方案,将电力和天然气读表数据整合在一起,使客户能够监控自己的电力和天然气消耗量。

许多发电厂现在向电网中加入了数字智能层,准确地说,这一智能电力系统更像是互联网,而非传统的电网。这些智慧的电网利用传感器、仪表、数字控制器和分析工具实现能源双向流动的自动化、监控和控制——从发电站到插座。电力公司可以优化电网性能,预防断电,更快地恢复断电故障,并允许消费者对每个联网的设备进行能源使用管理。根据消费者的使用习惯,电力公司可以向消费者提供可选的定价模式,从而平衡用电高峰和低谷,这大大改变了消费者的行为。"智慧"电网也可融入新型的可持续发展的能源,例如风能和太阳能发电,并且在本地与广泛分布的电源或插入式电动车辆进行交互。所有这些仪器都产生了新的数据,而先进的分析系统可将这些数据转换为深入的洞察力,从而能够实时地做出更明智的决策。

结论

> 智慧的组织可实现真正的可持续发展以及切实的业务效益。

世界将继续变得更小、更平,并且很快将变得更智慧。我们正在进入一个全球整合的智能化经济、社会和地球的时代。我们才刚开始了解在智慧的地球上可以实现什么。但是,通过系统地管理水资源和能源的使用,以及温室气体的排放,智慧的组织可以实现真正的可持续发展和切实的商业收益,从而在个人、组织和整个国家层面推动发展。我们必须携起手来,共同推动我们的世界取得真正的进步,使之变得更加绿色和美好。

本章作者简介

Karen Butner,IBM 商业价值研究院的全球供应链管理项目负责人。她负责全球战略和市场洞察力方面的研究。凭借 25 年的丰富经验,她帮助高科技、零售、消费品、电子、旅行和交通行业等多个行业的企业客户制定战略议程。Karen 的联系方式是 kbutner@us.ibm.com。

Jacqueline Jasiota Gregory,IBM 全球企业咨询服务部市场发展与战略计划部门负责人,领导"IBM 全球企业咨询服务部绿色与未来战略和能力中心"。目前,她是 IBM"智慧的建筑"战略和业务计划的小组成员。Jackie 的联系方式是 jacqueline.jasiota@us.ibm.com。

致谢

Sietze Dijkstra,IBM 全球企业咨询服务部政府行业领导人。电子邮箱:sietze.dijkstra@nl.ibm.com。

Allison Hilberg,IBM 全球企业咨询服务部绿色与未来能力中心社区领导人。电子邮箱:ahilberg@us.ibm.com。

Ellen Johnson,高级营销经理,IBM 全球企业咨询服务部绿色/CSR 全球领导人。电子邮箱:ellenj1@us.ibm.com。

Steve LaValle,IBM 全球企业咨询服务部业务分析与优化业务开发主管。电子邮箱:steve. lavalle@ us. ibm. com。

Dave Lubowe,IBM 全球企业咨询服务部运作战略与绿色西格玛领导人。电子邮箱:dave. lubowe@ us. ibm. com。

Sanjeev Nagrath,IBM 全球企业咨询服务部供应链领导人。电子邮箱:sanjeev. nagrath@ us. ibm. com。

Michael Schroeck,合伙人,全球与美洲商业智能领导人。电子邮箱:mike. schroeck@ us. ibm. com。

Michael Valocchi,合伙人,全球能源与公用事业行业领导人。电子邮箱:mvalocchi@ us. ibm. com。

Graham Whitney,合伙人,英国供应链管理领导人。电子邮箱:graham. whitney@ uk. ibm. com。

参考资料与注释

[1] "The Enterprise of the Future:IBM Global CEO Study." IBM Global Business Services. May 2008. http://www. ibm. com/ibm/ideasfromibm/us/ceo/20080505/

[2] 同上。

[3] "How Companies Think About Climate Change." McKinsey Global Survey. September 2007. http://www. mckinsery. com/clientservice/ccsi/pdf/climate_change_survey. pdf

[4] "Attaining Sustainable Growth through Corporate Social Responsibility." IBM Global Business Services. February 2008. http://www-935. ibm. com/services/us/gbs/bus/pdf/gbe03019-usen-02. pdf

[5]同上。

[6] "State and Trends of the Carbon Market 2009." The World Bank. May 2009。

[7] "What is the Carbon Reduction Commitment?" Defra, UK. Department for Environment, Food and Rural Affairs (Defra). www. defra. gov. uk/environment/climatechange/uk/business/crc/about. htm

[8] "Attaining Sustainable Growth through Corporate Social Responsibility." IBM Global Business Services. February 2008. http://www-935. ibm. com/services/us/gbs/bus/pdf/gbe03019-usen-02. pdf

[9] BusinessWeek. "Water is the New Oil at Davos." http://www.businessweek.com/globalbiz/blog/europeinsight/archives/2008/01/water_is_the_ne.html

[10] "The Smarter Supply Chain of the Future." IBM Global Chief Supply Chain Officer study. IBM Global Business Services. February 2009. http://www-935.ibm.com/services/us/gbs/bus/html/gbs-csco-study.html

[11] 同上。

[12] "Smart 2020: Enabling the Low Carbon Economy in the Information Age." The Climate Group. 2008. http://www.theclimategroup.org/assets/resources/publications/Smart2020Report.pdf

[13] "The New Voice of the CIO: Insights from the Global Chief Information Officer Study." September 2009. http://www.ibm.com/voiceofthecio

[14] Longman, Philip J. "American Gridlock: Traffic is making millions sick and tired. The bad news? It's going to get worse unless things change in a real big way." US News & World Report. May 20, 2001. http://www.usnews.com/usnews/news/articles/010528/archive_000087.htm

[15] "Smarter Power for a Smarter Planet." Conversations for a Smarter Planet. Two in a series. IBM Corporation. http://www-07.ibm.com/ibm/ideasfromibm/in/smarterplanet/opinions/opinion_20081124.html

继续讨论:2010全球CEO调查

"未来的企业"调查的重要发现之一是,成功的企业从不惧怕变革。相反,它们欢迎变革。现在可以肯定的一点是2008—2009年全球经济危机及其长期影响将会真正考验企业的适应能力。

我们认为,作为新经济环境的一部分,根本性的转变正在发生。大规模的全球经济变动带来了新的不确定性——公共与私营经营领域的界限以及全球和地方之间的平衡正在发生转变;对稀缺资源的竞争不断升温;需要处理的信息的数量呈指数级增加。换言之,全球经济将不会只是回归"常态"那么简单。

因此,作为我们对企业进行再思考的持续努力的一部分,2010年全球CEO调查将探讨企业运营面临的新环境,企业如何创造竞争优势以及企业采取什么长期行动才能在将来成功赢得领先地位等问题。

2010年CEO调查将首先考察新经济环境的特点和对企业的要求。然后将确定什么样的新业务模式才最有可能在复杂性和不确定性增加的背景下取得成功。调查将考察企业可通过哪些新途径来利用日益紧密的互联互通和驾驭信息的价值。调查将确定最适合新经济环境的个人领导力特征、资历和行为。另外,调查还将探讨企业如何制定具有说服力的计划以提供切实的结果,并且在短期内实现该目标以最大限度地提升竞争力。

简而言之,我们不是将"对企业的再思考"当做终点,而是把它看做继续开展有关业务和企业发展方向的讨论的催化剂。我们希望与您一起开创您的"未来的企业"。

继续对话

www.ibm.com/cn/bcs/ceostudy